KB123024

돈 걱정 없는
재무심리와
재무 코칭

와일드북

와일드북은 한국평생교육원의 출판 브랜드입니다.

돈 걱정 없는 재무심리와 재무 코칭

초판 1쇄 인쇄 · 2018년 7월 20일
초판 1쇄 발행 · 2018년 7월 25일

지은이 · 정우식
프로듀서 · 유광선
발행인 · 유광선
발행처 · 한국평생교육원
편　집 · 장운갑
디자인 · 이종헌

주　소 · (대전) 대전광역시 유성구 도안대로589번길 13 2층
(서울) 서울시 서초구 반포대로 14길 30(센츄리 1차오피스텔 1107호)
전　화 · (대전) 042-533-9333 / (서울) 02-597-2228
팩　스 · (대전) 0505-403-3331 / (서울) 02-597-2229

등록번호 · 제2015-30호
이메일 · klec2228@gmail.com

ISBN 979-11-88393-06-0 (13320)
책값은 책표지 뒤에 있습니다.
잘못되거나 파본된 책은 구입하신 서점에서 교환해 드립니다.

이 도서의 국립중앙도서관 출판예정도서목록(CIP)은 서지정보유통지원시스템 홈페이지(http://seoji.nl.go.kr)와 국가자료공동목록시스템(http://www.nl.go.kr/kolisnet)에서 이용하실 수 있습니다.(CIP제어번호: CIP2018021113)

Financial Therapy

돈 걱정 없는 재무심리와 재무 코칭

정우식 지음 | 프로듀서 유광선

와일드북

| 서언 |

필자는 이 책을 내면서 돈으로부터 병든 이 세상에 진정한 부자와 건강한 부의 개념이 무엇인지 알려주고 싶었다. 또한 왜 어떤 사람은 돈이 많아 작금 사회적으로 문제가 되고 있는 온갖 갑질을 하면서 세상을 더럽히고, 또 어떤 사람들은 그 많은 돈을 가졌음에도 불구하고 더 가지려고 온갖 불법을 자행하는지, 또한 반대로 어떤 사람들은 악착같이 살지만 가난의 굴레에서 벗어나지 못하는지, 그 심리적 원인과 해결 방안을 제시하고자 한다.

우리 인간의 내면에는 돈에 대한 욕심이 자리 잡고 있는데 이 욕심이 강한 사람들은 더 많은 돈을 가지기 위해 상대적으로 약한 사람보다 강한 돈에 대한 에너지를 발산하여 돈에 대한 적극적인 행동을 하게 된다. 반대로 욕심이 없는 사람들은 돈에 대한 에너지가 식어 있기 때문에 돈에 대해 소극적이다.

이렇듯 사람들은 나름대로의 가치관을 가지고 살아간다.

필자는 돈에 대한 가치관 즉 돈에 대한 자신의 생각이 자신의 부(富)와 직결된다는 사실을 연구를 통해 알게 되었다. 돈을 많이 가진 사람들은 그만한 이유가 있고 돈이 없는 사람들은 또 그만한 이유가 있다는 것을 돈에 대한 심리 즉 재무심리를 통해 밝혀낸 것이다.

부자가 될 수 있다면 부자가 되는 것이 좋으며 굳이 가난을 맹세할 필요는 없다고 생각한다.

가능하다면 비행기도 일등석을 탈 수 있는 여유와, 좋은 집도 가져 보고 세상을 풍요롭게 사는 것이 좋을 것이다. 기왕 한평생 사는 것 멋지게 말이다.

이런 삶은 자신 안에 있는 돈에 대한 생각을 바꾸는 데서 시작된다. 생각이 바뀌면 돈에 대한 행동이 바뀐다. 행동이 바뀌면 습관이 바뀌고 결국 자신의 삶이 바뀌게 되는 것이다.

재무심리 및 재무 코칭은 사람의 돈에 대한 생각과 행동을 변화시켜 부자의 체질로 바꾸어 돈을 더 벌게 하고, 돈 관리를 잘하게 하며, 투자 능력을 배양해 궁극적으로 축적된 부를 많은 사람들에게 나눌 정도로 건강한 재무행동을 하게 하여 세상에 이로운 부자를 만드는, 이 시대에 꼭 필요한 사명이라고 생각한다.

돈이 많은 곳에서부터 낮은 데까지 자연스럽게 흘러내리는 세상, 돈이 고여 썩는 세상이 아니라 돈이 선순환되는 아름답고 건강한 세상을 만드는 데 일조하고 싶다.

2018. 7
정우식 박사 | 한국재무심리센터원장

차례 CONTENTS

현재의 "나" → 재무 테라피 → 새로운 "나"

서민이 부자가 되고
부자가 더 부자가 되고
모두를 아름다운 부자로 변화시키는
Change platform

돈이 지배하는 세상에서 어떻게 하면
돈으로부터 건강하고 행복하게
살 수 있을까?

돈만 많으면 되는 것인가?
마음이 부자면 되는 것인가?

세상의 병든 돈을 치료하고,
사람들의 병든 돈의 마음을 치료하여
건강한 세상, 아름다운 세상을 위해
개인과 조직과 세상을 치료하는
재무 테라피, 이제 시작된다!

제1장

돈이란 무엇인가

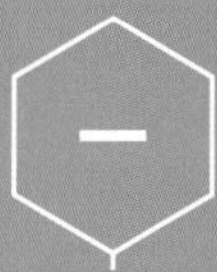

Financial
Therapy

| Financial 01 Therapy |

돈에 대한 생각 고치기

돈을 알면 이긴다

우리는 부자가 되고 돈으로부터 건강하게 살기 위해서는 최우선적으로 돈이 무엇인지 알아야 한다. 그럼에도 우리는 돈에 대해 제대로 배워본 적이 없다. 그래서 돈을 어떻게 다루어야 하는지도 모른다. 그러다 보니 처절하게 돈에 당하고 산다.

돈이 없으면 평생 끌려 다니며 고통을 받게 되고 또한 많아지면 돈 때문에 인간관계가 깨어지고 가정과 자식에게 문제가 생긴다.

현재까지는 돈이 백전백승을 했다. 하지만 이글을 읽는 순간 우리는 돈을 알게 되고 어떻게 해야 하는지 알게 된다. 이제부터 인간의 반격이 시작되어야 한다.

돈은 애완동물이 될 수도 있고 굶주린 사자가 되기도 한다

돈을 잘 알고 잘 다루면 기쁨과 즐거움을 가져다주는 애완동물이 되지만 방심하여 관리를 잘못하면 인생을 송두리째 파멸로 이끌기도 한다. 따라서 건강한 재무심리를 지니면 돈을 애완동물로 만들 것이며 건강하지 못한 재무심리를 가지게 되면 결국 돈으로부터 엄청난 상처를 받고 고통받게 되는 것이다.

돈은 사람을 살리기도 하고 유익함과 편리함과 때로는 행복을 주기도 한다. 하지만 이런 속성 뒤에는 사람을 죽이는 악한 속성이 있다는 것도 알아야 한다.

우리는 이러한 보이지 않는 돈의 악한 속성에 항상 경계하고 대처해야 한다. 그럼 이제 우리가 알고 경계해야 할 돈의 10가지 속성을 알아보자.

돈의 10가지 속성

돈은 살아 있는 생명체다

돈은 우리 지갑 속의 지폐나 동전, 은행 계좌에 찍혀 있는 단순한 숫자로 보이며 죽어 있는 것처럼 보이지만, 사실은 살아서 움직이는 생명체와 같다.

발이 달린 돈은 돌고 돌면서 사람의 감정과 행동을 좌지우지하며, 인생 전체를 지배한다. 사람들은 돈은 움직이지도 않고 우리를 공격할 수도 없다고 생각하기 때문에 돈의 공격에 미리 대비하지 않는다. 그래서 속수무책으로 당하는 것이다.

돈은 중독성이 있다

돈은 미끼를 던져 자신에게 계속 빠져들게 만든다.

돈 버는 재미, 돈 쓰는 재미, 돈 불리는 재미.

균형을 잃고 한쪽으로 빠지다 보면 중독증에 걸려 헤어 나올 수 없게 된다. 돈 맛을 잘못 들여 한번 중독이 되고 나면 몸이 썩어가도 계속하여 돈을 섭취하려고만 한다.

돈은 속이는 속성이 있다

"돈이 거짓말하지 사람이 거짓말하느냐?"

맞는 말이다. 돈은 사람의 귀에 달콤한 감언이설을 늘어놓는다. 돈은 인간의 욕심을 부추기고 서로 속이고 거짓말하게 하여 파멸케 한다.

돈은 자신의 좋은 점을 부각시키고 쉽게 얻을 수 있는 것처럼 사람들을 속여 도박, 로또, 경마, 경륜 등에 빠지게 한다. 그리하여 결국 인간을 파멸시킨다.

사람들은 그것도 모르고 잔치 중에 최고는 돈 잔치라며, 돈을 태워 언 손을 녹이는 상상을 하고는 한다. 그렇게만 된다면 행복해질 것만 같다고 믿는다.

돈은 자기 성장을 한다

돈은 성장하는 생명체이다.

돈의 성장에는 두 가지가 있다. 돈을 저축하거나 투자를 하면 이자나 수익이 발생하여 성장을 하게 된다. 이는 정상적인 성장이다.

그러나 비정상적인 성장도 있다. 대출 이자는 은행에 돈을 맡겼을 때보다 항상 크다. 더구나 사채의 경우에는 성장 속도가 눈덩이처럼 빨라진다. 돈은 기형성장을 통해 인간을 힘들게 하고 멸망시킨다.

돈이 정상적으로 성장하게 하려면 일정 궤도를 벗어나게 해서는 안 된다. 정상궤도를 벗어나는 순간, 인생 전체가 블랙홀에 함께 끌려 들어간다. 이후에는 빚더미에 앉아 평생을 돈의 노예로 살아가야 한다.

돈은 소비지향적이다

돈은 밖으로 나가려는 속성이 있어서 저축으로 묶어두기는 어려우나 소비로 날리기는 쉽다. 소비를 하면 할수록 욕구가 늘어나 걷잡을 수 없이 커진다. 돈이 생기면 사람들은 '어디에 쓸까'부터 고민한다. 저축은 소비가 끝난 후 마지막 단계에서 마지못해 하는 행동이다. 이처럼 돈은 소비하기 시작하면 마치 휘발유처럼 빠른 속도로 증발하는 속성을 지니고 있다.

돈은 부패성을 가지고 있다

돈은 고이면 부패하는 속성을 가지고 있다. 돈은 자신을 많이 가진 사람을 교만하게 만들고, 음란 방탕하게 한다. 그리고 자식들을 망치게도 한다. 끝을 모르고 돈을 좇다 보면 인간성이 완전히 상실되고 만다.

돈은 움켜쥐고 놓지 않으면 동맥경화를 일으켜 자신도 남도 다 죽게 만든다. 돈은 강처럼 흐르면서 건강하게 순환되어야만 썩지 않는다.

돈은 방심하면 반드시 보복한다

돈 거래에 있어서 발생하는 계약서, 권리채무 관계, 보증 관계 등을 세밀히 살펴보지 않고 진행했다가는 엄청난 손해와 함께 가정이 무너지는 아픔을 겪을 수도 있다. 돈 문제는 복잡할수록 세밀하게 해결해 나가야 한다. '어떻게 되겠지.'라는 생각으로 미루기만 하면 반드시 엄청난 대가를 치러야 한다. 이자 연체, 카드 연체, 빚 문제 등을 방치했다가는 돈의 역습에 의해 인생이 꼬이고 만다.

돈은 자신을 맹신하게 한다

돈은 '돈이면 안 되는 것이 없다.'며 인간을 부추기고 맹목적으로 추구하게 만든다. 그 결과 인간들이 자신을 숭배하게 하고, 맹목적으로 추종하게 만든다. 돈이 되는 일이라면 물불을 안 가리고, 옳고 그름을 따지지 않고 일단 저지르게 만든다.

돈을 버는 일이라면 어떤 짓을 해도 괜찮다는 생각을 머릿속에 주입한다. 그래서 세상에 온갖 죄악이 난무하게 만든다.

돈은 곧 권력이요, 돈이 많을수록 사람 앞에 군림할 수 있다고 믿는다. 반대로 돈이 없어지면 자신이 현재 누리고 있는 관계, 자존심, 파워 등이 모두 무너질 수 있다는 불안감이 엄습한다. 돈이 곧 '나'라는 잘못된 생각이 낳은 결과이다.

돈은 독이고 병원균이다

돈은 조심스럽게 다루지 않으면 인간을 죽음으로 가게 하는 독이고 병원균이다. 실제 사람끼리 돈을 주고받으면서 많은 병원균들이 전염된다. 돈은 강력한 독성으로 죽이기도 하지만, 전염성이 높아 가족과 직장, 조직으로 빠르게 퍼져나가기도 한다. 돈독이 전염되는 순간 인간관계는 변질되고 만다.

돈을 중심으로 형성된 인간관계는 결국 돈의 강한 독성에 의해 쉽게 파멸된다. 그리고 돈으로 맺어진 관계는 결코 오래갈 수 없다.

돈은 파괴의 본능을 가지고 있다

돈은 모든 인간관계를 파괴시키고 멸망시킨다. 부모 형제 친구까지도 살인하게 한다. 평화롭고 인심 좋던 시골 마을에 토지보상금이 지급되는 순간 한바탕 난리가 나고, 이웃끼리 멱살잡이가 시작된다. 또한 자국의 이익을 위해 죄 없는 수십만 명의 생명을 담보로 전쟁을 벌이게도 한다.

사람의 목숨보다 돈이 먼저다. 양을 백 마리 가진 부자가 양 한 마리로 근근이 살아가는 사람의 것을 빼앗지 못해 안달이 난다. 가난한 사람의 한 마리 양을 탈취하는 행동을 삶의 파괴로 인식하지 않고 단순히 경제논리로만 생각하는 것이다.

| Financial 02 Therapy |

게으른 본성 치료하기

서 있으면 앉고 싶고, 앉으면 눕고 싶고, 누우면 자고 싶다

한마디로 우리 인간은 게으르고 편하게 살고 싶은 본성이 지배한다. 누가 일부러 고통받는 것 좋아하고 힘든 것 좋아하는 사람이 있겠는가? 이러한 본성이 얼마나 강하냐에 따라 행동 패턴이 달라지고 인생이 달라지는 것이다.

이러한 본성을 자극할수록 상품은 잘 팔리게 되고 이러한 본성을 더욱 쉽게 해 주는 기술의 발달이 하루가 멀다 하고 혁신적으로 발달하고 있다. 그래서 우리는 손 하나 까딱하지 않고 살 수 있는 세상으로 가고 있는 것이다. 이러한 본성을 추구하다 보면 결국에는 식물인간처럼 꼼짝 않고 살기를 바라는 것과 같은 것이다

이러한 본성을 충족시키기 위해 현대 물질만능주의에서는 돈이 더 많이 필요하다. 그래서 본능적으로 돈을 좇게 되는 것이다. 이러한 본능이 얼마나 절제되는가에 따라 건강한 삶과 돈에 대한 균형감을 가질 수 있게 된다.

우리는 누구나 예외 없이 3개의 통을 가지고 산다.

첫 번째는 음식의 통이다, 무엇을 먹고 마시는 것을 관장한다.

두 번째는 운동과 활동의 통이다. 어떤 활동을 하고 움직이는가를 관장한다.

세 번째는 정신과 영혼의 통이다. 어떤 생각과 무엇을 보고 듣는 것을 관장한다.

이 세 가지의 통의 역학관계의 결과로 자신의 모습이 결정된다.

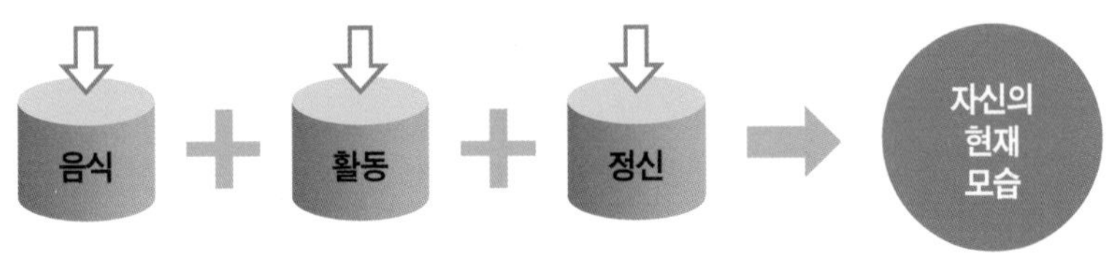

무엇을 먹고 마시며, 얼마나 움직이는지 그리고 머리에 어떤 생각을 가지고 사는지가 현재의 모습을 만들었다는 것을 알아야 한다. 만약 절제 없이 우리의 본성에 따라 먹고 싶은 것 다 먹고 손도 까딱하지 않고 아무 생각 없이 컴퓨터 게임만 한다면 자신의 모습은 어떨지 상상해보라.

최소한 건강한 S라인이나 복근을 기대할 수 없을 것이고 오히려 비만이나 일그러진 자신의 모습이 나타날 것이다.

이처럼 세상은 우리를 본성에 따라 살도록 유혹하고 모든 것을 돈만 있으면 본성을 마음껏 누릴 수 있도록 하고 있다. 그래서 사람들은 돈 돈 하는 것이다. 돈만 많으면 손 하나 까딱하지 않고 살 수 있다는 것이다.

앞의 그림에서처럼 돈이 많아 본성대로 사는 것이 건강하지 않다는 것을 알게 되었다. 서 있으면 앉고 싶고, 앉으면 눕고 싶고, 누우면 자고 싶은 본성을 거꾸로 하면 건강과 아름다움도 생기고 돈도 생기는 것이다.

자가용 출근보다는 대중교통, 헬스장 등 폐쇄된 공간에서의 운동보다는 조깅과 등산 등 자연친화적 운동이 필요하다. 또한 정신건강을 위해 스마트폰에서 잠시 벗어나 명상이나 눈을 감고 생각하는 시간이 필요하고 시끄러운 음악이나 슬픈 음악보다는 아름다운 음악을 듣는 것이 필요하다.

내 자신이나, 혹은 배우자가 임신을 했다면 어떤 음악과 어떤 영화를 보는 것이 좋을까? 시끄럽고 우울하고 슬프고 파괴적인 음악이 아니라 새소리 물소리 등 아름다운 음악을 듣지 않을까?

젊은 어머니가 어린아이가 칭얼댄다고 아이에게 스마트폰을 통해 동영상을 보여주고 친구들과 수다를 하고 있는 장면을 볼 때 아찔해진다. 어린아이의 머리에 무엇을 넣고 있는지 그것이 어떤 영향을 주는 것인지 모르고 하는 것이다.

이처럼 우리 인간은 어떤 것을 먹고 어떤 활동을 하고 정신건강을 위해 무엇을 보고 배우는지에 따라 자신이 변하고 자신의 자녀가 변한다는 것을 알아야 한다. 아울러 항상 자신의 3가지 통 관리를 잘해야 한다.

놀고먹으려는 거지 근성

게으른 본성이 얼마나 지배하는지에 따라 재무심리가 병들고 그 결과 옳지 않는 재무행동으로 돈을 탕진하기도 하고 아예 돈을 벌지 않고 평생 남에게 의존해 살기도 하는 것이다. 따라서 건강한 재무심리를 위해서는 이 거지 근성을 버려야 하는 것이 급선무이다.

필자는 대학에서 강의하면서 학생들에게 질문을 한다.

"어떻게 하면 돈을 벌지 않고 편안하게 살 수 있는가?"

그런데 그 답은 예견된 것들이다.

첫 번째는 로또 당첨이라고 한다.

두 번째는 부모로부터 받은 상속 재산이다.

세 번째는 돈 많은 배우자를 만나는 것이다.

네 번째는 출가하면 된다는 답이었다.

다섯 번째는 영원한 자식으로 살고 싶다는 것이다

이 대답 속에는 우리 인간의 본성인 놀고먹으려는 거지근성이 자리 잡고 있기 때문이다.

그리하여 학생들에게 반문한다. 로또를 사는 것은 자기 마음이지만 당첨되는 것은 로또 마음이라고. 그리고 아버지 재산이 많으냐고 반문한다. 그리고 자신이 돈 많고 능력 있는 배우자(여자든 남자든)를 만날 준비가 되어 있는지, 아울러 세상을 등지고 출가하고 싶은지, 그리고 마지막으로 노숙자가 되고 싶은지를 물어본다.

이 질문은 절대다수의 사람들에게는 해당되지 않는 것들이다. 결론적으로 돈을 벌지 않고 놀고먹을 수 없다는 결론에 도달하게 된다.

우리 모두 마찬가지이다. 모두가 일을 하지 않고 놀면서 살고 싶지만 놀고먹을 수 없으니 일해야만 하는 것이다.

그런데 기왕 해야만 하는 일을 즐겁게 하는 것이 옳지 않을까?

잘 알고 있으면서 왜 우리는 일하기 싫어하고 짜증내고 인상을 쓰면서 일을 하는 것일까?

이는 남들은 자신보다 편하고 쉽게 돈을 버는 것 같은데 유독 자신만 힘들게 일하는 것 같아 짜증이 나서 신세타령하는 것이다. 그리하여 오히려 부자들을 저주하고 나쁜 사람이라고 하는 잘못된 고정관념이 자신을 부자가 될 수 없도록 만들게 되는 것이다.

편하고 쉽게 돈을 버는 사람들에게 가서 물어보자. 쉽게 돈을 버는 것인지? 아마도 미친 사람 취급받을 것이다. 그들은 보이지 않지만 악착같이 노력하고 노력하여 현재 그 위치에 있는 것이다. 그것을 인정할 때 그런 위치에 갈 수 있는 것이다.

호수 위의 백조가 우아하게 보이지만 물속에서는 발이 바삐 움직이고 있다는 것을 모르는 것이다.

인생의 성공과 부자의 비결은 내 안에 있는 게으르고 편하게 살고 싶은 거지 근성을 어느 정도 절제하고 균형감을 유지하느냐에 달려 있다는 것을 잘 알아야 한다.

건강한 재무심리는 이러한 사실을 잘 알고 최선을 다하는 사람으로 만드는 돈에 대한 마음이다.

〈게으른 본성을 고치는 money therapy〉

1) 본능이 원하는 것을 하는 것이 아니라 본능이 싫어하는 것을 하면 성공하고 부자가 된다. 우선 "내가 싫어하는 것을 하면 성공하고 부자가 된다."라는 말을 반복적으로 적고 뇌리에 각인시킨다.

2) 인내하며 실천한다.

- 일찍 일어나기 싫을 때 일어나기

- 공부하기 싫을 때 공부하기
- 인사하기 싫지만 인사하기
- 정리·정돈하기 싫지만 정리하기
- 기록하기 싫지만 메모하기
- 계획하기 귀찮지만 계획하기
- 확인하기 귀찮지만 확인하고 챙기기
- 가계부 쓰기 싫지만 가계부 쓰기

이와 같이 우리가 귀찮아하고, 하기 싫어하는 일들이 돈을 부르고 위험과 실수를 막아 주는 것들이다. 명심해야 할 것은 모두가 본능적으로 하기 싫어한다. 하지만 이를 극복하고 습관화하는 사람이 성공하고 부자가 되는 것이다.

| Financial 03 Therapy |

돈 쓸 수밖에 없는 환경

대다수의 사람들은 한 달 꼬박 일해서 받는 월급을 손에 쥐어 보지도 못하고 순식간에 사라져버리는 경험을 할 것이다.

카드비가 결제되었다가나 통신요금, 각종 공과금 등 수많은 알람 메시기 보기가 전부인 경우가 하다하다.

왜 그럴까? 그 이유를 알아야 돈을 잡을 수 있는 것이다.

현재 우리는 소비를 조장하고 쾌락을 추구하도록 우리의 눈을 자극하고 우리의 지갑을 열려고 하는 환경 속에서 살고 있다.

마케팅 기술의 발달

눈에 잘 띄는 곳은 여지없이 광고가 있고 하늘과 땅, 땅속, 바다 위, 모든 곳에 다니는 것에도 광고가 들어 있다. 달리는 버스, 비행기, 지하철, 여객선 곳곳에 광고가 붙어 있는 것이 현실이다. 또한 우리가 보고 듣고 즐겨 찾는 TV, 라디오, 인터넷에서도 광고로 넘친다.

이 모든 것이 필요한 제품정보이고 유익한 정보이지만 모든 사람들이 동일하게 그 가치에 반응할 필요는 없다. 하지만 마케팅 기법의 발달로 많은 사람들이 충동구매와 과소비를 하게 된다.

그러면 이러한 마케팅이나 광고가 나쁜 것만은 아니다. 정당한 기업의 활동 중의 하나인 판매촉진의 수단이기 때문에 기업들은 자신이 만든 제품을 재고 없이 많이 팔아야 하기에 기업의 입장에서는 당연한 것이며 고객의 경제사정은 알 필요도 없다.

현재 가장 인기 있는 판매 채널 중의 하나인 TV 홈쇼핑을 보자.

홈쇼핑 회사는 중소기업이나 때로는 대기업의 제품을 경쟁력 있는 가격에 대량으로 한꺼번에 소화할 수 있는 아주 매력적인 판매채널이다. 그래서 기업들은 경쟁적으로 홈쇼핑에 자사제품을 노출시켜 판매하려고 한다.

홈쇼핑의 매출에 지대한 영향을 주는 사람은 바로 쇼핑 호스트이다. 이들은 제품의 정보를 아주 자세히 알려주고 제품을 사야 하는 이유를 잘 설명해준다. 그리고 화면에 보이는 여러 가지 기술과 조화하여 시청자들이 신용카드를 들고 주문하도록 만든다. 좋은 제품이고 좋은 가격이지만 필요할 때 규모 있게 쓰기보다는 미리 사두도록 하는 것이 많다. 그러다 보니 사놓고 쓰지 않는 물건이 집안 곳곳에 쌓여 있게 된다. 충동구매와 과소비의 결과인 것이다.

쇼핑 호스트 중에 '완판녀'라는 별명을 가진 사람은 그 사람만 나오면 순식간에 동이 나도록 한다는 전설적인 세일즈의 달인이다. 그 사람은 많이 팔아서 그 능력으로 고액연봉을 받고, 회사는 매출의 증대로 기업 이익이 증대하고, 공급업체는 한꺼번에 대량판매를 통해 재고부담을 줄이고 자금회수에 큰 역할을 하기 때문에 소비자를 제외한 모두에게 아주 중요한 사람이다.

하지만 우리는 때때로 눈을 감고 홈쇼핑채널을 넘어가는 지혜가 필요하다.

결국은 자신의 돈은 자신이 지켜야 한다. 완판녀에게 "고객님, 지나친 충동구매는 가정경제에 큰 위협을 가져옵니다."라는 멘트를 기대해서는 안 된다.

그들의 임무는 파는 것이기 때문이다.

심리와 마케팅과의 결합

고객의 심리를 이용하여 제품을 팔려는 심리기법이 마케팅에 적용되고 있다

고객의 과시욕을 부추긴다

자동차, 집, 명품 등 고가품을 소유하여 남들에게 과시하고 싶은 고객의 심리를 자극하여 비싼 상품들을 파는 것이다. 각종 고가 브랜드들의 마케팅 전략이다. PRESTIGE, NOBLE, ROYALE 등등이 단골처럼 등장한다.

부화뇌동 심리를 이용한다

구매를 주저하는 사람들에게 "이만큼 많은 사람이 먼저 샀으니 빨리 사세요. 지금 사도 늦은 편이다. 서두르세요……."라든지 연예인 OO가 산 제품이라거나 OO가 입고 있는 옷이라든지…… 등을 부축해 고객 스스로가 구매를 추종하도록 만드는 것이다.

소속감을 자극한다

어느 집단이나 계층에 속하려면 이 정도는 가져야 한다는 식으로 소속의 욕구를 자극하여 구매를 유도한다. 자신의 경제 여건이 안 됨에도 불구하고 그 집단이나 계층에 속하고 인정받으려고 구매행동을 하게 된다.

9900원의 심리

9,900원과 1만 원을 두고 볼 때 "에이, 100원 차이밖에 안 나는데……."라고 할 수 있지만 9,900원과 1만 원은 심리적으로 큰 차이를 가져온다.

9,900원은 천 원대이고 1만 원은 단위가 만 원으로 느껴져 실제 100원 차이지만 단위가 다른 큰 차이로 느낀다는 것이다. 그래서 9를 활용한 심리마케팅이 활용되고 있는 것이다.

본능을 자극하는 마케팅

인간의 본성인 편하게 살고 싶고, 재미있고 즐기고 놀고 싶은 심리를 자극하여 구매를 하도록 하는 마케팅을 말한다.

'열심히 일한 그대여 떠나라! 인생 뭐 있어 막 살아! 노세 노세 젊어서 노세!' 등등의 광고 카피는 이러한 본능에 소구하는 마케팅의 일환이다.

이 외에도 수많은 심리적 분석을 통해 고객 1대1 마케팅 기법까지 개발되고 적용되고 있는 것이 현실이다.

〈돈을 지키는 money therapy〉

최근 쓰지 않기 위해, 돈을 아끼기 위해 몸부림치는 짠테크가 유행하고 있다.

어떻게 하면 돈을 잘 쓰는 것인가? 다른 말로 건강한 소비인가?

쓰지 않는 것이 목적이 아니라 균형 있게 계획적으로 쓰는가에 달려 있다.

절약운동이 왜 성공하지 못하는가?

대다수의 사람들은 절약, 아끼라는 말 자체에 짜증을 낸다. 특히 부부 사이에도 이것 때문에 싸움이 종종 일어나기도 한다. 그럼 절약하지 않고 돈을 잘 쓰고 저축할 수 있는 방법은 없는 것일까.

① 바로 계획하고 계획한 것은 마음대로 쓰자.

오늘 하루 무엇을 소비할 것인지 미리 계획해 보고 그대로 돈을 쓰는 것이다.

커피 2잔, 점심, 저녁 술 한잔 등등 미리 계획한 대로 그대로 쓰면 충동구매가 아닌 계획 구매가 된다. 묻지도 말고 따지지도 않는 충동구매로 5만 원을 쓰겠다고 미리 계획하고 쓰면 이 또한 계획 소비이다. 이대로 한다면 '충동구매/과소비'란 말은 사라지게 된다.

② 균형 있게 쓰자.

먹고, 마시고, 놀고, 타고, 꾸미고, 공부 등의 삶의 질을 높이기 위해 균형 있게 써야 한다. 써야 할 곳도 쓰지 않는 짠돌이, 짠순이가 목적이 아니라 한 곳에 치중되지 않도록 하는 것이 중요하다.

③ 스스로 쿠폰북을 만들어 계획한 대로 쓸 때마다 하나씩 지워 나가면서 월말에 하나도 남김없이 알맞게 사용하면 100점이다.

쿠폰이 모자라도 안 되고, 남아도 안 된다. 쓰기로 한 것은 다 써야 한다.

계획하고 재미있게 쓰고 균형을 잡아가면 스스로 소비근력이 강해져서 애쓰지 않아도 돈은 저절로 모이게 된다.

④ 소비에 3F 운동을 전개해보자.

Fun: 즐겁게 쓰자.

Free: 자유롭게 쓰자.

Fund: 저절로 돈 생기는 운동을 하자.

생각 뒤집기

뉴플러스 (New Plus)를 적용하자

우리는 지금까지 돈의 10가지 속성과 우리가 돈을 쓸 수밖에 없는 환경 등을 알아보았다. 그러면 이러한 상황을 극복하고 우리의 인생이 돈에 대해 건강하고 아름답게 살기 위해서는 어떻게 해야 하는 것인가?

그것은 우리가 새로운 사고와 생활방식을 할 때 가능해진다.

〈부자로 가는 가장 확실하고 안전한 뉴플러스 WAY〉

〈플러스 인생〉

앞의 그림은 인생의 플러스와 마이너스를 바라보는 두 개의 시각을 표현하고 있다. 플러스에는 꿈과 행복, 부, 성공, 풍요, 안락한 삶 등이 있다. 마이너스에는 가난과 불행, 실패, 부채, 고통의 삶 등이 있다.

평범한 사람들은 플러스, 즉 행복과 부를 바라보며 뛰어간다. 반면 마이너스 요소인 가난과 실패 등은 땅 아래 숨어 있다. 이 사람에게는 오직 플러스만 보일 것이다. 공중에 떠 있는 부와 행복만을 보고 열심히 달려가다가 예상치 못한 마이너스 지뢰를 밟고 '펑' 하고 터지고 만다. 일명 '지뢰밭을 걷는 인생'이다. 그런 인생은 언제나 '예상치 못한 사건의 연속'이다. 폭탄을 피해 가려고 해도 언제 어디서 터질지 모르기 때문에 인생은 걱정과 고통의 연속이다. 어쩌면 인생의 타임라인을 통째로 날려 버릴 대형 폭탄이 감춰져 있을지도 모르는 일이다.

<뉴플러스 인생>

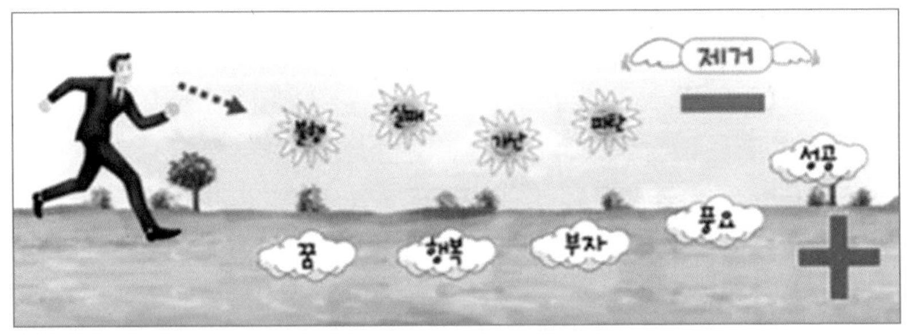

사고를 전환해 보자. 꿈과 행복, 부자와 같은 단어들이 땅 밑으로 들어가면 행복과 부를 깔고 가는 인생이 된다. 대신 가난과 불행, 실패를 눈앞에 두면 눈에는 공중에 떠 있는 실패가 보인다. 다가올 불행을 직시할 수 있게 되는 것이다. 행복을 발아래 깔고 가면서 눈에 보이는 불행의 요소들을 하나씩 제거하면 결국 인생에는 행복의 요소들만 남게 된다.

이 그림을 수입과 지출로 바꿔보자. 수입이 땅 위에 있고 지출이 땅 아래 있으면 수입만 보며 달려갈 것이다. 돈을 더 버는 것이 목적이 된다. 하지만 땅 아래 있는 지출을 보지 못하기 때문에 얼마의 돈이 새나가는지 알 수 없게 된다. 더 많은 수입을 올리려고 땀 흘리며 달려가지만 결국 지출이라는 보이지 않는 폭탄을 밟아 돈 문제, 빚 문제가 발생한다.

반대로 지출이 땅 위에 있고 수입이 땅 아래 있으면 상황은 완전히 달라진다. 수입을 땅 아래 깔고 가면서 그 안에서 눈에 보이는 지출을 제거하는 삶으로 바뀐다. 자신이 해결해야 할 지출의 규모와 개수가 한눈에 보이기 때문에 지출을 해결하기 위해 달려갈 것이다. 그러고 나면 땅 아래 수입만 남게 된다.

이처럼 사고를 전환하고 나면 생활 속의 행동들이 거기에 맞춰 변화를 시작한다. 소비의 유형이 바뀌고, 투자의 패턴도 변한다. 평범한 사람들처럼 플러스만 바라보며 부와 행복만을 따라가다 보면 함부로 소비하게 되고, 위험한 투자를 아무렇지 않게 하게 된다. 부를 더 빨리 키우기 위해 대출은 필수적인 도구가 된다. 플러스에만 맞춰진 인생이다.

하지만 위험 요소를 바라보며 가는 사람은 위험 요소를 제거하는 데 집중하므로 투자의 위험을 세밀히 관찰하고, 더 벌 수 있다는 막연한 환상에서 벗어나 현실적인 사이즈에 맞게 합리적인 소비를 할 수 있게 된다. 부채는 가장 먼저 제거해야 하는 제거 대상 1순위로 바뀐다.

뉴플러스 원리

〈설명 1〉

진정한 행복과 성공으로 가는 가장 확실하고 안전한 길

부자가 되길 원하는가? 성공하기를 원하는가? 행복하기를 원하는가? 그러면 막연하고 불확실한 성공, 부자, 행복을 좇지 말고 먼저 성공, 부자, 행복을 방해하는 보이지 않는 인생의 지뢰(위험과 장애요인)을 먼저 보고 제거해야 한다. 그러면 성공, 부자, 행복은 반드시 따라 올 것이다.

〈설명 2〉

모르는 사이에 빠져나가는 돈에서 건진 펄떡이는 새로운 소득

우리가 편하고자 하는 본능과 유혹에 의해 불필요하고 오히려 건강과 행복을 해치는 것들에 지출을 발생시킨다. 이러한 좋지 않은 지출들을 제거함으로써 새로운 소득을 창출시키는 것이며 이러한 돈들은 우리의 미래를 지키는 돈들로 사용될 수 있다.

부자 되는 뉴플러스 10계명

뉴플러스 부자 10계명

1.마이너스를 마이너스 하라

2.게으른 본성을 마이너스 하라

3.가난의 언어를 마이너스 하라

4.화려함을 마이너스 하라

5.시간을 마이너스 하라

6.유혹을 마이너스 하라

7.지출을 마이너스 하라

8.수도꼭지 크기를 마이너스 하라

9.소득의 리스크를 마이너스 하라

10.곳간을 마이너스 하라

한국재무심리센터™

Korea Financial Therapy Center

1. 마이너스를 마이너스하라

성공과 부자를 좇다가 실패하여 고통에 빠지기보다는 실패와 가난을 가져오는 위험요소를 먼저 보고 그것을 제거하여 안전한 사람과 성공과 부가 따라오는 삶의 가치관과 사고의 전환이 필요하다. 즉 (-2)×(-2)=+4가 되는 뉴플러스 원리를 삶에 적용시켜야 한다.

(성공을 가로 막는 요소(-)를 마이너스(-)하면 성공은 따라온다.)

2. 게으른 본성을 마이너스하라

서 있으면 앉고 싶고, 앉으면 눕고 싶고, 누우면 자고 싶은 게으른 본성을 제거해야 성공과 부자가 될 수 있다. 이 게으른 본성은 쉽고 편한 방법과 빨리 뭔가를 이루려고 하는 일확천금의 속성으로 사람들을 이끌고 가며 궁극적으로는 실패와 가난을 가져온다. 따라서 부자가 되고 성공하기 위해서는 게으른 본성을 제거하는 것이 반드시 필요하다.

3. 가난의 언어를 마이너스하라

우리가 하는 말들이 우리 삶속에서 그대로 이루어지는 경우가 허다하다. 그래서 예로부터 말조심하고 가려서 하라고 이야기한다. 항상 어떤 말을 쓰고 있느냐가 성패를 좌우한다. 즉 부자가 되려면 가난의 언어를 버려야 하고 부자의 언어를 써야 한다.

'아이 죽겠다, 힘들다, 되는 게 없네, 짜증나, 될 대로 돼라, 더러운 세상 등등…….' 패배주의적인 말들을 버리고 긍정적이고 적극적인 생각과 감사하는 마음을 가지는 것이 필요하다.

4. 화려함을 마이너스하라

자신의 안에 있는 허세를 버리고 실속을 찾아야 한다. 보이는 외형의 크기, 아름다움과 편리를 추구하다가 그 이면에 가려진 위험에 빠져 실패와 고통을 당하게 된다. 즉 장미의 아름다움에 가려져 덤비다가 가시에 찔리게 되는 것이다.

항상 먹음직하고 그럴 듯해 보이는 이면에는 위험이 도사리고 있으니 이러한 화려함을 좇는 허세를 버려야 한다.

5. 시간을 마이너스하라

우리는 일생을 마라톤으로 비유한다. 마라톤의 거리는 42.195km라 알고 있다. 하지만 이제 인생의 마라톤은 더 길어졌다. 100세 시대에 수명이 늘어남으로 해서 52.195km를 달려야 한다.

마라톤에서 체력안배와 시간 전략이 아주 중요하듯이, 우리 인생에도 나이나 중요한 전환기가 다가오게 되는데 그때마다 필요한 재무적 준비가 실행되어야 한다. 우리가 살면서 시간대별로 해결해야 하는 인생의 돈 문제들을 인생의 타임라인에 펼쳐두고 각 이벤트별로 시간을 나누어 준비하는 것이 필요하다. 한꺼번에 돈을 마련하기보다 시간을 두고 준비하는 것이 옳은 방법이고 빨리 벌어 성공해서 편하게 사는 방법보다는 재무목표를 아주 세분화하여 단기, 중기, 장기적으로 분산하여 인생을 준비하는 것이 필요하다 .

6. 유혹을 마이너스하라

세상에는 더하기 전문가들과 돈을 쓰게끔 만드는 환경과 사람들이 주위에 너무 많다.

내 인생에 꼭 필요한 돈을 만들려고 해도 누구를 만나는가에 따라 내 인생이 달라진다.

투자 전문가를 만나면 투자에 내 돈이 들어가게 되고 부동산 전문가를 만나면 내 돈이 부동산에 투자가 된다. 또한 홈쇼핑이나 인터넷 쇼핑 등 각종 충동구매를 자극하는 마케팅의 유혹에서 벗어나 자신의 돈을 지켜야 한다. 그러기 위해서는 높은 투자 수익에 현혹되어 잘못된 투자를 하지 않아야 하고 항상 장기적으로 분산 투자하는 건강한 심리를 가져야 한다. 또한 계획된 지출로 인해 충동구매와 과소비를 방지하는 것이 자신과 가정을 지키는 방법이다.

7. 지출을 마이너스하라

삶을 살면서 꼭 써야 하는 필수지출이 있고 쓰지 않아도 되는 선택적 지출 내지는 불필요한 지출이 있다. 필수지출은 반드시 해야 하지만 불필요한 지출을 제거하면 돈이 생긴다. 즉 마이너스를 마이너스하면 플러스가 되는 원리이다. 불필요한 전등을 끄면 돈이 생기고 수도꼭지를 잠그면 돈이 생긴다. 생활 속에서 불필요한 지출을 줄여 플러스로 만드는 생활습관이 필요하다.

8. 수도꼭지 크기를 마이너스하라

수도꼭지의 크기에 따라 나오는 물의 양이 달라진다. 큰 수도꼭지를 가진 사람은 물이 콸콸 쏟아지고 중간 크기의 수도꼭지를 가진 사람은 적당하게 물이 나올 것이다. 마지막으로 작은 수도꼭지를 가진 사람은 물이 졸졸 나올 것이다. 수도꼭지 크기에 따라 물을 쓰는 마음이 다르게 되는 것이다.

수도를 틀면 물이 콸콸 쏟아지는 집은 언제라도 물이 넘치게 되고 물이 졸졸 나오는 경우 물을 담아 저장하게 된다. 만약 수도 공급이 끊기면 어떻게 될까? 누가 제일 고통을 받게 되는가? 당연히 제일 큰 수도꼭지를 가진 사람일 것이다. 이와 같이 자신의 현재 소득이 크게 들어오는 사람은 그에 맞춰 소비도 크게 되어 실제 저축되는 것이 별로 없이 누리며 살다가 어느 날 소득에 변동이 오면 크게 고통받게 되는 것이다. 따라서 자신의 소득이 아무리 크더라도 스스로 수도꼭지를 작게 만들고 저장하는 것이 필요하다.

9. 소득의 리스크를 마이너스하라

많은 사람들은 수입을 월급에 의존하여 살고 있다. 그러다 보니 퇴직을 하거나 이직을 할 경우 가정의 수입에 차질이 오고 때로는 경제적 어려움을 당한다. 자신의 직장은 언제나 스스로 그만둘 수도 있고 회사 사정상 그만둬야 할 경우가 발생한다.

우리는 항상 비상시를 염두에 두고 소득이 끊어졌을 경우를 대비해야 한다. 수입원을 다원화할 필요가 있고 부부 맞벌이 또한 한 방편이 되기도 한다. 무엇보다도 항상 비상자금을 비축하여 직장을 다시 구할 때까지 버틸 수 있도록 하는 것이 필요하고 자신의 일에 전문성을 계속 개발하여 확고한 직업의 안정성을 확보해야 한다.

10. 곳간을 마이너스하라

9가지 법칙을 잘하여 돈이 모여도 곳간을 열지 않으면 문제가 생긴다. 물은 고이면 썩듯이 돈도 한 곳에 머물고 고이면 썩고 문제가 생긴다. 돈 때문에 자식을 망치고 형제간이 원수가 되기도 한다. 돈을 나누는 것이 자신의 삶을 윤택하게 할 뿐 아니라 남들도 살리는 아름다운 부자로 가는 길이다.

나눔은 선택이 아니라 필수이다. 나눔은 마중물 역할을 하여 더 많은 돈을 가져오는 역할을 한다.

| Financial 05 Therapy |

인생과 근본적인 돈 문제

예외 없이 누구한테나 다가오는 수많은 돈 문제

우리는 태어나는 순간 돈이 지배하는 물질만능의 세상에 빠지게 된다. 이는 어느 한 사람도 예외가 없다. 인생을 사는 데 필수적인 돈이 없으면 많은 어려움과 고통과 갈등을 겪게 되고 때로는 파멸의 길로 가게 된다. 하지만 많은 사람들은 이러한 사실을 모른 체 살다가 실패하고 돌이킬 수 없는 후회의 삶을 살게 되며 그로 인해 가족과 자녀에게도 돈의 문제가 상속되어 가난이 대물림된다.

그럼 어떻게 하면 이런 돈 문제로 부터 자유롭고 풍요롭게 살 수 있을까? 그것은 우선 자신에게 다가오는 돈 문제를 인식하는 것에서부터 시작된다.

만약 자신에게 다가오는 돈의 문제를 심각하게 받아들이고 인식이 명확하다면 그 사람은 반드시 그 문제들을 벗어나기 위한 준비를 하게 될 것이다.

자신에게 다가오는 돈 문제를 인식하지 못한다면 그 사람은 미래에 다가올 돈 문제를 준비하기보다 현실의 즐거움이나 만족을 위해 살아가다 결국 준비 부족으로 미래에 심각한 경제적 문제에 빠지게 되고 후회해도 소용없을 정도의 재정결핍을 경험하게 될 것이다.

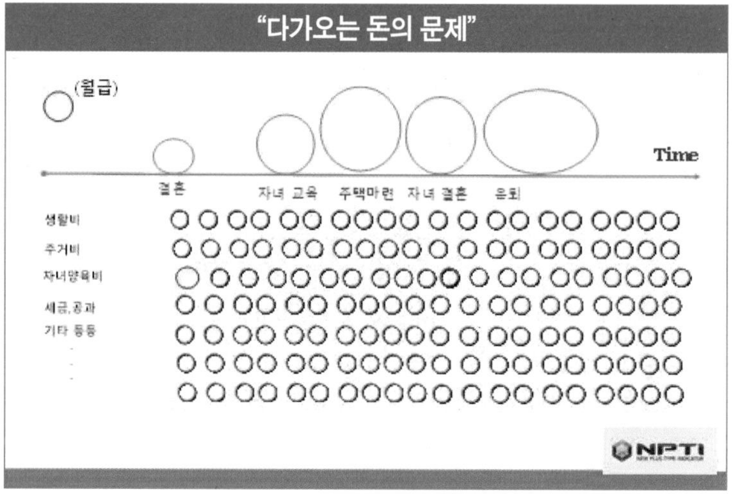

3대에 걸친 돈의 문제

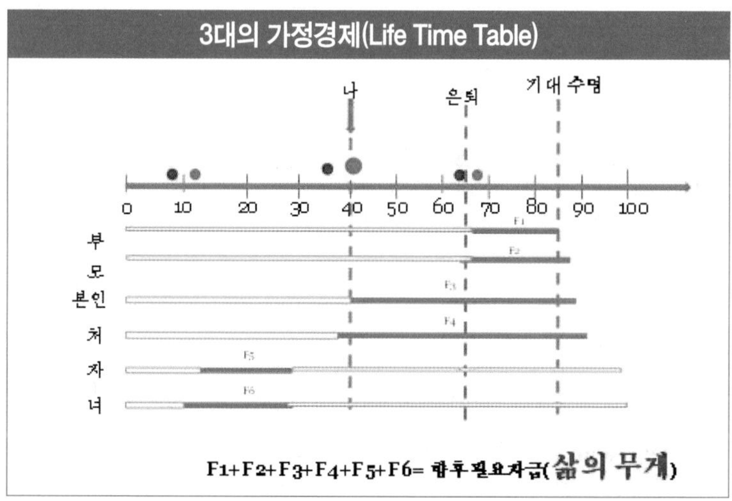

가정경제의 문제는 혼자만의 문제가 아니다. 그림에서 보듯이 부모

와 자녀까지도 연관이 되어 있다. 자신이 문제를 해결하지 못하면 그 영향이 결국 부모와 자식에게까지 미치게 것이다. 그리하여 부모님께 자식으로서 도리를 하지 못하게 되고, 자식이 독립할 때까지는 충분히 지원해 줄 수 있어야 하는데 그렇지 못하여 자식의 기회를 빼앗게 되는 것이다. 더 심하면 가난의 대물림이 될 수도 있다.

이처럼 모든 사람들은 쉽게 '안 되면 말지.', 혹은 '이대로 살다 죽게 나둬.' 하고 말하기도 하지만 앞의 그림의 관계를 본다면 부모로서의 도리를 다해야 하고 자식은 자식으로서의 도리를 다해야 하는 삶이 건강한 것이다.

그림에서 나타난 것은 우리가 해결해야 할 삶의 무게이며 가정을 꾸린 이상 해결해야 한다. 자식 또한 최대한 빨리 독립해 스스로 살아가는 것이 부모를 도와주는 것이다. 독립이 늦어지면 늦어질수록 부모의 노후 자금을 소비하고 있다는 것을 알아야 한다. 이 이유 때문에 아프니까 청춘이라고 위로할 수가 없고 오히려 이러한 문제를 정확히 인식하고 긍정적으로 나아가게 해야 한다.

Financial health(재정 건강)를 위한 점검

Financial Health란 "개인이나 조직이 돈 문제를 발생시키는 재무 이벤트로부터 안전하게 준비된 상태를 말하고 그 상태가 지속적으로 유지되고 있는 경우를 말한다." 재정 건강 상태를 유지하기 위해서는 돈의 양적인 측면에서는 미래에 발생될 수 있는 재무이벤트를 해결할 수 있는 충분한 양의 돈이 마련되어 있거나 적절히 준비하고 있는 상태를 말한다. 그리고 재무심리와 행동 측면에서는 돈에 대한 건강한 가치관을 가지고 건강한 재무행동을 하여 돈을 충분히 축적하고 적절히 나누는 건강한 상태를 말한다.

당신의 financial health 유지를 위해 점검해보기 바란다.

돈 문제를 해결하는 부자 /성공 법칙

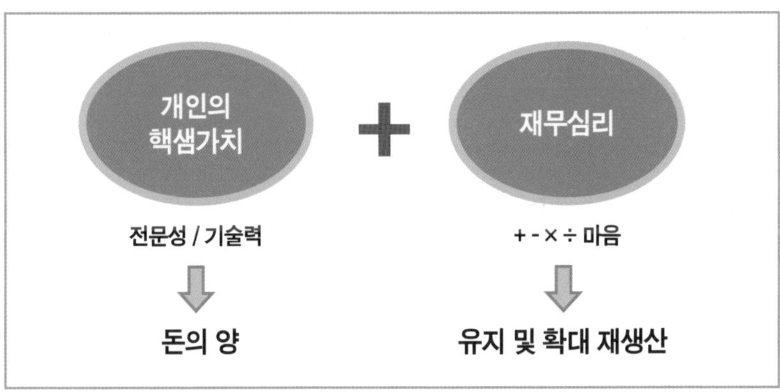

개인과 가정의 돈 문제를 해결하고 건강하고 풍요로운 삶을 살기 위해서는 두 가지 요소가 건강해야 한다.

첫째, 개인의 직업의 전문성과 기술 수준이다.

개인의 핵심가치는 자신이 하고 있는 분야의 전문성이나 기술력을 의미한다. 다시 말하면 자신의 실력을 애기한다. 이 핵심가치는 수입의 양을 결정짓는다.

예를 들어 3급 기술자보다 1급 기술자가 수입이 많을 것이고 약사보다는 의사가 더 전문성을 인정받아 수입이 많은 것처럼 자신의 일의 전문성과 수준에 따라 수입의 양이 달라진다. 따라서 같은 시간의 일을 해도 수입은 엄청난 차이를 가져오게 되는 경우가 많다.

직장생활에서도 자신의 일에 관한 지식과 기술 등을 지속적으로 개발하여 실력을 키우는 사람은 승진과 더불어 성공하게 되고 궁극적으로 최고의 전문자격증도 따는 사람이 있는 반면에 자기개발 없이 단순히 열심히 일을 하는 것만으로는 성장할 수 없는 것이다. 따라서 지속적인 자기개발이 필요한 이유이다.

두 번째, 개인의 재무심리이다.

들어온 수입을 어떻게 유지하고 확대, 재생산하는 역할을 하는 것이 재무심리의 역할이다.

돈 버는 능력, 돈 쓰는 능력, 돈 불리는 능력, 돈 나누는 능력 등으로 구성되어 있는 자신의 재무심리가 건강한지 아닌지에 따라 돈이 모이고 불리거나 아니면 한순간에 사라지기도 한다. 개인의 재무심리는 들어온 수입을 유지하거나 확대 재생산하는 역할을 한다.

재무심리	확대 재생산 역할	비고
돈 버는 마음 (+)	성공하려 하는 의지와 행동의 동기부여 돈을 더 많이 벌려는 의지와 행동의 동기부여(돈의 양의 크기 증대)	아무리 좋은 기술과 실력을 가지고 있어도 돈 버는 마음이 약하면 기술과 실력이 효력발휘가 안 된다
돈 쓰는 마음 (-)	돈의 효율적 관리를 통해 돈을 저장하는 역할	이 마음이 약하면 아무리 많이 벌어도 다 새나가고 없게 된다
불리는 마음 (×)	돈을 키우는 불리는 역할 재테크나 투자 등을 통해 돈을 키우려는 역할	이 마음이 약하면 돈은 크지 않고 오히려 시간이 감에 따라 돈의 가치가 하락하게 되는 결과를 가져온다.
나누는 마음 (÷)	돈의 선 순환을 통해 더 많은 돈이 들어오게 하는 역할을 한다	기업이나 개인이나 나눔으로 인해 이미지가 올라가고 돈을 더 끌어오는 역할을 한다. 반대로 나누지 않으면 비난받고 인간관계 악화를 가져온다.

나는 어느 부류에 속하는가

우선 본인 스스로 자신이 어느 부류에 속하는지 스스로 진단해 보는 것이 필요하다. 부자가 되기 위한 필수 요소인 자신의 일의 전문성, 기술 수준과 재무심리건강 상태를 조합으로 4개의 방이 만들어진다. 그 4개의 방은 다음과 같다.

〈4개의 방〉

4번 방으로 계층 이동하자.

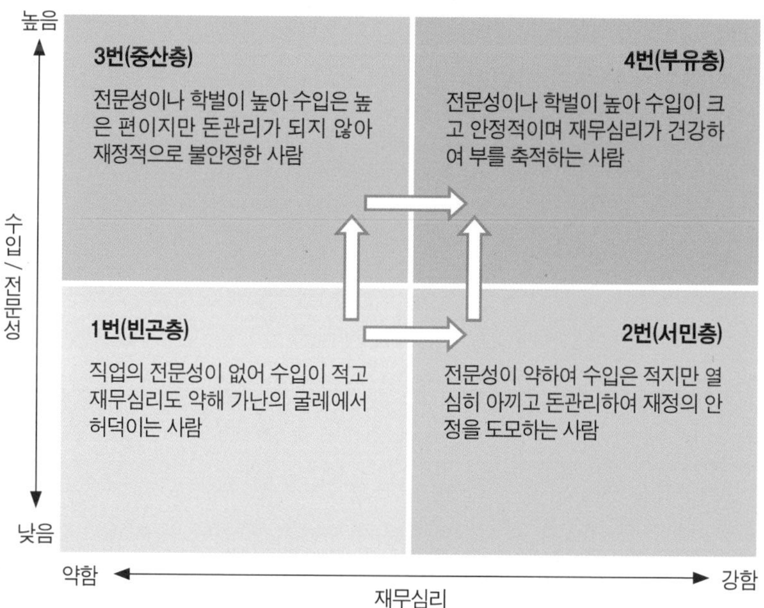

계층이동을 위한 Therapy

그럼 각각의 방에 속하는 사람들에 대해 진단하고 어떻게 개선해야 하는지 그 진단과 처방에 대해 알아보기로 하자.

1. 빈곤층

〈진단〉

1번 방의 사람은 '빈곤층'에 속한다.

이 부류의 사람은 직업의 기술이나 전문성이 부족하여 소득창출이 적을 뿐 아니라 돈에 대한 건강한 마음, 즉 재무심리가 약하여 돈관리가 되지 않는다. 따라서 항상 돈이 부족하고 허덕이며 사는 부류의 사람들이다. 이 부류의 사람들은 가난을 대물림할 수 있는 위험 또한 처하게 된다.

〈처방〉

- 단순 노동 대신 기술 습득 및 교육 훈련을 통해 자신의 전문성이나 기술을 배워 안정적인 수입 증대를 위해 노력해야 한다. 국가가 지원하는 직업지원교육을 통해 특정분야의 기술을 습득하는 것이 필요하다.
- 반드시 가난에서 벗어나야겠다는 강한 의지가 필요하다. 항상 돈이 부족하기 때문에 계획할 것도 없고 관리할 것도 없다는 허약한 생각을 버리고 계획적인 수입 지출 활동을 하여 점차적으로 개선해 나가는 것이 필요하다.
- 남에게 도움을 받고 국가로부터 복지차원의 지원금에 의존하는

삶에서 스스로 자립하려는 의지의 재무심리치료가 필요하다

2. 서민층

〈진단〉

2번 방의 사람은 '서민층'에 속한다.

이 부류의 사람은 직업의 기술수준이나 전문성이 부족하여 소득창출은 적지만 돈에 대한 건강한 마음, 즉 재무심리가 강하여 돈을 잘 관리하여 큰 부자는 아니지만 재정적으로 안정을 위해 착실히 준비하지만 부자가 되기에는 부족한 사람이다.

이 부류의 사람들은 더 나은 기술 습득을 통해 4번 방으로 계층이동을 해야 한다. 이 방의 특성은 부자로 가기보다는 자신의 한계를 인정하고 형편에 적응해버리는 도전정신이 약한 경향이 있다.

〈처방〉

- 나도 부자가 될 수 있다는 마음가짐을 우선해야 한다.
  태어나면서부터 가난과 부자는 운명이 아니다. 자신이 만드는 것이고 많은 사람들이 노력으로 부자가 되었다는 것을 알아야 한다. 자신의 내면에 있는 부자의 자존심을 일깨워야 한다.

- 신기술 습득 및 교육 훈련을 통해 자신의 전문성을 높여 수입 증대를 위해 노력해야 한다. 예를 들어 3급 기술자는 2급 기술자로, 2급기술자는 1급 기술자로 1급 기술자는 장인으로 계층이동을 해야 한다. 이 부류의 사람들 중에 유명한 요리사, 미용사, 자동차 박

사 등등의 다양한 전문가가 나올 수 있다.

3. 중산층

〈진단〉

3번 방의 사람은 '중산층'에 속한다.

이 부류의 사람은 대기업 직장인들이 속한다고 볼 수 있다.

학벌이나 기술, 전문성은 높은 편이라 상대적으로 소득창출은 큰 편이지만 돈에 대한 건강한 마음, 즉 재무심리가 약하여 돈을 잘 관리하지 못하여 재정적으로 불안정한 상태를 유지하고 있는 것이 특징이다. 또한 시간이 지나면 반드시 퇴직을 해야 하기 때문에 수입중단의 위험에 놓여 있는 사람들이다.

더 많은 수입을 위해 무리한 확장을 하여 부채가 늘어나게 되는 상황이 발생하게 된다. 또한 들어오는 고정 수입 때문에 미래의 위험을 인식하기보다 긍정적으로 현재 위주의 삶을 사는 사람이다.

〈처방〉

- 지속적인 신기술 습득 및 유지와 환경변화 대응 전략 마련이 필요하다.
- 수입이 크다고 해서 모든 것을 해결하고 부자가 되는 것이 아니다. 그 수입을 어떻게 관리하고 키우는 것이 없으면 부는 축적되지 않는다.

  가정이나 사업장에 재무관리 시스템을 구축하여 재무위험을 제거하는 것이 필요하다. 현재 자신의 재정 상태를 객관적으로 점검하는 것이 필요하다.

- 반드시 다가오는 퇴직을 대비하여 제2의 인생을 위한 준비와 직업에 대해 최소 5년~10년 전부터 제2의 직업을 준비하여 취미가 직업으로 바뀌는 삶을 준비해야 한다.

4. 부유층

〈진단〉

4번 방의 사람은 '부유층'에 속한다.

이 부류의 사람은 직업의 기술이나 전문성도 아주 높아 소득이 아주 높고 안정적이며 돈에 대한 건강한 마음, 즉 재무심리 또한 아주 강하여 재정적으로 풍요로운 상태를 유지하고 있는 것이 특징이다. 하지만 이 부류의 사람들에게는 돈이 있음으로 인한 사람들과의 관계 문제가 발생하게 된다. 부유한 환경으로 인한 자녀의 문제, 부부의 문제, 친척이나 주위 사람들과의 문제가 발생한다.

〈처방〉

- 방심하지 말고 자신의 분야의 지속적인 신기술 습득 및 유지와 환경변화 대응 전략 마련이 필요하다.
- 항상 전문가의 도움을 받아 자신의 재정관리 상태를 체계적으로 관리하는 것이 필요하다. 특히 재무관리 시스템을 구축하여 체계적으로 재무를 관리하고 규모가 커짐으로 해서 더 커지는 위험을 관리하는 것이 필요하다. 또한 부의 풍요로 인해 자식들이나 주위 사람들에게 악영향을 끼칠 수 있음을 인식해야 한다. 자식들에게

건강한 돈 관리와 행동을 가르치기 바란다. 그렇지 않으면 자식을 망치게 된다.

또한 돈을 나누지 않으면 친지 가족들과의 관계가 악화되므로 적절한 나눔이 필요하다. 돈만 많은 부자가 아니라 나누는 아름다운 부자가 되어야 한다.

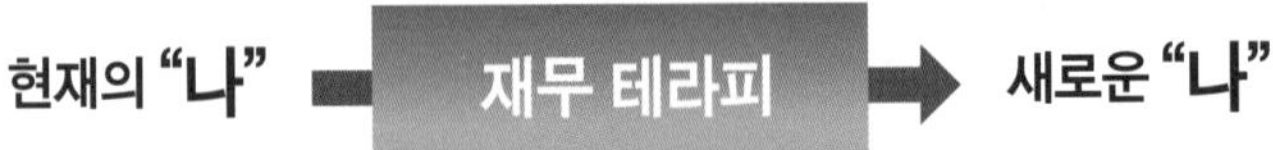

가난한 사람이 가난에서 벗어나고
서민이 부자가 되고
부자가 더 부자가 되고
모두를 아름다운 부자로 변화시키는
Change platform

| Financial 06 Therapy |

재무 테라피가 답이다

다가오는 돈 문제와 3대에 걸친 돈 문제를 해결하고 더 나아가 아름답고 풍요로운 부자의 삶을 살기 위해서는 재무 테라피가 실제적인 답이고 모두가 반드시 실행해야 한다.

재무 테라피(Financial Therapy) 시대 도래

돈으로부터 건강하고 행복한 삶을 살기 위해서는 돈만 많아서 되는 일이 아니다. 돈과 건강한 돈의 마음이 함께 있을 때 진정으로 행복한 삶을 살 수 있고 많은 사람들에게 선한 영향력을 끼치는 아름다운 부자가 될 수 있는 것이다.

우리는 주위에 돈은 많지만 그 돈으로 인하여 자신의 가정이 무너지고 자식이 망쳐지는 경우를 허다히 본다. 한편으로는 돈 없이 평생을 끌려 다니며 사는 고통받는 사람들도 많이 본다. 이처럼 돈은 많아도 삶을 불행하게 만들기도 하고 또는 돈이 없어 자신뿐만 아니라 가족까지도 고통받게 한다. 이러한 돈의 폐해를 사전에 막고 돈으로 상처난 마음을 치료하는 재무 테라피가 절실히 필요한 때이다.

◆ **재무 테라피란 무엇인가** ◆

재무에도 건강의 시대가 왔다. 이것을 다른 말로 Financial Health라고 한다.

재무 테라피란 돈의 외적인 측면과 돈의 내적인 측면을 동시에 관리하여 재정의 안정과 건강한 삶을 살 수 있도록 도와주는 것이다.

돈의 외적인 측면은 부富의 양, 즉 돈의 양을 관리하는 것이고 내적인 측면은 사람의 돈에 대한 마음 즉 재무심리를 건강하고 진단하고 치료해주는 것을 말한다.

지금까지 재무적으로 금융서비스 측면으로 보면 돈의 외적인 부분에 치중해왔다. 그래서 어떻게 하면 돈을 많이 벌고 어떻게 투자하면 많이 벌 수 있는지 등 각종 테크닉적인 측면에서의 조언을 받아왔다. 그조차도 대다수는 불확실하고 신뢰할 수 없는 방법론을 제시하였다. 하지만 재무 테라피는 우선 재무심리의 건강상태를 확인하고, 필요 시 처방과 치료를 하여 자신의 재무심리로 인해 발생한 문제나 발생하게 될 예견되는 문제에 대해 가장 확실하고 안전하게 대처할 수 있도록 재무행동을 코칭하는 것을 말한다.

재무 테라피의 핵심개념은 단순한 부의 증대가 목적이 아니라 재무의 건강Financial Health이 목적이다. 단순히 돈 많은 부자가 목적이 아니라 아름답고 건강한 부자가 목적인 것이다.

〈재무 테라피란 무엇인가〉

Financial Health

단순한 부(Wealth)의 관리가 아닌
재정의 건강(Financial Health)을 추구한다

"Wealth" **Financial Health**

재무 테라피는 단순한 부의 증대 및 관리에서 벗어나 한 사람의 인생을 돈으로부터 건강하고 풍요롭고 아름답게 살 수 있도록 하는 것이다. 내적으로는 개인의 돈에 대한 심리와 행동을 건강하게 유지될 수 있도록 치료 및 코칭을 하며, 외적으로는 가정경제시스템을 구축하여 수입과 지출에서부터 부의 축적까지 일련의 체계적이고 효율적인 부의 흐름을 선순환시키는 전문 상담 및 코칭이다. 다른 말로는 머니라이프코칭Money Life Coaching이라고 한다.

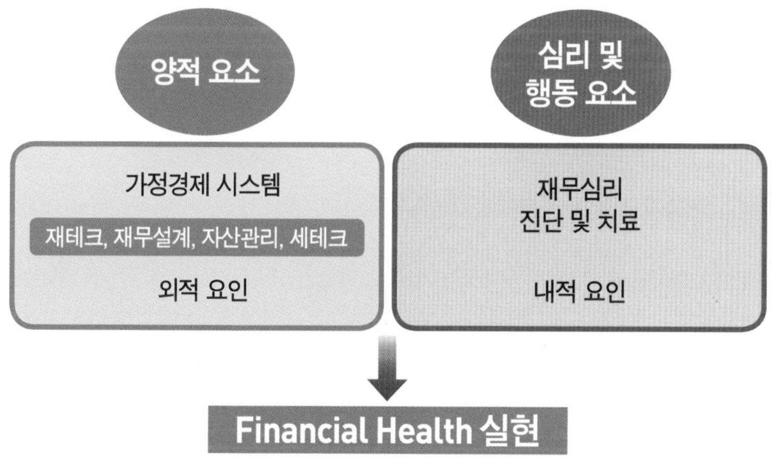

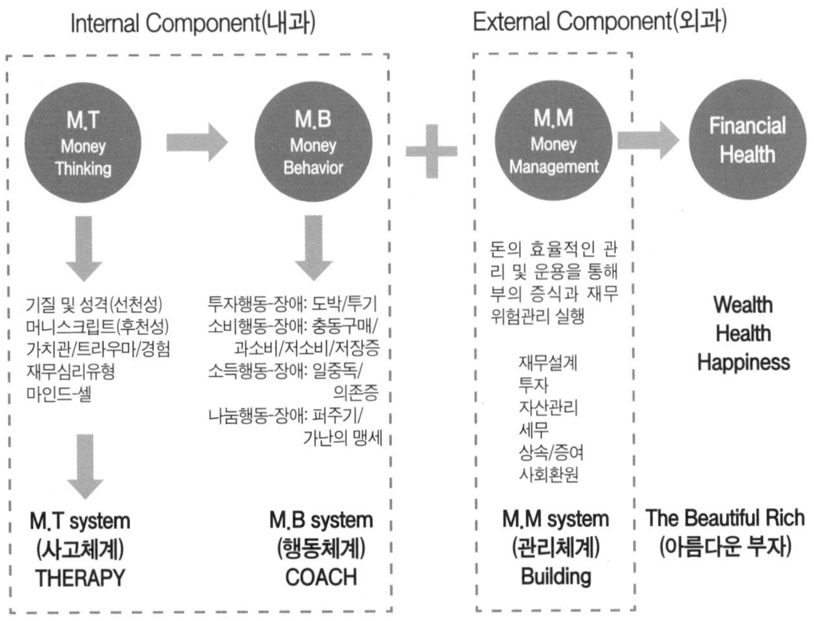

재무 테라피는 사람의 내적인 돈에 대한 심리와 행동을 건강하게 하여 재정적인 부의 상태가 건전하게 구축될 수 있도록 근원적인 돈에 대한 사고체계와 행동체계를 건강하게 만드는 데 목적이 있다.

이 체계의 변화를 통해 돈을 더 벌 수 있고 합리적인 투자를 통해 적정수익을 가질 수 있으며 축적한 부를 남들과 나누는 아름다운 삶을 살 수 있게 된다.

이러한 사고체계와 행동체계가 건강하게 바뀜과 동시에 재무관리나 투자 등 각종 양적관리의 체계적인 상담이 병행되어야 건강한 재정 상태와 부를 누릴 수 있게 된다.

기존의 외과적인 재무상담은 개인의 재정적 건강한 삶을 가져오는 데 일부 기여 하지만 전체적으로 답을 줄 수는 없다.

재무 테라피의 궁극적인 목표

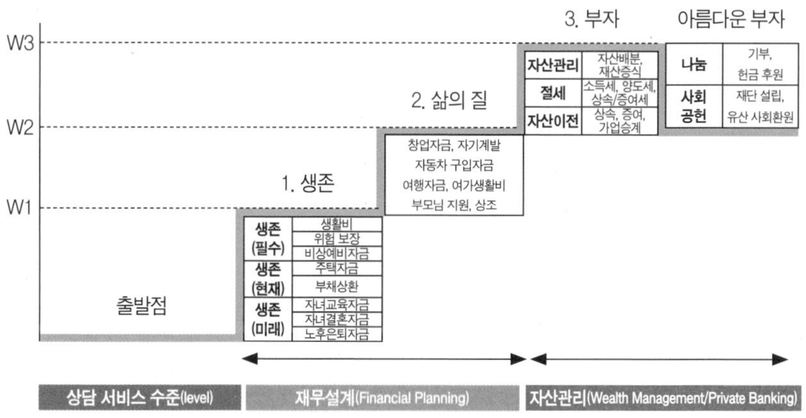

재무 테라피의 궁극적인 목표는 모든 사람들을 돈으로부터 안전하게 그리고 아름다운 부자가 되도록 하는 것이다. 이를 위하여 내적으로는 심리 행동적인 부분을 진단하여 치료하고, 외적으로는 재정 관리를 통해 재무적으로 생존단계부터 삶의 질을 높이고 부자와 풍요의 단계를 거쳐 사회에 아름다운 덕을 미치는 건강한 부자로 갈 수 있도록 단계별 맞춤 금융서비스를 동시에 제공된다.

여기에는 재무 설계, 자산관리, Wealth Management, Private Banking 등의 금융서비스가 포함된다.

연령대별 필수 재무 테라피 내용

구 분	연 령	내과	외과(가정경제 시스템)	
		재무심리 치료 및 행동 코칭	재무Needs	금융 서비스
유아기	3-9세	재무인성개발		
청소년기	10-19세	재무인성개발	용돈 관리	경제교육
청년기	20-30세	재무심리개선/ 행동치료	가정경제 시스템 (1단계) (생존 이벤트)	재무설계
	31-40세	재무심리개선/ 행동치료	가정경제 시스템 (2단계) (삶의 질 향상)	재무설계
장년기	41-50세	재무심리개선/ 행동치료	가정경제 시스템 (2-3단계) (자산증식)	투자/ 재테크
	51-60세	재무심리개선/ 행동치료 건강한 자녀 재무 테라피	가정경제 시스템 (3-4단계) 자산관리/은퇴	자산관리
초로기	61-70세	건강한 자녀 재무 테라피	가정경제 시스템 (3-4단계) Private Banking	자산관리 상속/ 증여/ 사회 환원
노년기	71세 이상	건강한 자녀 재무 테라피	가정경제 시스템 (4단계)	상속/ 증여/ 사회환원

재무 테라피(Financial Therapy) 내용

- 건강한 재무심리를 가질 수 있도록 훈련 및 지도한다.
- 건강한 재무행동을 할 수 있도록 행동 교정 및 코칭을 한다.
- 지속적인 훈련과 교정을 통하여 부자의 체질로 바꿔 준다.
- 복잡하고 어려운 돈을 정리·정돈하여 부가 소득을 만들어 준다.
- 체계적인 가정경제 시스템 구축을 통해 인생의 재무위험을 제거한다.
- 실제적인 부의 증대를 가져온다.

왜 파이낸셜 테라피(Financial Therapy)가 필요한가

돈 문제로 배우자와 다투는가?
빚 때문에 고통받고 있는가?
앞으로 돈을 충분히 못 벌 것 같아서 걱정하는가?
더 많은 돈을 가져야만 앞으로 살아가는데 안심이 된다고 생각하는가?
돈을 많이 가진 것에 대해 죄책감을 느끼는가?
충동구매 과소비를 하고 그것 때문에 자책하는가?
미래를 위해 저축하고자 하는 마음은 있어도 실행이 안 되는가?
다른 사람(부모, 친지, 형제, 친구, 지인)에게 의지하는가?
남에게 돈을 주어야만 한다고 느끼는가?(기부나 선행)
돈에 대해서 똑같은 실수를 반복적으로 범하는가?
아무리 벌어도 항상 돈이 부족한가?
돈 문제로 불안하고 우울증을 겪고 있는가?
돈으로부터 자유롭고 싶은가?
돈을 적게 벌어 항상 가족에게 죄책감을 느끼는가?
돈이 없어질까 봐 전전긍긍하는가?
돈을 쓰는 것이 너무 마음이 아파 쓰지를 못하는가?
돈 문제로 현재 정신적 고통을 받고 있는가?
돈 문제로 삶의 희망을 잃고 자살충동을 느끼는가?
자식의 건전한 소비습관과 경제관념을 심어 주기를 원하는가?

모든 사람들이 겪고 있는 돈의 문제와 갈등을 치료할 뿐만 아니라 사전에 문제 발생을 예방하는 아주 중요한 기능을 하는 것이 재무 테라피다.

재무 테라피스트(Financial Therapist) 및 재무 코치의 출현

우리나라에도 재무 테라피 분야의 전문가들이 전국적으로 활동들을 하고 있다. 주로 심리상담사, 라이프코치, 재무상담사, 자산관리 전문가, 교사, 목사, 진로코치, 요가, 필라테스 강사, 골프레슨 전문가 등 각 분야 전문가들이 엄격한 자격을 취득하여 현장에서 활동하고 있다

이제 당신의 Financial Health는 재무 테라피스트와 재무 코치에게 상담하는 것이 바람직하다.

한국재무심리센터 보건복지부 민간자격 CFT 심리코치

한국재무심리센터 보건복지부 민간자격 재무심리분석사

미국의 파이낸셜 테라피 소개

2009년부터 미국에서 FTA(파이낸셜 테라피 협회)가 발족되면서 활발하게 부각되고 있는 분야로써 기존의 FINANCE 부문에서는 양적인 관리를 위주로 하여 자산관리, 재테크, 재무 설계 등의 서비스가 주를 이루었다.

다시 말하면 Wealth(부)자체에 관심을 가져 부의 증대, 절세, 효율적 자본 배분 등의 기술적 부분에 치중하지만 부의 증대의 노력에도 결과가 만족스럽지 못할 뿐 아니라 목표를 달성하여도 또 다른 인간성의 상실문제가 대두된다.

이에 많은 연구가들이 Finance 내적인 부분에 관심을 가지게 되고 이 부분이 외적인 부분과 함께 다루어져야만 건강한 재무활동을 통해 건강한 삶을 살 수 있다는 데 중심을 맞추기 시작했다.

따라서 이제는 단순한 부의 증대가 아니라 Financial Health로 그 중심이 옮겨 가는 추세이다. 결론적으로 파이낸셜 테라피Financial Therapy는 ① 우리 인간의 돈에 대한 생각, 태도, 신념 등을 건강하게 변화 내지 치료하는 예방적인 치료를 통해 돈 문제의 발생을 줄이고 ② 이와 동시에 이미 돈의 문제로 심리적으로 고통받는 사람들을 치료하는 전문 영역이다.

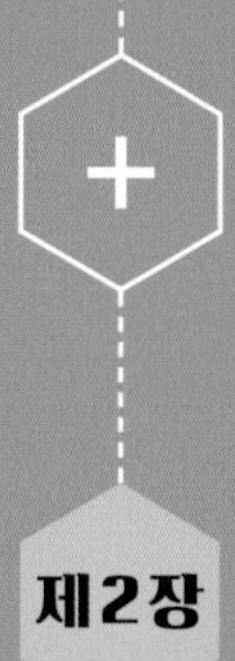

제2장

재무심리

Financial
Therapy

| Financial 01 Therapy |

재무심리의 정의

재무심리란 돈에 대한 마음의 작용과 의식의 상태라고 정의한다. 즉 돈에 대해서 가지고 있는 개인 특유의 생각과 믿음, 태도로 이루어져 있고, 잠재의식 속에 존재하여 평소에는 의식하지 못한다.

재무심리는 주위환경에서 보고 듣고 배운 것이 내부화되고 고착화 된다. 평소에는 작용하지 않다가 돈에 관련한 활동 즉 재무행동을 할 때 직접적으로 작용하여 영향을 미친다.

재무심리가 건강하면 건강한 재무행동을 하게 되어 건강한 재정과 부자가 되게 만들고 건강하지 못한 재무심리는 재무행동에 악영향을 미쳐 재정적 실패와 가난을 가져오게 되는 것이다.

특히 재무심리는 부모로부터 자식에게 대물림이 된다. 따라서 부모의 돈에 대한 건강한 생각과 행동 그리고 솔선수범이 자식의 건강한 재무심리 형성에 아주 중요하다.

재무심리 tip

세 사람이 길을 가고 있는데 앞에 5만 원 지폐가 떨어진 것을 동시에 보았다.
여기서 세 사람의 반응과 행동이 달라진다. 그 차이는 그들이 가진 재무심리가 다르기 때문이다.
첫 번째 사람은 돈을 보는 순간 눈치를 보며 주저한다. 두 번째 사람은 남의 돈은 손대지 않는다는 도덕적인 사람이라 돈을 외면한다. 마지막 세 번째 사람은 다른 사람보다 먼저 뛰어가 돈을 집어 주머니에 넣는다.
돈의 주인은 누구인가?

| Financial 02 Therapy |

재무심리의 형성에 영향을 미치는 요인

재무심리를 형성하는 데 영향을 미치는 주요한 요인으로는 첫째, 환경적 요인과 둘째, 자신이 경험한 돈에 대한 트라우마trauma로 크게 구분할 수 있다.

환경적 요인

1) 가족 및 주변인물

인간은 자라면서 주위환경을 통해 성격이나 인성이 형성된다. 특히 돈에 대한 개념은 자라면서 부모나 친지, 가족으로부터 보고 듣고 배워 자신의 내부에 고착된다. 평소에 부모가 돈에 대해 하는 이야기를 들으면서 돈이 좋은 것인지 아니면 나쁜 것인지 등 직접 체험 없이 돈에 대한 선입견이 만들어진다.

예를 들어 부모로부터 자주 '돈이 원수야.', '이놈의 돈 때문에 사람 죽네.' 등 부정적인 이야기만 듣게 되면 돈에 대해 부정적인 이미지가 형성되어 돈에 대해 거리를 두게 되고 경계심이 키워져 돈을 가지기보다 돈을 밀어내고 회피하는 행동을 하게 된다.

반대로 '뭐니 뭐니 해도 돈이 최고야.', '사람보다 돈이 최고야.', '돈 가지고 안 되는 게 없어.', '돈은 행복을 가져온다.' 등 돈의 좋은 면만 듣고 자라면 돈에 대해 편견을 가지고 그 편견에 따라 돈에 대해 반응하게 된다.

또한 부모나 주위 가족들의 돈에 대한 행동 또한 자녀의 재무심리 형성에 크게 영향을 미친다. 평소에 부모가 계획 없이 충동구매를 하는 것을 보고 자라면 자녀도 충동구매 행위를 자동적으로 답습하게 되는 것이다.

부모가 평소에 홈쇼핑채널에 빠져 쇼핑 중독에 빠지게 되면 자녀도 그러한 환경에 친숙해지고 그러한 행동을 하는 것이 쉽게 일어나게 되는 것이다.

아울러 사교적이고 관계성이 넓은 아버지가 '돈은 쓰는 거야. 그래야 큰돈을 벌 수 있어.'라고 하며 친구나 사회생활에서 돈을 많이 쓰는 아버지에게는 그런 행동이 당연한 행동이고 선善이라고 생각되게 된다.

'남자는 쩨쩨하게 구는 것이 아니라 대범하게 돈을 써야 한다.'라고 교육하면 그 또한 사소하고 세밀한 관리가 금기 사항이 되고 안 좋은 것으로 인식시켜 관리를 하지 않게 되는 것이다.

이처럼 인간은 태어나서 성장하면서 가족으로부터 성격이 형성됨으로 자녀의 건강한 재무심리 형성을 위해서는 부모의 건강한 재무심리와 재무행동이 필요하다.

2) 미디어Media의 영향

우리는 살면서 다양한 매체를 통해 정보를 수집하고 배우게 된다. 매체로는 TV, 영화, 책, 인터넷 등 다양하다.

TV 드라마를 보면서 등장배우들의 행동을 통해 돈에 대한 생각이 정립되는 경우가 많다. 예를 들어 TV에 등장하는 기업체 사장의 행동을 통해 사장의 사무실 주변 여건 그리고 돈에 대해 하는 행동 등이 자신이 사업을 했을 때 학습효과로 인해 그것을 따라 하는 경향이 나타나게 된다. 자신도 화려한 사무실을 꾸미고 좋은 자동차부터 마련한다. 그리고 TV에서 보았던 배역처럼 행동하게 된다.

또한 정반대의 경우도 있을 수 있다.

많은 재테크 책 등을 통해 돈에 대한 잘못된 인식이 심어지기도 한다. 시중에 나오는 재테크 책 등의 제목을 보면 '돈 없이 큰 돈 버는 방법, 이렇게 하면 큰 돈 번다, 이 방법이 부자가 되게 한다.' 등등 자신의 경험을 보편화시키려 하고 충동질하려고 한다. 이러한 재테크 제일주의는 인생의 큰 위험을 가져오게 된다.

3) 시대 문화적 조류의 영향

현대 사회 전체의 풍조와 조류가 재무심리에 큰 영향을 미치게 된다.

돈에 대한 배금주의 경향이 사람보다 돈을 좇게 만들고 돈을 얻기 위해 사람을 죽이기까지 하는 상황에서 돈에 대해서 자신도 모르게 돈을 좇고 숭배하게 만든다. 또한 먼 미래를 기다리고 인내하기보다 지금 현재의 만족과 기쁨을 추구하는 시대적 조류가 저축보다 소비를 부추기고 즐기게 만든다.

아울러 긍정의 힘을 강조하고 낙관하게 하는 사회의 현상도 막연히 자신의 자신의 미래를 계획하고 준비하기보다 그냥 하루 하루를 살게 만든다.

극단적으로는 될 대로 되라!, 어떻게든 되겠지!, 떠나라! 등 현실도피적인 광고 문구가 등장하게 되고 그것이 공감을 받게 되고 자신의 그러한 행동에 정당성을 부여하게 되는 것이다. 그러다 실패를 하게 되면 세상을 탓하고 세상은 다 그렇다고 핑계를 돌리게 되는 것이다.

대박과 일확천금을 노리는 사회현상, 로또 매장에 줄을 서서 기다리고, 경마장, 경륜장 그리고 정선 카지노 등을 찾게 하는 시대적 대박 풍조 또한 우리의 재무심리에 영향을 끼친다. 심지어는 어린이나 청소년들도 아주 쉽게 대박이란 말을 사용한다. 이러한 말의 사용은 결국은 대박을 좇게 하는 생각을 고착화시키고 대박을 좇는 재무행동을 유발시키는 효과가 있다.

4) 세계화의 영향

이제는 전 세계가 하나의 세상으로 움직이고 있다. 정치, 문화, 경제 등 모든 분야에서 급속하게 하나가 되어가고 있다. 이러한 세계화의 가장 큰 수단은 IT 기술의 발달이 큰 몫을 하고 있다.

예를 들어 한류가 세계로 전파되고 있고, 우리나라에도 각종 외국문화가 들어와 자리 잡고 있다. 각 나라의 문화가 들어오면서 그와 동시에 그 나라의 돈에 대한 문화도 함께 들어오게 된다. 문화를 접하는 순간 우리는 자신도 모르게 무의식적으로 그 사람들의 생각과 행동을 받아들이는 경향이 있다.

5) 전통 유교문화

우리나라는 고대로부터 유교 사상이 자리 잡고 있어 우리 민족에게는 돈을 터부시하고 도덕과 정의를 강조하는 정신이 내려오고 있다. 사농공상 등 직업의 서열에서 보듯이 선비가 가장 존경받고 장사하는 상인들은 가장 천한 직업으로 인식하여 돈을 버는 것을 천한 직업으로 여겨왔다.

이러한 뼛속 깊은 유교사상이 오히려 돈에 대해 멀어지게 하고 현실에서 맞지 않는 재무행동을 하게 영향을 미친다. 황금보기를 돌보듯 하라는 말은 아주 정의롭고 깨끗한 의미를 가지고 있지만 이러한 생각이 강하면 강할수록 현실에서는 돈 벌 수 있는 기회가 와도 돈을 벌지 못하게 하는 작용을 하는 것이다.

남을 도와주고 보살펴주고 항상 의로운 행동을 강조하다 보면 의로운 사람은 될 수 있을지언정 부자가 되기는 어려울 수 있다.

6) 종교

종교 또한 개인 재무심리에 크게 영향을 미친다. 종교마다 추구하는 선善이 있다. 그 가치에 부합하도록 정신과 영혼을 단련한다. 따라서 어떤 종교는 돈을 악이라고 규정하고 돈을 아주 경계하도록 한다. 반면 맘모니즘mammonism은 돈을 신격화하여 돈을 숭배하도록 한다. 종교에 따라 돈에 대한 가치가 달라지고 그에 따라 재무심리도 고착화된다.

자신이 경험한 사건을 통한 트라우마

재무심리는 외적인 환경요인과 내적인 트라우마에 의해 형성된다. 즉 자신이 겪은 돈에 대한 사건으로 인해 재무심리가 형성될 수가 있다는 것이다.

미국의 대공황 때 한 공장 인부에게 두 아들이 있었다. 미국의 경기 불황과 대공황으로 공장이 문을 닫고 밀린 임금을 받지 못하게 되어 그 가정이 아주 어려운 상황에 몰리게 되었다. 이런 사건을 바라보면서 두 아들은 서로 다른 재무심리를 갖게 되었다. 형은 세상을 비관하고 자본가를 멸시하며 자신을 철저하게 현실에서 도피시켜 인생을 망치게 되었다. 반대로 동생은 돈에 대한 아주 강한 집착을 가지고 두 번 다시는 이러한 상황을 맞지 않으려고 악착같이 돈을 벌고 모으기 시작하여 마침내 부자가 되었다.

왜 이런 현상이 일어나는 것인가? 그것은 같은 사건을 두고 형제가 서로 다른 돈의 측면을 보았고 그것이 자신들의 재무심리를 건강하게 혹은 병들게 만들었기 때문이다.

형은 그 사건을 통해 돈의 나쁜 면을 보고 돈을 외면한 반면 동생은 돈의 위력과 필요성을 절실히 느껴 악착같이 돈을 벌고 모았던 것이다.

우리 또한 성장하면서 이러한 돈에 대한 사건사고를 겪게 되고 그때마다 자신도 모르게 돈에 대한 개념이 정립되어가고 있다.

최근 상담 사례의 하나인데 어떤 사람이 자신이 어릴 때 가정이 너무 어려워 일반계 고등학교는 갈 수 없었고 상업계 고등학교에 진학하게 되어 은행에 들어갔다는 것이다. 어릴 때부터 돈이 없으면 정말 어럽고 힘든 것을 뼈저리게 느낀 이 사람은 철저하게 돈을 아끼는 버릇이 생겨 끼니도 거를 때가 많았다고 한다. 그러한 습관이 지금까지 있어도 늘 아끼기 위해 병원도 가지 않고 먹지 않을 때도 있다는 것이다. 그것이 쉽게 고쳐지지 않는다고 토로한 적이 있다.

또한 어떤 주부는 어릴 때 아버지가 사업에 실패하여 빚 때문에 가정이 파탄되게 되어 겪은 고통으로 인해 자신은 살면서 절대로 빚을 지지 않겠다고 다짐을 했다고 한다. 그런데 결혼을 하고 나서 남편과의 경제적 문제로 엄청난 갈등으로 우울증을 호소하고 있었다. 일반 심리상담과 종교를 통해 해결하려 했지만 해결할 수 없었다고 한다. 그러던 중 우연히 재무심리상담을 통해 자신의 남편과 자신의 갈등의 근본원인이 돈을 보는 시각이 다르고 자신들의 재무심리가 다르다는 것을 알게 되었다.

진단 결과 자신의 남편은 자라오면서 언제나 돈을 빌릴 수 있고 그 돈을 이용하여 투자나 장사를 통해 수입을 올릴 수 있다는 환경에서 자랐기 때문에 자신이 대출을 받아 주식투자를 하는 것은 지극히 정상적이라고 생각하고 있는 반면, 주부 자신은 자신의 어릴 때 돈에 대한 상처 때문에 빚에 대해 극도의 혐오감을 갖고 있어 서로 이해할 수 없고 이것이 갈등의 원인이 되었다는 것을 알고 서로 이해하고 함께 노력하는 계기를 갖게 되어 부부관계가 회복된 사례도 있다.

이처럼 우리는 살면서 돈에 대한 경험을 하게 되고 그것이 때로는 건강한 재무심리 형성에 심각한 장애가 되는 것을 알 수 있다.

| Financial 03 Therapy |

재무심리 구성요소

재무심리의 구성요소에는 돈 버는 마음, 돈 쓰는 마음, 돈 불리는 마음, 돈 나누는 마음의 4가지로 구성되어 있다. 이 4가지 마음의 역학관계로 인해 유형이 결정되고 재무장애, 그리고 머니 스크립트가 만들어지는 것이다.

돈 버는 마음(+)

돈 버는 마음은 4가지 마음 중 제1의 요소이며 아주 중요하다. 수입의 원천을 만들어내는 원동력이라고 할 수 있다. 이 마음이 강하면 강할수록 열심히 돈을 벌려하고 돈에 적극적인 행동을 보이고 돈 버는 마음이 약할수록 돈 버는 데 소극적인 성향을 나타낸다.

돈을 버는 마음은 돈을 벌려는 의지를 말한다.

＊건강한 돈 버는 마음의 머니 스크립트

- 부지런해야 돈을 번다.
- 만날 때와 헤어질 때 크게 인사를 잘한다.

- 남들이 나와 일을 하고 싶어 해야 돈을 벌 수 있다.
- 남들보다 한 발 앞서 움직여야 성공한다.
- 항상 밝고 즐겁게 일하면 돈은 따라온다.
- 수단과 방법을 가리지 말고 돈을 벌어야 한다.
- 자존심이 밥 먹여 주지 않는다.
- 일단 기회가 오면 절대 놓치지 않는다.
- 열 번 찍어 안 넘어지는 나무 없다, 될 때까지 노력한다.
- 재미있는 사람, 함께 있고 싶은 사람이 되어야 한다.
- 셈이 빨라야 한다.
- 먼저 주더라도 공짜는 없다, 반드시 그 이상을 돌려받는다.
- 꼭 감사의 마음을 전하고 항상 챙긴다.
- 약속을 쉽게 하지 않고 약속을 하면 반드시 지킨다.
- 사람의 마음을 사로잡아 내 편이 되게 한다.
- 경조사에 빠지지 않는다.
- 상대방이 괜찮다고, 안 해도 된다고 해도 계속한다.
- 돈이 있는 곳에서 놀아야 한다.
- 상대방의 고민이 무엇인지 알고 해결해 주어야 한다.
- 눈치가 빨라야 한다.
- 소탐대실하지 않는다.
- 실속을 차려야 한다.
- 개같이 벌어 정승같이 써야 한다.

돈 쓰는 마음(-)

돈 쓰는 마음은 순서로 보면 돈 버는 마음 다음으로 작용하게 된다.

돈이 생기면 그 돈을 어디다 쓰는가를 결정하는 요인이다. 즉 어떤 사람은 명품을 사고, 자동차를 사고, 여행을 가는 등 하고 싶은 것에 돈을 소비하고 반면에 어떤 사람들은 미래나 자녀를 위해 저축한다. 또 어떤 사람은 어떠한 곳에도 돈을 쓰지 않고 돈을 전혀 쓰지 않고 모으는 사람이 있다.

건강한 돈 쓰는 마음은 돈을 쓸 때는 쓰고 쓰지 말아야 하는 곳에는 쓰지 않는 것을 이야기한다. 평소에 지출계획을 먼저 세우고 그것을 충실히 실행하는 것이다. 그런데 건강하지 못한 돈 쓰는 마음은 계획하지 않고 기분에 따라 즉각적으로 충동구매하고 과소비하게 되는 것이다. 또 너무 미래의 불안과 두려움으로 돈을 전혀 쓰지 못하는 극도의 저소비가 나타나기도 한다.

돈 쓰는 마음은 돈 쓰는 행동에 영향을 미치고 돈 쓰는 행동은 돈 쓰는 능력으로 나타난다. 돈 쓰는 마음은 돈을 모으고 가두어 놓는 역할을 한다.

＊건강한 돈 쓰는 마음의 머니 스크립트

- 항상 장기적이고 종합적인 관점에서 재무관리를 해야 한다.
- 가계부를 적어 지출을 관리한다.
- 연간, 월별, 일별 예산이 정해져 있고 예산에 따라 움직인다.
- 신용카드를 사용하지 않는다.
- 버는 것보다 적게 쓰고 미래를 위해 저축해야 한다.

- 대출거래는 안 한다.
- 항시 비상자금이 있어야 한다.
- 필수지출과 선택적 지출의 우선순위를 잘 관리한다.
- 정리·정돈을 잘한다.
- 내 돈이 없으면 안 쓴다.
- 신용관리를 확실히 해야 한다.

돈 불리는 마음(×)

돈 버는 마음, 돈 쓰는 마음 그 다음에 작용하는 마음은 돈 불리는 마음이다.

돈 불리는 마음은 가진 돈을 어떻게 키우고 불리느냐에 관여한다. 이것이 지나치면 투기 도박성향이 나타나고, 이것이 너무 약하면 가장 안전한 저축만 찾게 되고 투자는 전혀 하지 않으며 극단적으로는 현금으로 금고에 넣어 가지고 있게 된다. 그러면 건강한 돈 불리는 마음은 무엇인가?

돈은 시간의 가치를 가지고 있으므로 최소한의 수익 즉 물가 상승분만큼은 굴려야만 현재가치를 유지할 수 있다는 생각을 해야 한다.

＊건강한 재무심리와 투자수익률의 관계

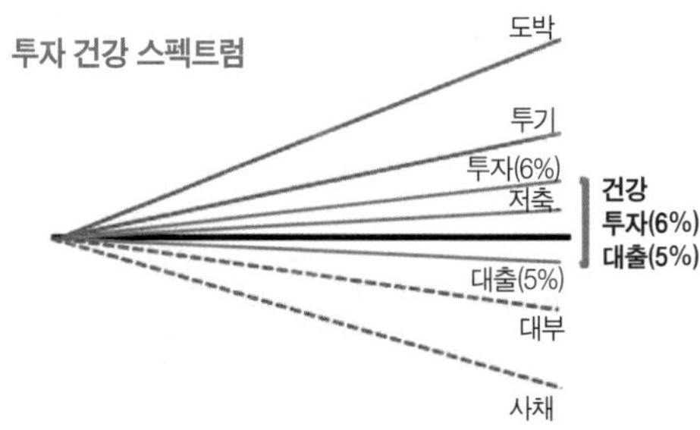

그림에서 보듯이 건강한 재무심리는 투자할 때는 장기적으로 기대 수익률을 6%로 정하고, 대출을 받아야 할 때는 5% 이하의 대출이자가 건강하다는 것을 알아야 한다. 이 말인즉 돈을 3%도 안 되는 저축만 하는 것도 건강하지 않다고 볼 수 있다. 최소한 장기적으로 전문가의 도움을 받아 위험분산 및 위험관리를 통해 6%까지는 불리려고 마음을 먹어야 건강하다고 할 수 있는 것이다.

또한 돈이 필요하여 돈을 빌려야 할 때는 대출이자가 5%가 넘어가면 정상적이지 않다고 생각하는 것이 건강한 마음이다. 고리의 대출이자는 엄청난 재무위험을 가져온다는 생각을 가져야 한다.

일확천금의 성향을 좇다 보면 투기, 도박이 나타나고 정상적인 제1금융권 은행대출이 아닌 제2금융권, 아니면 사채까지 쓰지 않도록 사전에 철저한 재무관리가 필요하다.

***건강한 돈 쓰는 마음의 머니 스크립트**

- 돈은 잠자고 있으면 안 되고 불려야 한다.
- 돈은 투자정보에 민감하다.
- 돈은 전문가의 도움을 받는다.
- 돈과 계란은 한 바구니에 담지 않는다.
- 돈은 수익이 높으면 위험도 높다.
- 돈은 재테크 지식을 충분히 습득해야 한다.
- 돈은 하루라도 일찍 저축해야 한다.
- 돈은 항시 최고의 금리상품을 찾는다.
- 돈은 복리의 힘을 알고 있다.

- 돈은 자신의 투자원칙을 고수한다.
- 돈은 수익과 손실의 정해진 한도 내에서 실행하며 욕심내지 않는다.
- 돈은 포트폴리오 투자 원칙(분산투자의 원칙)이다.
- 돈은 인내와 기다림이 필요하다.

돈 나누는 마음(÷)

재무심리의 구성요소인 4가지 마음 중 마지막으로 돈 나누는 마음이 있다.

앞의 3가지 마음은 돈을 얼마나 많이 벌고 건강하게 쓰고 건강하게 불려, 내 창고에 돈을 축적하는 과정에 직접 영향을 미치는 마음들인 반면, 돈 나누는 마음은 쌓인 돈을 남에게 나눠주는 역할을 하는 마음이다.

나눔은 삶을 살아가면서 선택이 아닌 필수이다. 아무리 많은 돈을 쌓아두었더라도 돈을 나누지 않으면 썩게 되어 그것 때문에 주위의 가족부터 시작하여 많은 사람들을 죽이게 된다. 돈이 많으면 우선 자식이 망가지고 나누지 않으면 형제가 멀어진다. 이처럼 나눔은 건강한 인간관계 형성에 반드시 필요한 요소이다.

그러나 이 나눔은 필수지만 언제 해야 하는지에 따라 인생이 달라진다. 나눔은 벌고 쓰고 불리고 한 다음 마지막에 나누어야 한다. 그래야 건강한 것이다. 즉 내 곳간을 채워 가족을 먼저 생각하고 그 다음 남들을 위해 나누는 것이 필요하다.

그런데 우리는 벌자마자 남에게 나누는 참 좋은 사람들이 많다. 인간적으로는 좋고 하지만(특히 남들이 보기에는) 정작 자신의 가정은 돈 때문에 고통받게 하는 모순을 저지르고 있다.

도덕적인 차원의 접근이 아니라 현실적으로 접근해 보아야 한다. 종교적인 측면에서는 나누면 부자가 된다고 하여, 열심히 나눔을 하는 사람들이 복을 받지 못하게 되면 자식들이 복을 받게 된다는 등의 축복의 원리를 이야기할 수도 있다. 하지만 중요한 것은 자신의 생애 동안 복 받고 자식들이 복 받을 수 있는 건강한 재무심리를 대물림하는 것이 진정한 축복의 원리인 것이다.

이런 측면에서 반드시 나누는 마음은 부자와 직결되어 있다. 그래서 나눔은 마중물이라고 한다. 한 바가지의 물을 넣고 열심히 펌프질을 하면 우물물이 콸콸 쏟아지는 원리이다. 즉 나눔은 더 큰 돈을 데려오는 속성이 있는 것이다. 이런 나눔의 원리는 상업적으로도 활용되고 있다.

기업들이 자선사업, 고객 보상 프로그램 등 기업 이미지 제고를 위한 각종 나눔 운동을 하는 것은 궁극적으로 고객과 국민들에게 수익을 환원하여 기업이 보다 성장하고 건강해지는 결과를 가져오는 것이다.

나눔은 실천이다. 작은 실천에서 오고 나눔은 연습이 필요하다. 돈이 생기면 하겠다가 아니라 지금 당장 단돈 만 원이라도 남을 위해 정기적으로 돕는 행사에 참여하는 것이 내가 부자가 되는 지름길이고 자식에게 아름다운 부자가 되는 재무심리를 물려주는 것이다.

＊건강한 돈 나누는 마음의 머니 스크립트

- 나누는 기쁨이 정말 크다.
- 기부나 헌금을 하고 싶다.

- 주위의 어려운 사람들을 보면 도와주고 싶다.
- 다 함께 사는 세상을 만들고 싶다.
- 노블레스 오블리제(부자의 사회적 책임)를 실천하고 싶다.
- 번 돈을 사회에 환원하거나 기부하고 싶다.
- 물은 고이면 썩는다.
- 돈이 많으면 문제 또한 많다.
- 자식들에게 고기를 잡아주기보다 고기 잡는 법을 가르쳐야 한다.

| Financial 04 Therapy |

재무심리 4가지 마음과 재무행동의 관계

재무심리는 재무행동에 영향을 미치고 그 결과 부자와 가난이 결정된다.

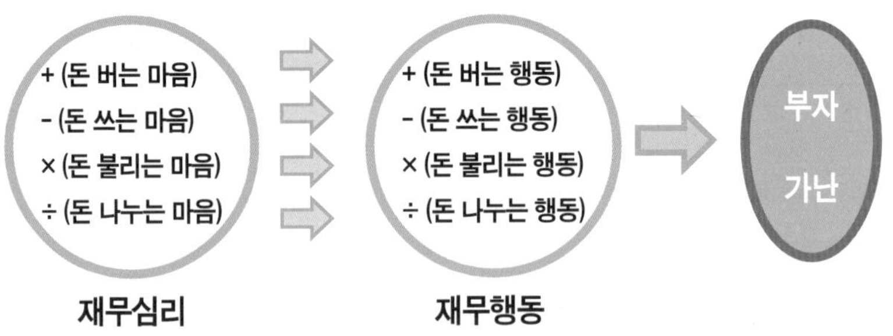

재무심리의 4가지 마음이 재무행동의 4가지 행동에 영향을 미치고 그 결과 부자와 가난이 결정된다. 따라서 건강하고 아름다운 부자가 되기 위해서는 재무행동을 고치려고 하기보다는 근원적인 재무심리의 4가지 마음을 건강하게 변화시켜야 한다.

즉 돈을 벌어야겠다는 마음이 생겨야 돈을 버는 행동이 나타나는 것이고 돈을 건강하게 써야겠다는 마음이 있어야 예산을 세우고 돈 관리를 잘하게 되는 것이다. 또한 돈을 불려야겠다는 마음이 생겨야

0.1%라도 더 이자를 받으려 노력하고 불리려고 하는 행동이 나타나게 된다.

마지막으로 나눔이 아름답고 나눔의 기쁨이 있다는 것을 알고 나누어야겠다는 마음이 있어야 자선의 행동을 할 수 있는 법이다. 이러한 마음이 없는데 아무리 행동을 재촉하고 이야기해도 실천이 안 되고 행동하더라도 지속하지 못하는 것이다. 이것이 재무심리와 재무행동 그리고 부자와 가난의 역학관계이다.

| Financial 05 Therapy |

재무심리 4가지 마음의 순환작용

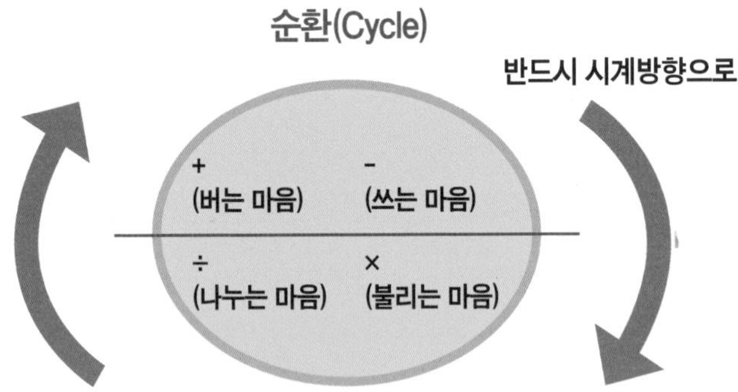

재무심리 4가지 마음은 순서가 정해져 있다. 다시 말하면 돈 버는 마음, 돈 쓰는 마음, 돈 불리는 마음, 돈 나누는 마음은 일정한 순서에 의해 움직여야 건강한 결과를 가져오게 된다는 말이다.

그러면 건강한 우선순위는 무엇인가?

그림에서 보는 것과 같이 첫 번째 돈 버는 마음이고 두 번째는 돈 쓰는 마음, 세 번째는 돈 불리는 마음, 마지막으로 돈 나누는 마음으로 일어나야 한다. 만약 이 순서가 바뀌면 완전 다른 결과와 삶을 가져오게 된다.

4가지 마음은 반드시 시계방향으로 돌아야 하고 반대로 시계반대 방향으로 돌면 문제가 발생한다.

예를 들어 돈을 벌면 돈을 쓰고 남겨야 하고, 남은 돈은 저축이나 투자 등으로 불려야 하고, 마지막으로 남을 위해 돈을 나눌 수 있어야 건강한 삶이라고 하겠다. 하지만 돈을 벌자마자 돈을 남들을 위해 나누게 되면 내 가정의 창고에는 돈이 쌓이지 않는 결과를 가져와 가정이 돈으로부터 고통을 받게 된다. 당연히 이런 사람들은 남들로부터 좋은 사람, 마음이 따뜻한 사람이고 사람들도 많이 따르겠지만 집안의 배우자나 가족은 실속이 없는 사람이라고 할 것이다.

이처럼 우리는 철저하게 자신의 가정과 가족으로 위해 창고를 채워야 하고 창고가 다 채우기 전에는 채우는 것에 집중하고 나누는 것은 아주 작은 나눔의 활동을 하면서 다 채운 후 사회를 위해 큰 나눔을 할 수 있도록 그릇을 키워나가는 게 필요하다.

◆ **부의 축적 과정**Process

— 저수지에 물을 가두는 작업 —

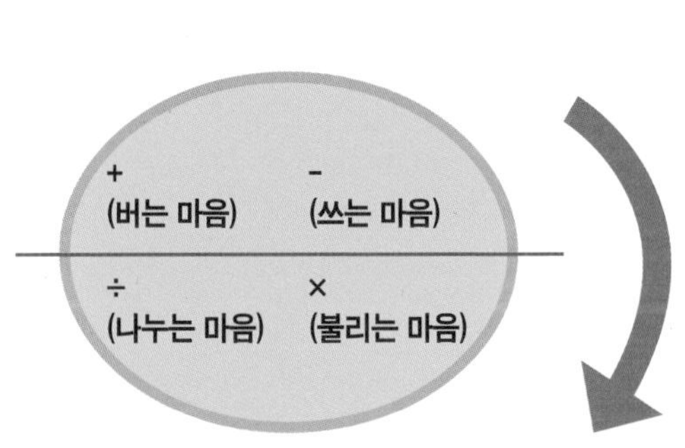

돈 버는 마음(+)>> 돈 쓰는 마음>> 돈 불리는 마음의 프로세스는 돈을 축적하는 과정이다. 이 프로세스를 어떻게 하느냐에 따라 자신에게 얼마만큼의 돈이 축적되는가가 결정된다.

<결론>

돈을 버는 마음(+), 돈을 쓰는 마음(-), 돈을 불리는 마음(×)의 건강상태는 부의 저수지의 수량과 둑의 건강상태를 이야기한다.

재무심리 tip

돈은 남보다 많이 버는데 항상 돈이 모이지 않는 사람은 돈 버는 재무심리는 강하지만 돈을 쓰는 재무심리가 약하여 돈을 저축하지 못하거나 아니면 돈을 불리는 재무심리가 약하여 투기나 투자 실패 등으로 인해 모은 돈을 날려버려서 그런 결과가 있을 수도 있다. 반면에 돈은 상대적으로 적게 버는 직업이지만 (공무원, 중소기업) 탄탄하게 돈을 모으고 사는 사람이 있다. 이 사람의 경우 돈을 버는 재무심리는 상대적으로 약하지만 돈을 쓰는 재무심리가 강하여 철저한 예산관리를 통해 지출을 통제하여 돈을 남겨 그 돈을 가장 안전한 방법으로 돈을 불렸기 때문이다.
이처럼 돈을 축적하기 위해서는 반드시 3가지 재무심리가 작동하게 되는데 어느 하나라도 치명적인 약점을 가지고 있으면 돈을 축적하기 어렵다.

◆ 아름다운 부자와 돈만 많은 부자의 결정 요소

— 나눔은 생명이다. —

— 고인 물은 썩는다. —

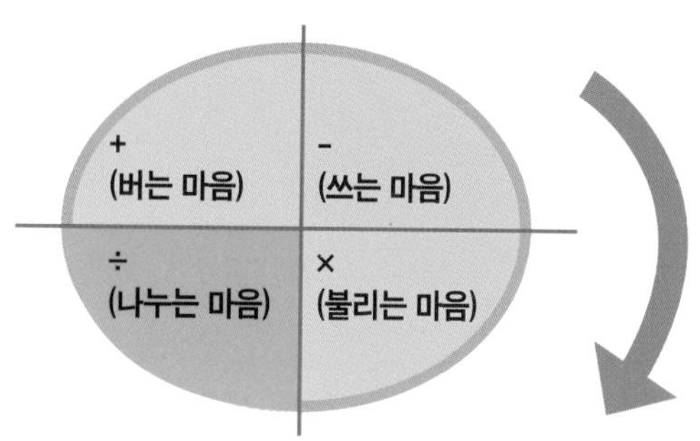

나눔은 인간관계를 결정하는 요소이기도 하다. 잘 나누면 사람들이 좋아하고 나누지 않으면 사람들이 멀어진다. 잘 퍼주는 사람들에게는 사람들이 많고 자린고비처럼 돈을 쓰지 않는 사람에게는 사람들이 모이지 않는다.

돈의 축적과정을 성공적으로 마치면 돈은 축적되지만 그 이후에 돈을 나누는 마음이 건강하냐 아니냐에 따라 돈만 많은 부자가 되느냐 남에게 많은 도움을 주고 존경받는 부자인 아름다운 부자가 되느냐가 결정된다.

나누는 마음은 저수지의 수문의 역할을 한다. 적절히 수위를 조절하여 최적의 상태를 유지시키고 물을 순환시키는 역할을 한다. 이 수문이 작동을 하지 않으면 댐이 넘쳐서 큰 재앙이 되거나 물이 고여서 썩게 만들어 저수지로서의 기능을 상실하게 된다. 돈으로 볼 때 돈이 많이 쌓이고 나주지 않으면 돈으로 인해 반드시 문제가 온다. 가진 돈으로 인해 자녀가 망치고 형제가 분쟁이 생기고 주위의 사람들이 돈으로 고통받게 되는 것이다. 따라서 나눔은 선택이 아니라 필수이다.

나눔을 위한 Therapy

나눔은 연습이 필요하다. 돈이 여유가 되면 나누겠다는 생각은 실제로 돈이 생겨도 실행이 어려운 경우가 많다. 그때 가면 마음이 바뀌기 때문이다. 따라서 우리는 습관적인 나눔이 필요하다. 이를 위해서는 단돈 만 원이라도 정기적으로 기부나 행사에 참여하는 것이 필요하다. 자녀가 있다면 자녀의 이름으로 기부하고 실천하는 부모가 되고 자녀에게도 어릴 때부터 부자 습관을 길러주어야 된다.

우리 모두가 이렇게 작은 기부를 생활화할 때 이것이 촛불 운동이 되어 우리 사회를 아름답고 건강한 복지국가를 만들 것이다.

4가지 마음의 역학 관계 표

구분	역할	정도	특성	유형	장애
돈 버는 마음 (+)	수입 창출	Strong	돈을 많이 벌려는 의지가 강하다	모험가형	일 중독
		Weak	돈을 벌려는 의지가 약하다	배짱이 형 무념 형	의존증
돈 쓰는 마음 (-)	지출 관리	Strong	예산 및 계획에 의한 지출	자린고비형	저소비
		Weak	무계획 무예산	유아형	충동구매 과소비
돈 불리는 마음 (×)	자산증식	Strong	재테크 투자 의지 및 재테크 지식 공부	사냥꾼형 일확천금형	도박 투기
		Weak	재테크 투자에 관심이 없거나 회피	무념형	
돈 나누는 마음 (÷)	기부 선행	Strong		무념형	가난의 맹세
		Weak		자린고비형 숭배형	돈의 노예

재무심리와 행동, 재무상태표

현재 당신의 재무상태표는 당신의 재무심리에 의해 만들어진 결과다. 재정상태가 건강한가? 재정이 풍요롭고 건강하길 원하는가?

우선 당신의 마음을 바꿔야 한다. 이제 그 원리를 설명할 것이다.

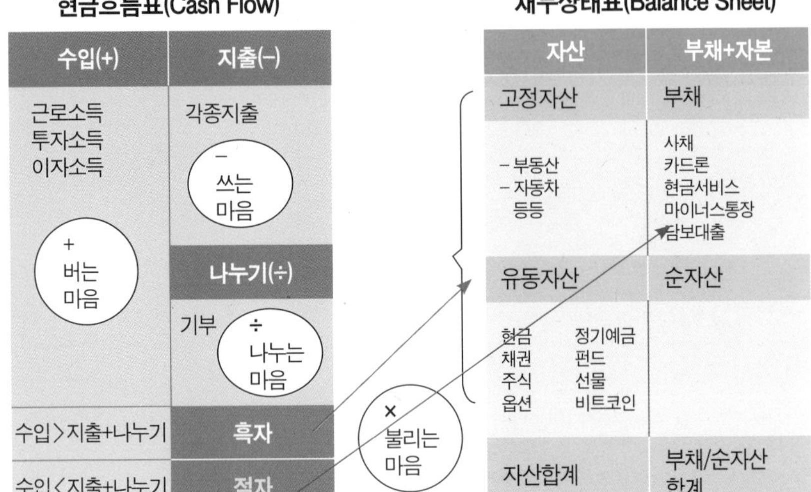

그림에서 보듯이 현금 흐름표는 돈버는 마음(+)이 수입을 결정짓고 돈을 쓰는 마음(-)이 돈의 씀씀이를 결정한다. 그리고 돈을 나누는 마음(÷)이 기부나 불우 이웃돕기 등을 결정한다. 이렇듯 우리는 벌고 쓰고 나누기를 통하여 매월 흑자를 내거나 적자를 내기도 한다.

만약 현금 흐름의 결과 흑자가 나면 남은 돈을 어떻게 하느냐에 따라 저축이 되거나 투자가 되기도 한다. 이것은 자산형성 과정이며 여기에는 돈 불리는 마음(X)이 저축이나 투자 등의 상품을 결정한다. 따라서 한 달에 흑자를 내지 못하는 것은 돈 버는 마음, 돈쓰는 마음, 돈 나누는 마음이 건강하지 않은 결과이고 흑자가 나더라도 어디에 투자를 하느냐에 따라 재정 상태는 달라진다.

투자가 두려워 은행에 정기예금이나 정기적금 위주로 저축하는 사람이 있고 적은 수익은 양에 차지 않아 고위험 고수익을 추구하는 금융상품에 투자하기도 하고 투기와 도박에 가까운 비트코인 등에도 투자를 한다.

이러한 투자에는 돈을 불리는 마음이 작용한 것이다. 마지막으로 현금 흐름에서 적자가 날 경우 부채를 얻을 수밖에 없는데 이때에도 재무심리가 작용한다.

재무심리가 약한 사람은 악성 부채를 지게 되고 건강한 사람은 제도권의 저리의 대출을 받으려고 노력한다. 그러면 지금 당장 여러분의 현금 흐름표와 재무상태표를 점검해보자. 부족한 것과 개선해야 할 것이 있다면 당장 여러분들의 재무심리를 점검하고 개선하는 것이 재정상태 개선의 최우선 과제이다.

| Financial 06 Therapy |

재무심리와 생각

우리는 일상 중에 항상 생각하고 행동을 하면서 산다. 그리고 우리가 하는 생각과 행동의 모두는 돈의 움직임과 영향이 있다 . 즉 어떤 생각은 돈을 가져오고 어떤 행동은 반대로 돈을 쫓아낸다. 또한 어떤 행동은 돈을 부르고 어떤 행동은 돈이 들어오는 것을 막는다.

우리가 일상에서 의식적으로나 무의식적으로 하는 수많은 생각과 행동의 결과가 현재 우리와 돈과의 관계를 결정지었고 현재 자신의 재정 상태를 결정하게 된 것임을 알아야 한다.

따라서 우리가 부자가 되고 가난해지는 것은 이러한 생각과 행동의 결과이므로 돈을 오게 하는 건강한 생각과 건강한 행동을 하는 것이 아주 중요하다.

돈 되는 생각

<table>
<tr><th>생각</th><th>이유</th><th>결과</th></tr>
<tr><td>나는 부자가 되어야 한다</td><td rowspan="4">돈을 벌어야 하는 이유와
목표가 돈을 버는 행동을
하게 한다</td><td rowspan="4">돈을 오게 한다</td></tr>
<tr><td>돈으로부터 고통받지
않아야 한다</td></tr>
<tr><td>나는 반드시 성공한다</td></tr>
<tr><td>꿈과 목표를 항상 생각한다</td></tr>
<tr><td>긍정적인 생각</td><td rowspan="3">긍정적인 생각은 에너지이고
에너지는 성공을 가져온다</td><td rowspan="3">돈을 오게 한다</td></tr>
<tr><td>놀기보다는 일을 하자</td></tr>
<tr><td>항상 웃고 살자</td></tr>
</table>

돈을 쫓아버리는 생각

<table>
<tr><th>생각</th><th>이유</th><th>결과</th></tr>
<tr><td>놀고 싶다</td><td rowspan="10">게으르고 쉽게 많은 돈을 벌려는
일확천금의 생각은 실패와 가난
을 불러오고
내가 하는 부정적인 생각들은 나
쁜 에너지를 방출하게 되어
사람들에게 나쁜 이미지를 주게
된다.
사업이나 조직 내에서 성공하기
보다는 나쁜 영향을 주게 된다</td><td rowspan="10">돈이 나간다</td></tr>
<tr><td>자고 싶다</td></tr>
<tr><td>어디 대박 없나?</td></tr>
<tr><td>쉽게 돈 벌 수 없나</td></tr>
<tr><td>살기 힘들다</td></tr>
<tr><td>누가 안 도와 주나?</td></tr>
<tr><td>우울하다</td></tr>
<tr><td>도망가고 싶다</td></tr>
<tr><td>후회</td></tr>
<tr><td>원망</td></tr>
</table>

| Financial 07 Therapy |

습관 고치기

우리는 일상생활을 하면서 자신도 모르게 습관적인 행동을 한다. 재무심리로 볼 때 우리가 하는 모든 생각과 행동은 반드시 돈과 연관이 되어 있고 어떤 생각을 하느냐에 따라 돈이 들어오게도 하고 나가게도 한다. 또 우리가 어떤 행동을 하느냐에 따라 돈이 들어오게도 하고 돈이 나가게도 한다.

따라서 우리가 부지불식간에 하는 습관을 통해 어떤 습관이 돈을 부르고 어떤 습관이 돈을 나가게 하는지 알아보자.

돈을 부르는 습관

우리가 일상에서 하는 습관 중에 돈을 부르는 습관에 대해 알아보기로 한다.

생각	이유
정리·정돈 습관	정신적으로 맑은 상태이고 주위를 깨끗이 하므로 사전에 위험을 제거할 수 있고 모든 행동에서 불필요와 비효율을 제거할 수 있어 돈이 새는 것을 막는 역할을 한다.

기록하는 습관	기록은 행동을 계속적으로 추적하는 역할을 한다. 자신의 행동이 잘하고 있는지 아니면 잘못되고 있는지 점검할 수 있는 기회를 제공한다. 그리고 기록을 하면 실수를 줄일 수 있고 목표관리를 할 수 있어 효율성을 제고시키는 역할을 한다.
물을 받아서 세면하는 습관	물을 받아서 사용하는 습관은 필요한 만큼만 받아 사용하는 절제를 나타내고 근검절약의 마음이 자리 잡고 있어 돈이 모이게 되는 역할을 한다.
일찍 일어나는 습관	일찍 일어나는 새가 먹이를 더 얻는 것처럼 부지런한 사람은 절대 굶지 않고 게으른 사람은 가난해진다. 일찍 일어나는 부지런함은 근면성실을 나타낸다. 돈을 만들고 부르는 역할을 한다.
계획하는 습관	계획하는 습관은 비효율을 줄이고 위험관리와 목표관리에 아주 필요하다.
쇼핑목록 작성 습관	충동구매와 과소비를 하지 않도록 제어하는 역할을 하고, 규모의 경제활동을 할 수 있게 도와준다. 돈이 새지 않는 역할을 한다.
가계부 쓰는 습관	매일 수입, 지출을 관리하는 것은 자신의 소비행동을 점검할 수 있고 예산 내에서 소비할 수 있도록 하여 충동구매 과소비등을 예방하여 돈이 새지 않게 하는 역할을 한다.
인사하는 습관	인사는 영적 교류이다. 남보다 먼저 크게 인사하는 것은 상대방으로 하여금 친밀감을 높이고 경계심을 낮추게 하는 역을 한다. 조직에서의 성공요인 중 하나가 인사이다. 인사는 돈을 부른다.
나누는 습관	나눔은 마중물의 역할을 하듯이 나눔은 사람을 살리고 자신을 살리는 역할을 한다.
마무리 잘하는 습관	벌리기만 잘하고 마무리를 하지 못하는 사람은 실속이 없고 오히려 문제만 발생시킨다. 어떤 일이든 마무리를 깨끗이 해야 결과를 얻을 수 있다. 마무리는 돈이다.
부지런한 습관	부지런한 사람은 게으른 사람보다 돈 벌 기회가 많고 다른 사람들에게 좋은 평을 받게 된다. 부지런함은 성공과 돈을 버는 데 필수요소이다.

챙기는 습관	정신이 맑은 상태이고 깜빡하여 놓치는 것을 예방하고 시행착오를 예방하는 좋은 습관이다. 돈이 새는 것을 막는 역할을 한다.
저축 먼저 하고 남으면 쓰는 습관	돈이 항상 모이는 역할을 한다.
열면 반드시 닫는 습관	마무리를 하는 습관과 관련이 있다. 행동의 처음과 끝이 일관성이 있다고 할 수 있다. 돈을 새는 것을 막는다.
오늘 할 일을 내일로 미루지 않는 습관	실천력과 책임감을 나타낸다. 이러한 습관은 남들로부터 신뢰를 얻게 된다. 돈을 부르는 역할을 한다.
말보다는 실천하는 습관	앉아서 생각만 하는 것은 생산성이 없고 움직이고 실천해야만 뭔가를 이룰 수 있다. 실천과 실행력은 결단과 의지를 나타낸다.
칭찬하는 습관	어떤 말을 하느냐에 따라 자신도 살고 남도 살게 만든다. 항상 긍정적인 말, 칭찬의 말을 하는 것이 필요하다. 칭찬은 친화력을 가져온다.
약속 잘 지키는 습관	약속은 바로 신뢰와 직결되어 있다. 약속을 잘 지키면 신뢰는 쌓이고, 신뢰는 돈을 부른다.
항상 웃는 습관	웃으면 복이 와요라는 말처럼 웃음은 돈을 부른다. 밝은 얼굴은 주위에 사람을 오게 하고 관계성과 친화력에 절대적인 역할을 한다. 돈을 부르는 역할을 한다.

돈을 내쫓는 습관

이번에는 우리가 일상에서 하는 습관 중에 돈을 내쫓는 습관에 대해 알아보기로 한다.

생각	이유
물건을 아무 데나 두는 습관	정리·정돈이 되지 않는 상태로 주위가 지저분하고 복잡하다. 이런 상태는 돈이 새고 위험에 노출되어 있다.

기록하지 않는 습관	정확한 관리를 하지 않고 주먹구구식으로 일이나 돈 관리를 한다. 자신의 일상이나 돈 관리가 제대로 되지 않아 돈이 나간다.
물을 틀어놓고 세면하는 습관	정신상태가 이완되어 있어 절제되지 않고 있다. 이런 상태는 돈이 줄줄 새나간다.
늦잠 자는 습관	정신적 피로의 상태. 게으른 습관은 기회를 잃게 되고 매사가 이완되어 있어 재무위험에 노출된다.
계획하지 않는 습관	계획하지 않는 즉흥적이고 주먹구구식 방법은 시간과 경제적인 측면에서 많은 비효율을 발생하게 된다. 무계획은 실패의 위험과 돈이 새나가는 위험에 노출된다.
충동구매 과소비 습관	무절제 무계획의 결과로 자신의 경제에 큰 위험을 초래한다. 돈이 새어나간다.
가계부를 적지 않고 월 카드 사용내역만 확인하는 습관	매일매일 자신의 수입과 지출을 파악하는 가계부 작성 습관은 자신의 잘못된 지출을 즉각 파악하고 고칠 수 있는 반면, 월말 사용내역서만 확인하는 것은 사후약방문이고 후회만 낳게 된다. 그리고 고쳐야 되겠다는 생각은 그때뿐이고 잘 고쳐지지 않는다. 돈이 새어나간다.
인사를 잘하지 않는 습관	인간 관계성과 친화력에 악영향을 끼치고 그에 따라 성공과 돈 버는 기회가 사라진다.
퍼주는 습관	정확하지 못한 돈 거래나 마음 약해서 자신의 뜻과 다르게 돈을 남에게 빌려주거나 해서 돈을 날리거나 돈 문제 때문에 힘들게 된다. 돈이 새나간다.
마무리를 하지 못하는 습관	일을 벌려 놓고 마무리를 하지 못하는 것은 실속이 없을 뿐더러 오히려 문제만 야기시킨다. 돈을 밀어낸다.
게으른 습관	가난을 불러오는 습관으로 돈을 밀어낸다.
물건 놓고 그냥 오는 습관	다른 데 정신이 빼앗겨 챙길 것을 챙기지 못한다. 이러한 상태는 물건을 분실할 위험뿐만 아니라 자신의 일이나 일상생활에서도 문제나 위험이 발생하게 된다. 돈이 새어 나간다.
쓰고 남으면 저축하는 습관	미래보다는 현재의 행복에 더 의미를 두고 살고 있으며 미래에 다가오는 자신의 돈 문제를 인식하지 못하는 상태. 돈의 위험에 노출되어 있다.

열면 닫지 않는 습관	서랍을 열든 책상을 열든 옷장을 열든 물건을 꺼내고 닫지 않는 것은 항상 자신의 흔적을 남기는 것이며, 마무리가 되지 않아 자신을 위험에 노출시킨다. 돈이 빠져나가는 역할을 한다.
미루는 습관	일이나 해결해야 할 문제를 바로 바로 처리하지 않으면 일만 쌓이고 문제는 더 큰 문제로 다가온다. 돈이 나간다.
큰소리치는 습관	허풍은 실속이 없는 행동이며 말보다는 조용히 행동하는 것이 필요하다. 일확천금의 위험에 노출 될 수 있다.
뒷담화를 잘하는 습관	쓰는 말에 따라 인생이 달라진다. 나쁜 이야기나 남을 비방하는 말들은 자신을 오히려 나쁘게 만든다. 돈을 밀어낸다.
로또 구매 습관	한 방에 큰 돈 벌고 요행을 바라는 마음은 성공에 큰 걸림돌이 되고 돈이 새어나간다.
도박하는 습관	도박은 패가망신의 지름길이다.
끽연 습관	보이지 않는 독인 끽연은 자신의 건강을 해치고 돈이 새나간다.
술 중독 습관	보이지 않는 독으로 음주는 자신의 건강을 해치게 하고 자신의 경제에 악영향을 준다. 돈이 새나간다

| Financial 08 Therapy |

돈에 대한 신념 고치기

사람들은 서로 다른 돈에 대한 믿음 즉 돈에 대한 가치관을 가지고 있다.

이러한 믿음 또한 사람들의 재무행동에 영향을 미치게 된다. 돈에 대한 믿음은 돈을 어떤 가치로 보는지에 따라 재무심리에 영향을 미치고 또한 재무행동의 결과를 초래하게 된다. 돈을 좋은 것으로 보는지 아니면 나쁜 것으로 보는지에 따라 돈을 많이 가질 수 있고 아니면 돈을 멀리하게 되는 것이다. 이러한 돈에 대한 믿음을 머니 스크립터 Money Script라고도 한다. 머니 스크립터는 Money와 Script(대본)의 결합어이다. 돈에 대한 믿음이 사람들의 재무행동의 대본이 되어 그 대본대로 행동하게 하는 것이다.

그림에서 보듯 밤의 3가지 형태가 있다. 여기서 어떤 것이 밤으로 알고 있는지에 따라 인생이 달라진다.

가시에 싸인 밤은 돈에 대한 상처와 아픈 기억 때문에 돈을 나쁘게 생각하는 것이고 오른쪽에 있는 알밤은 맛있고 좋은 것이다. 바로 단순한 좋고 나쁨의 가치관이 자신 인생의 돈과의 관계를 결정적으로 좌우하게 되는 것을 알아야 한다.

좋은 것은 많이 가지려 할 것이고 나쁘고 더러운 것은 멀리하려 할 것이다.

아이가 있다면 어떤 것을 밤으로 알고 있는지가 아주 중요하다.

이 밤이 바로 돈이기 때문이다.

돈을 어떻게 보느냐에 따라 인생이 달라진다.

그냥 좋은 것을 많이 가지면 하고 싶은 것을 마음대로 할 수 있고, 돈의 유익만 알고 있다면 결국에는 돈의 아픔을 맛보게 될 것이다.

귀한 자녀일수록 철저하고 냉정하게 돈에 대해 교육시켜야 한다. 밤을 까다 찔리고 칼에 베이면서도 자식에게 맛있는 알밤만을 주고 있다면 자식의 인생을 망치는 결과를 가져오게 되는 것이다.

자식에게 고기를 잡아주기보다는 고기를 잡는 법을 가르쳐 주라는 명언이 있다.

이 말은 건강한 재무심리를 가리키는 말이고 건강한 재무심리를 가져야 부자가 될 수 있다는 뜻이다.

그럼 우리가 공통적으로 쓰는 돈에 대한 말들이 결국에는 자신의 돈에 대한 믿음과 가치관으로 고착되어 자신의 재무행동으로 나타나게 되는 머니 스크립터를 알아보기로 하자.

| Financial 09 Therapy |

머니 스크립트Money Script 고치기

말이 씨가 되고 말대로 된다는 이야기를 한 번쯤은 듣기도 하고 경험하기도 했을 것이다. 이것은 우리가 하는 말들이 누군가에게는 자신도 모르게 뇌리에 깊숙이 박혀 그 사람의 삶에 작용하기 때문이다. 그래서 많은 사람들이 좋은 말, 칭찬하는 말을 해주고 저주하는 말, 부정적인 말을 삼가라고 하는 이유다.

우리는 일상 속에서 수많은 말들을 하고 들으며 산다. 이러한 모든 말들은 우리의 잠재의식 속에서 각각의 문장들로 저장되어 있다가 부딛치는 상황에 따라 잠재의식 속에 저장되어 있는 말이나 문장 이야기들 중 그 상황에 부합한 글들이 작용하여 행동을 그 문장대로 대응하게 한다.

'너는 반드시 성공할거야.'라는 이야기를 수없이 듣고 자란 아이는 반드시 성공한다. 그러나 '너는 해봐도 소용없어. 그것이 너의 운명이야.'라는 말을 듣고 자란 아이는 말처럼 불행한 인생을 사는 사람이 된다.

이러한 말을 각인시켜 사람을 변화시키는 분야가 여러 가지 있다.

구시대 유물인 이데올로기적 사고방식을 끊임없이 반복하여 외우게 하고 말하게 하여 세뇌시켜 마침내 거짓을 진실로 각인시켜 맹종하게 만든다.

또한 교육부분에서도 끊임없이 외우고 듣고 쓰고 함으로써 뇌리에 각인시켜 지식을 저장한다. 종교에서도 성경이나 경전의 말들을 끊임없이 듣고 외우며 자신의 뇌리에 각인시켜 삶 속에 적용시킨다.

그럼 우리의 뇌리에 돈에 대한 말들이 어떻게 저장되어 있는가? 그것이 우리를 부자와 가난으로 끌고 가고 있다.

부자는 부자의 언어를 쓰고 가난한자는 가난의 언어를 쓴다.

머니 스크립트Money Script는 머니Money와 스크립트script의 합성어로 우리의 잠재의식 속에 저장되어 있는 돈에 대한 말이나 대사들이 우리의 행동에 명령을 내린다는 뜻이다.

스크립트는 대사 대본을 뜻하는 말로 연극이나 영화의 배우들은 대사에 따라 행동하게 된다. 이 머니 스크립트는 부분적으로는 옳지만 모든 상황에 적용되지 못하는 말이다.

하지만 우리 속에 저장되어 있는 이러한 말들은 우리가 모든 상황에 진실로 받아들이고 적용한다. 예를 들어 '돈은 쓰는 것이다.'라는 말을 내가 맞다고 믿고 있다면 돈이 생기면 저축하기보다는 쓰는 행동으로 가게 한다. 이렇듯 돈은 쓰기 위한 것은 맞지만 '상황에 따라 저축을 하고 나중에 필요할 때 쓰는 것이다.'라고 문장이 수정되어 그것이 뇌리에 각인되어 있다면 앞으로 돈이 생기면 저축부터 하고 나중에 소비하는 행동을 하게 되는 것이다.

최근 그레잇 스튜핏이라는 영수증 프로그램의 출연진 뒤에 걸린, 액자 속에 문장을 보자. 그곳에는 "돈은 쓰지 않는 것이다."라고 되어 있다. 그 프로그램을 자주 보는 많은 사람들은 자신도 모르게 그 말이 머니 스크립트로 자리 잡게 되어 돈을 쓰지 않는 자린고비 행동을 하게 된다.

"돈은 악이다."라는 문장이 내 머릿속에 강렬하게 자리 잡고 있다면 이 문장은 자신을 돈으로부터 멀어지게 하고 항상 경계의 대상으로 여기게 하여 돈을 많이 가지지 못하게 된다. 대신 "돈은 神과 같다."라는 말이 자리 잡고 있으면 돈이 최고이고 돈을 신처럼 섬기게 된다.

최근 많은 사람들이 돈 때문에 상식적으로 이해할 수 없는 짓들을 저질러 마침내 감옥에 가는 사람들은 돈의 노예이고 돈을 숭배하는 인간들이다.

그들의 머릿속에는 '돈이 힘이고 神이다.'라는 머니 스크립트가 자리 잡고 있다. 이와 같이 돈에 대한 어떤 머니 스크립트를 가지고 있느냐에 따라 극과 극의 행동을 보인다.

한 사람은 돈을 멀리하고 한 사람은 돈을 신처럼 섬긴다. 하지만 우리가 어떤 머니 스크립트를 가지고 있느냐와 상관없이 그것들은 돈을 자신에게 불러오기도 하고 내쫓기도 한다는 사실이다. 건강한 머니 스크립트는 항상 균형을 유지해야 한다.

그러면 돈에 대한 잘못된 머니 스크립트와 균형 잡힌 건강한 머니 스크립트는 어떤 것들이 있는가? 엄청나게 많은 머니 스크립트들이 이 시간에도 만들어지고 있다. 아주 일반적이고 많이 알고 있는 주요 머니 스크립트를 소개한다.

머니 스크립트	재무행동에 미치는 영향	건강한 머니 스크립트
돈은 많으면 많을수록 좋다.	돈을 많이 가지면 가질수록 좋은 것이기 대문에 더 많이 가지려 하고 돈을 좇고 돈을 숭배하는 행동을 하게 한다.	돈을 이기고 다룰 수 있는 능력이 있을 때 돈은 많으면 많을수록 좋은 것이다.
돈은 쓰기 위해 버는 것이다.	돈을 쓰는 것에 집중하여 저축하기보다 쓰는 것에 당위성을 부여한다. 충동구매, 과소비, 퍼주기, 나누는 행동을 유발시킨다.	돈은 모으기 위해 버는 것이고 모은 돈은 필요할 때 유용하게 쓰는 것이다.
돈은 악이다.	돈의 나쁘고 어두운 면만 보게 되므로 돈에 대해 경계하게 만들고 돈을 멀리하게 만든다.	돈은 선과 악의 양면성을 가지고 있다.
돈은 행복을 가져다준다.	돈을 행복의 조건으로 여기고 있어 돈을 많이 가지면 더 행복해질 거라 생각하고 돈을 많이 가지려는 행동을 하게 된다.	돈은 행복을 가져다주지만 불행 또한 가져 온다.
인생은 한 방이야.	착실하고 안전하게 재정적 삶을 살기보다 크게 한 방이나 한탕주의 방식으로 행동한다.	인생은 헛된 한 방이 아니라 천 리 길도 한 걸음부터 착실히 살아야 한다.
미래의 나의 삶은 항상 풍족할 것이다.	자신의 미래에 대한 낙관은 현재의 소비에 집중하게 만든다.	미래의 삶은 알 수 없다. 그래서 미리미리 준비해야 한다.
돈 가지고 안 되는 게 없다.	돈의 위력이 막강하다는 것을 절감하고 있다. 이러한 생각은 많은 돈을 가지려 하고 돈을 좇고 돈을 숭배하는 행동을 가져 온다.	세상에는 돈 가지고 안 되는 일도 많다.
이 세상은 돈으로 넘쳐난다.	세상이 돈으로 넘쳐나기 때문에 자신에게도 언제나 돈을 가질 기회가 있다는 생각을 주게 되고 막연한 기대감으로 현실에 최선을 다하지 못하게 한다.	이 세상은 돈으로 넘쳐나지만 내가 준비되어 있지 않으면 나와는 상관없다.

독자 여러분들은 자신의 머니 스크립트가 건강하게 유지될 수 있도

록 자신을 점검해보고 자녀를 가지고 있는 사람들은 자신이 가정이나 자식들에게 부지불식간에 하는 돈에 대한 말들이 자녀에게는 인생을 좌우하는 머니 스크립트로 자리 잡게 됨을 명심하고 항상 균형적인 머니 스크립트를 가져야 할 것이다.

건강한 머니 스크립트를 백 번 외워 머리에 각인시키면 여러분의 인생이 달라진다.

| Financial 10 Therapy |

돈에 대한 믿음, 생각, 행동의 관계

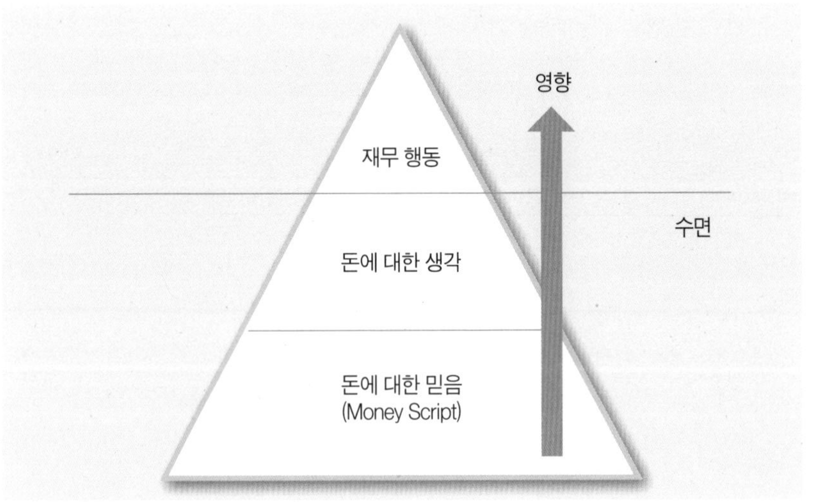

돈에 대한 믿음(가치관)이 돈에 대한 생각에 영향을 미치고, 돈에 대한 생각이 재무행동에 영향을 미친다.

결론적으로 재무심리는 돈에 대한 생각, 태도 믿음으로 이루어져 있고 그 역학 관계는 믿음이 생각으로 생각이 행동으로 나타나게 되는 것이기 때문에 사람들의 돈에 대한 믿음과 가치관의 정립이 아주 중요하다. 항상 균형적이고 건전한 돈에 대한 가치관 형성이 최우선이 되는 이유다. 자라나는 어린이나 청소년들의 돈에 대한 가치관 정립이 절실히 필요하고 재무심리 교육이 시급한 이유가 여기 있다.

재무심리 tip

건강한 재무심리와 허약한 재무심리

〈건강한 재무심리〉

하루를 흑자내야 한 달을 흑자 내고 일 년을 흑자 내고 평생을 흑자 낸다."

이러한 재무심리는 철저히 자신의 수입에 따라 그 안에서 지출하여 항상 흑자를 만들어 미래를 위해 저축하는 사람들이 가지는 심리이다. 철저한 예산관리를 하게 된다.

〈허약한 재무심리〉

"하루를 흑자 내지 못하면 한 달에 흑자 내면 되고, 한 달에 흑자 내지 못하면 분기로 흑자 내면 되고, 분기로 흑자 내지 못하면 일 년 결산하여 흑자 내면 되고, 일 년에 흑자 내지 못하면 장기적으로 흑자 내면 된다."

항상 느긋하게 장기적인 관점에서 관리를 하다 보니 심리적으로 여유를 가질 수 있고 그러한 느슨한 심리가 합리적이지 못한 지출을 유발하고 지속적인 적자를 내어 궁극적으로 적자 누적으로 부도가 나게 되는 것이다.

결론적으로 우리의 재무심리는 얼마나 현실적이고 돈에 대해 민감한지와 막연한 여유와 느슨함 등이 우리의 재무행동 즉 돈을 벌고 돈을 쓰고 돈을 불리고 돈을 나누는 행동에 좋은 영향과 나쁜 영향을 미친다. 가정경제나 사업에도 공히 적용되어야 하는 재무심리이다.

재무심리와 마인드 세트Mind-Set

우리의 머릿속에 어떤 것이 들어 있느냐에 따라 인생이 달라지고 우리의 마음속에 무엇이 살아 움직이느냐에 따라 돈이 들어오고 나가는 것이 결정된다.

재무심리적인 측면에서 보는 마인드 세트는 다음과 같은 요소들로 구성되어 있고 각각의 구성요소는 그 사람의 돈과의 관계를 나타내준다.

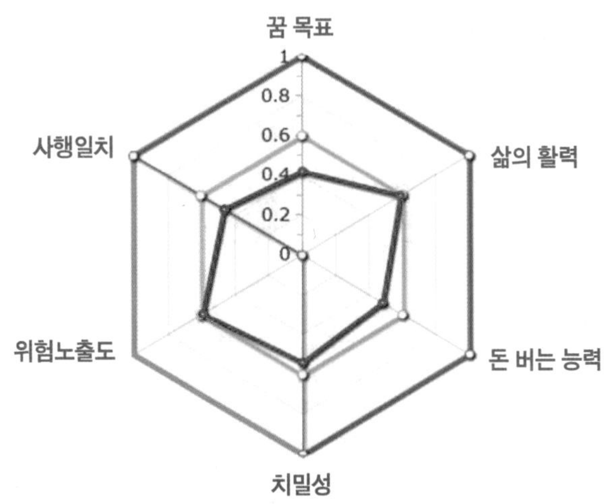

꿈과 목표

꿈의 구조와 순서

1) 자신의 인생의 꿈

2) 가정의 꿈

3) 돈의 꿈(재무목표)

4) 가족과의 공유

5) 직업에 대한 꿈

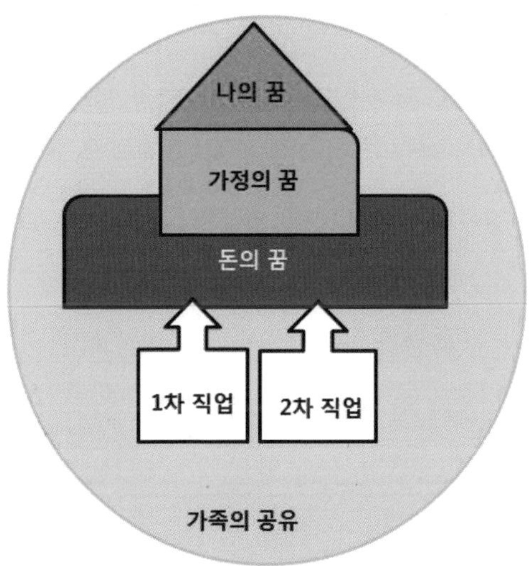

꿈과 목표는 우리 삶의 어떤 의미를 가지고 어떤 역할을 하는 것인가

지금까지 수많은 사람들이 '꿈을 가져라, 목표를, 그래야 성공한다.'라고 강조하며 가르쳐왔다. 그 이유는 무엇일까? 그렇게 중요한 성공의 요소인데 사람들은 왜 실천이 안 되는 것일까?

꿈과 목표를 가져야 하는 이유

"재무심리 측면: 꿈과 목표는 돈이 들어오게 하는 역할을 한다."

꿈과 목표는 삶의 방향과 사람들의 모든 행동의 이유와 동기가 되기 때문이다. 꿈과 목표가 구체적으로 정해져 있지 않다는 말은 정해진 방향 없이 삶이 방황하고 있다는 말이고 어떤 것도 이루기 어렵다는 말이 된다.

방향과 목표가 정해지지 않는 우리의 행동에는 반드시 무언가를 해야 하는 이유와 동기가 사라지고 해도 그만, 안 해도 그만이라는 무기력을 가져오게 된다. 또한 이러한 삶을 살다 보면 수많은 시행착오와 좌충우돌로 인해 다치고 깨지게 된다. 재무적인 관점에서 본다면 경제적 손실과 시간낭비 등 재무적인 위험을 초래하는 결과를 가져온다.

반면에 꿈과 목표가 명확하다면 정반대의 결과를 가져오게 된다. 즉 삶의 방향이 구체적으로 정해지고 목표가 세워지면 모든 행동들이 그 목표와 꿈을 향하게 되고 확실한 동기부여를 가져오게 되어 삶의 의지, 열정, 기쁨, 보람 등을 경험하며 살아가게 된다.

당연히 일도 즐겁게 하게 되고 그러다 보면 성공도 꿈도 이루어지게 되는 것이다.

꿈은 어떤 것으로 이루어져야 하는가

꿈이 막연한 것은 꿈이 아니다. 우리가 다 아는 유명한 말인 'boys be ambitious!(청년들이여 야망을 가져라.)'는 이야기를 많이 인용한다. 이 말은 미국인 교육자인 윌리엄, S,클라크의 말이다.

큰 것을 이루려는 희망을 가지고 열정을 가져야 하는 것은 아주 중요하다. 그 이전에 목표가 명확해야 그 야망이 빛을 발하게 될 것이다. 이렇듯 우리는 꿈에 대한 많은 명언들을 내 것으로 가지는 노력이 필요하지만 그 이전에 우리는 구체적으로 꿈을 세우고 목표를 정하고 계획하고 실천하는 이 성공의 프로세스를 강하게 구축하는 것이 필요하다.

꿈의 구조

첫 번째로 자신의 꿈을 구체적으로 있어야 한다.

우리 모두는 자신만의 이름과 얼굴과 기질을 가지고 세상에 태어난다. 세상에 나는 유일한 존재이다. 이처럼 자신의 자존감을 일생을 통해 가지는 것이 중요하다. 우리는 자신보다 남을, 아니면 가족을 생각하다 보니 자신은 사라지고 엄마, 아버지, 직장에서의 부장, 과장, 대리, 등등으로 살아가고 있다.

많은 사람들이 평생을 살면서 가족과 직장을 위해 일하다가 어느 날 자신의 삶이 없는 것을 발견하고 허망함과 인생무상을 이야기한다. 따라서 우리는 자신을 먼저 세워야 한다. 그리고 자신의 꿈을 꾸고 세우는 것에 노력하고 연습해야 한다.

이름: 홍길동

꿈

남들을 가르치며 세상에 도움이 되는 사람으로 한평생 산다.

남들을 치료하며 세상에 도움이 되는 사람이 된다.

소박하게 살더라도 남한테 도움받지 않고 도와주면서 사는 사람이 된다.

두 번째로 자신의 가정에 대한 꿈이 있어야 한다.

자신의 꿈이 세워졌으면 그 인생에 맞는 자신의 가정에 대한 꿈을 세우는 것이 필요하다. 어떤 배우자를 만나 몇 명의 자녀를 두고 어떤 집에서 살며 어떤 생활을 하며 자녀들의 미래를 생각하며 아름다운 가정을 그려보는 것이 필요하다.

세 번째로 자신의 꿈과 가정의 꿈을 이루기 위한 돈의 꿈을 구체적으로 세워야 한다.

돈이 없이는 자신이 계획하는 삶과 행복한 가정을 이루기 힘들다. 돈의 꿈은 집을 지으려면 반드시 필요한 땅이라고 할 수 있다. 가장 중요한 목표이자 꿈이 돈에 대한 계획과 목표이다.

땅 없이 아무리 좋은 집을 설계하더라도 이루어질 수 없는 것과 마찬가지로 우리가 어떤 꿈과 목표를 가지더라고 그것을 위해 필요한 돈의 계획이 없다면 사상누각이 될 것이고 허망한 꿈이 되게 된다.

어떤 사람들은 자신의 인생에 대한 고민도 하고 나름대로 구체적인 계획을 세우며 자신의 가정에 대한 꿈도 가지고 있지만 그것을 이루기 위해 필요한 돈의 꿈이 구체적이지 못해 그 꿈은 사라지고 현실적으로 많은 경제적 어려움을 겪고 있다. 반면에 어떤 사람은 돈에 대한 목표가 명확하여 그것을 가지기 위해 열심히 노력 하여 돈은 가지고 있지만 자신과 가정의 꿈이 세워지지 않은 사람 또한 있다.

재무적인 측면에서 보면 돈의 꿈이 명확한 사람은 살면서 돈이 없어 힘들어하는 경우는 상대적으로 적게 되지만 단순히 꿈만 좇고 돈의 꿈을 등한시하는 사람은 결국 돈 문제로 꿈을 이루지 못할 뿐 아니라 돈 때문에 고통받는 경우가 많다.

완전한 인생을 위해서는 자신의 꿈, 가정의 꿈, 돈의 꿈이 다 있어야 하지만 꼭 하나만 선택하라고 하면 돈의 꿈이 명확히 세워져 있어야 한다. 이 꿈은 가장 현실적인 꿈이다.

네 번째로 직업에 대한 비전과 꿈이 있어야 한다.

돈의 꿈을 구체적으로 세웠다면 돈의 꿈을 이루기 위해서는 수입이 안정적으로 공급되어야 한다. 우리가 하는 직업이나 사업 등이 수입원이 되는 것이다. 따라서 이 수입원이 끊기거나 변화가 생기면 돈의 꿈이 성취되는 데 큰 영향을 미치게 된다. 그래서 직업에 대한 꿈과 계획 그리고 자기계발이 아주 중요해지는 것이다.

독립하여 퇴직할 때까지가 인생의 1라운드이고 그 이후는 인생의 2라운드가 기다리고 있다.

현재는 예전과 달리 수명이 100세 시대로 바뀌면서 2라운드가 길어지고 필요한 돈 또한 더 필요하게 되었다. 그리하여 1라운드에서 번 돈으로는 부족하게 되고 또한 상대적으로 짧아진 은퇴로 인해 일을 하지 않고 여생을 보내는 삶이 어려워졌다.

그래서 2라운드의 직업을 새로 찾기도 하고 직장인으로 퇴직한 사람들은 사업에 손대기도 한다. 하지만 2라운드의 직업이나 사업은 아주 어렵고 위험이 따른다. 잘못하면 가진 돈마저 날려버리는 경우가 허다하다.

이러한 상황을 인식하고 누구나 예외 없이 1차 직업과 2차 직업을 미리 준비해야 한다. 그래야 인생의 행복과 가정의 풍요를 지킬 수 있기 때문이다.

1라운드의 직업은 대개 원하는 직업을 가지고 기쁘고 즐겁게 사는 사람들은 드물다. 거의가 돈을 벌지 않으면 안 되는 상황에서 소득원으로 일을 할 뿐이다. 그래서 일이 즐겁지 않고 노동이 되는 것이다. 회사나 일터에 가도 싫어 새벽부터 일어나 즐겁게 출근하는 사람이 몇 명이나 될까?

하지만 2라운드의 직업은?

또 한 번 하고 싶지 않은 일에 끌려 다니며 돈을 버는 인생을 살 것인가? 그런 것을 원하는 사람은 아무도 없을 것이다. 그러면 어떻게 자신이 하고 싶은 일을 하면서 돈을 벌며 살 수 있을까?

방법이 있다. 그것은 '이러한 인생의 1라운드와 2라운드가 있다는 사실을 아는 것'이다. 그리고 '2라운드를 위한 2차 직업에 대한 목표를 미리 세우고 착실하게 1라운드에서 퇴직하기 전까지 갖추어야 하는 전문성과 기술을 만반에 준비하는 것.'이다.

성공적인 2라운드 직업을 준비한 사람들

1. 콘셉트와 분위기 있는 커피숍 대표

1라운드에서 커피에 대한 모든 지식과 바리스타 자격 그리고 필요하면 커피의 본산에 여행을 다니며 커피스토리를 기록하고 자신의 생각을 정리하고 나름의 콘셉트와 커피 철학을 갖추는 게 필요하다. 퇴직 후 몇 년 만에 이루어질 수 있는 것이 아니다. 미리 2라운드의 인생을 생각하고 최소 10년 이상 장기적으로 준비해야 전문성이 있고 성공을 할 수 있는 것이다. 이렇게 된다면 퇴직하여 하기 싫어하는 일을 하면서 돈 벌기 위해 일한다든지 아니면 모르고 전문성도 없는 사업에 퇴직금을 다 날리고 실패한 인생이 아니라 즐겁고 기쁘게 하고 싶은 일을 하면서 돈을 버는 제2라운드의 인생을 살게 되는 것이다.

2. 야생화 전문 사진작가

등산을 취미로 하는 사람이 많다. 건강을 위해서 또는 좋은 사람들과의 만남을 위해서 등산을 한다. 그리고 등산 후 즐기는 막걸리 한잔은 정말 좋은 것이다. 하지만 같은 등산을 하더라도 어떤 사람은 사진기를 가지고 다니며 산과 야생화를 계절별로 사진에 담고 좀 더 좋은 사진을 위해 사진 기술도 배우고 야생화를 찍으며 전문야생화 사진작가로 퇴직 후 전시회도 열고 새로운 제2의 인생을 사는 사람이 있다.

*** 2라운드의 직업은 취미를 직업으로 바꿀 수 있는 절호의 기회다***

다섯 번째는 가족과 꿈의 공유가 되어야 진정한 꿈이라고 할 수 있다.

우리 모두는 가족이라는 공동체 속에서 행복을 위해 서로 노력하며 살고 있다. 하지만 서로의 생각이 다르고 목표가 달라 갈등을 겪고 불행해하는 사람들이 의외로 많다. 따라서 우리는 자신의 꿈과 가정의 꿈과 돈의 꿈 그리고 직업의 꿈을 가족과 공유하여 서로 가정 행복을 위한 동반자 내지 협력자가 되어야 한다. 그러기 위해서는 가족 간의 공유가 정말 중요하다. 가족이 공유하지 않는 꿈은 이루어지기 어렵고 이루어지더라도 공감받지 못하는 경우가 생긴다.

사례 보기

대학생의 인생 설계

인생의 목표

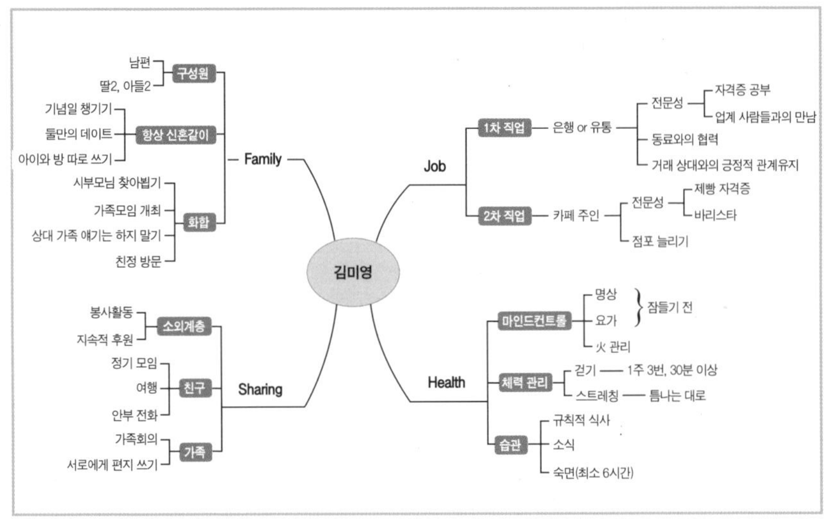

인생 시간표

미래

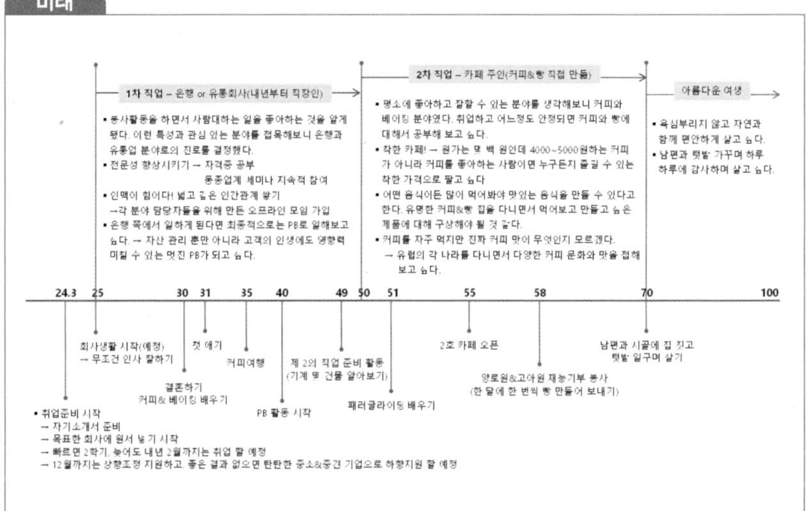

나의 꿈

숲의 꿈(내적)

- 혼자 잘 살기 위해 발버둥 치지 않고, 나보다 힘든 사람을 돌아보고 베풀 수 있는 따뜻한 사람이 되고 싶다.
- 지나간 과거에 얽매이지 않고 새로운 날들을 위해 달려나가는 긍정적인 사람이 되고 싶다.
- 일희일비. 젊다는 핑계로 다혈질을 합리화시키고 있지만 미래에는 스스로 감정을 컨트롤 할 수 있는 성숙한 사람이 되고 싶다.
- '나는 예쁘다. 나는 할 수 있다' 자존감을 높이고 나를 사랑할 줄 아는 사람이 되고 싶다.
- 내가 만나게 될 사람들이 갖고 있는 단점을 이해하고 포용할 수 있는 마음 넓은 사람이 되고 싶다.

나무의 꿈(외적)

- 패러글라이딩 도전! → 어린 시절부터 하늘을 날아보는 것이 소원이었다. 처음에는 체험으로 타보고 매력적이면 자격증도 도전해보고 싶다.
- 영어 회화 완전 정복! → 해석은 되지만 말은 못하는 것이 문제! 회화학원이나 미국 드라마 보면서 영어 공부 → 외국인과 프리토킹 꼭 하고 싶다!!!
- 스쿼시 배우기 → 열심히 배우다가 발을 다쳐서 그만 두었는데 계속해서 미련이 남는다. 날 무시했던 코치의 코를 납작하게 해주고 싶다.
- 이태리 요리&베이킹 배우기
- 배낭여행 떠나기(아르헨티나-칼라파테 페리토 모레노 빙하공원, 칠레-아타카마 사막 투어, 터키-카파도키아 열기구 투어 등...)
- 스킨스쿠버 배우기 → 바다 생물 탐험 및 도전을 통해 한계를 시험해 보고 싶다.
- 지속적으로 운동하기! → 체력이 안 좋아서 많이 웃기만 해도 금새 힘이 빠진다. 낮잠 안 자도 팔팔하게 하루 보낼 수 있을 정도로 체력 향상시키고 싶다!!!!!
- **부모님께 효도하기.** 가정의 꿈이 될 수도 있지만 부모님께 효도하는 건 진짜로 나의 꿈이다. 엄마께서 모든 것을 희생하셨기에 항상 좋은 것만 드리고 싶다.

가정의 꿈

- 평생 사랑하고 설레는 마음 편하지 않는 행복한 가정을 이루고 싶다.
- 성남, 분당 지역의 30평 아파트(전세)-방만 4개면 OK
  → 집 사는 것에 대한 환상은 있지만 현실적으로는 전세가 좋다고 생각한다.
- 아이와 아빠의 관계는 정서형성에 매우 중요하다고 생각하기 때문에 '아이들과 몸으로 놀아주기'는 가정의 규칙으로 정해서 지켰으면 좋겠다.
- '안돼'를 외치는 엄마가 아닌, 아이의 행동을 이해하고 그 관점을 이해해 주는 엄마가 되고 싶다. → 아이들이 틀에 박힌 사고를 하지 않고 자유롭게 생각을 펼칠 수 있었으면 좋겠다.
- 남편을 사랑하는 만큼 그 사람을 키워 준 부모님도 존중하고 사랑할 줄 아는 현명한 여자로써 가정을 이루고 싶다.
- 매달, 혹은 필요할 때마다 가족회의를 통해 중요한 일을 결정하고, 서로의 일상을 공유할 수 있는 화목한 가정을 꾸리고 싶다.
- 나이 먹고, 자식들 모두 출가한 후에는 남편과 단 둘이 조그마한 주택에서 행복하게 노후를 보내고 싶다.

배우자

- 가족 많고, 화목한 가정에서 성장해 온 남편
- 남자의 권위보다 다정한 아빠가 되기 위해 노력하는 남편
- 엄마가 항상 말씀하신 것처럼 '배려심' 많은 남편
- 절제의 미덕을 아는 남편
  → 친구, 술, 유흥 좋아하는 거 이해해 줄 수 있지만 가족이 힘들어 하지 않는 선 까지만!! 절제 할 줄 알았으면 좋겠다.

아이들

- 딸 2, 아들 2. 어느 한 명도 외롭지 않게 짝 맞춰주기
- 공부 잘하는 아이보다 마음이 따뜻한 아이로 키우기
  → 남편, 아이들과 정기적인 봉사활동 할 수 있었으면 좋겠다.
- 부모의 사랑을 충분히 받는다고 느끼지만, 의존적이지 않고 독립적인 아이들로 커줬으면 좋겠다. 그렇게 키우고 싶다.

돈의 힘(계획)

현재 진행 중인 항목

이벤트 (꿈)	내용	시기	목표자금	금융상품	월 불입 금액	목표 수익률(년)	비고
1	결혼자금	6년 후	5천만	적립식 펀드	60만원	8%	필수 이벤트
2	주택자금	10년	1억 5천	변액보험	35만원	8%	
3		6년 후	1천만	주택청약	유동적 (5~7만원)	4.5%	
4	노후자금	40년	10억	연금보험	15만원	4.3%	
5			1억	저축보험	17만원(12년 납)	4.1%(복리)	
6	비상자금	6년 후	1천만	정기적금	10만원		
7	자녀 교육비	20년	3억	통장 1	5만원		
8	자녀 양육비	7년 후	4천만	정기적금	5만원		
9	자녀 결혼	30년	4천만	통장2	1만원		
10	해외여행(커피여행)	10년	1천만	정기적금	5만원		삶의 질
11	취미여가	5년	500만	통장 3	5만원		
12	자기개발비	10년 후	200만	통장 4	2만원		자아실현
13	경조사비	지금부터 쭉	100만	통장 5	2만원		
14	피부관리비	6년 후	100만	통장 6	1만원		
15	결혼 할 때 엄마 비상금	6년 후	1천만	통장 7 (정기예금)	---	3.5%	효도
위험자금	생명/재해/상해	평생	실손	손해보험	1만 6천원		필수 이벤트
		평생	생명	생명보험	12만원		

자가 평가 & comment)

<개인적 평가>

- 지금까지 내가 계획해왔던 부분과 앞으로 필요할 것이라고 생각되는 부분을 합하여서 돈의 꿈(계획)을 세워봤다.
- 금융 상품에 대한 지식 부족으로 어떤 자금을 모을 때 어느 것이 유리한지에 대한 효율적 판단이 어려웠다.
- 일정기간 이후 자금 사용이 확실한 항목은 정기적금을 이용할 계획이다.
- 신용카드는 쓰지 않고, 현금 또는 체크카드만 사용할 것이다.

→ 카드를 쓰지 않으면 목돈이 들어가는 부분에서는 항상 부담을 느끼게 된다. 따라서 경조사비나 피부관리비처럼 자주 발생하는 event는 아니지만, 목돈이 들어가는 항목에 대해서는 조금씩 모아두어서 부담을 줄일 계획이다.

- 자녀의 결혼은 스스로 벌어서 가야 한다고 생각하기 때문에 자녀 결혼자금을 많이 모을 생각이 없다.

→ 나 역시도 취업 후 번 돈을 모아서 결혼을 준비할 계획이다.(부모님께서도 결혼은 스스로 벌어서 가야 한다는 생각이 강하시다.)

- 아이를 4명 낳을 계획이라서 자녀 교육비 부문에서의 목표 자금을 높게 잡았다.
- 일반적으로 안정적 성향을 많이 추구하는 것 같다.

Mommy's comment

삶의 활력

재무심리 측면에서 보면 삶의 활력은 돈을 끌어들이는 역할을 한다. 삶의 활력이 높으면 높을수록 에너지가 넘치고 남에게 긍정적인 에너지를 전달하여 호감을 갖게 한다. 이는 사람을 끌어들이고 돈을 끌어들인다.

삶의 활력의 구성요소

1) 가정의 화목

우리나라 말에 가화만사성이라는 말이 있다. 이 말은 가정의 화목이 근본이고 제일 중요하다는 말이다. 우리 삶의 활력을 결정짓는 요인인 가정의 화목을 위해 항상 노력해야 한다.

2) 일의 기쁨과 만족

가정의 화목 다음에 자신이 하는 일에 대한 기쁨과 만족의 정도가 우리의 활력을 좌우한다. 자신의 일이 즐겁지 못하고 항상 힘들게 느껴지고 고통스럽다면 미소를 잃게 되고 활력은 떨어질 것이다. 일이 정말 싫고 힘들게 느껴진다면 스스로 질문해보자. 이 일 말고 다른 할 일이 있는지? 그 답이 명확하게 '그렇다.'가 아니면 일을 즐겨야 한다. 그러면 기쁨과 행복은 따라 올 것이다. 웃으면 복이 오듯이 좋아서, 기뻐서 웃고 즐거워하는 것이 아니라 매사를 기쁘게 즐겁게 여기고 일하면 행복과 성공은 따라온다는 말을 명심할 필요가 있다.

3) 친구들과의 원활한 교제

가족이나 동료들에게 하지 못하는 이야기를 마음껏 털어놓으며 이야기할 수 있는 친구나 지인과의 만남이 원활하지 못하면 스트레스가 쌓이고 삶의 활력이 떨어지게 된다. 친구들과의 관계 또한 가정의 화목과 일의 만족만큼 중요한 관리 항목이다.

4) 정신적 스트레스

일상에서 얼마나 정신적으로 스트레스를 받고 있는가에 따라 삶의 활력이 다르다. 정신적 스트레스 관리 또한 필요항목이다.

5) 육체적 피로

육체적으로 얼마나 지치고 피로해 있는지도 삶의 활력을 좌우한다. 정신적으로 스트레스는 받지 않지만 육체적으로 피로한 사람이 있다.

이러한 사람들은 자신의 일에 대한 만족감이 크고 기쁘게 일을 하지만 과중한 일로 인해 몸이 힘들어하고 지치는 경우이다. 어떠한 경우이든지 육체적 피로는 삶의 활력을 떨어지게 하는 결과를 가져오기 때문에 적절히 관리되어야 할 항목이다.

6) 행복지수

자신이 얼마나 행복한 사람인지에 대한 스스로의 행복지수는 자신을 웃음 짓게 하고 활력을 높인다. 자신을 불행한 사람이라고 생각하는 사람은 스스로의 자존감을 회복하는 것이 필요하다.

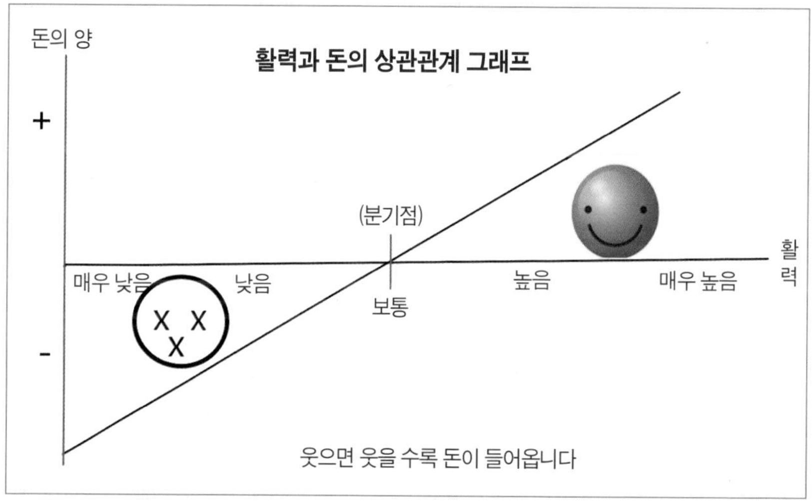

돈 버는 능력

재무심리 측면에서 돈 버는 능력은 바로 돈을 끌어들이는 것과 직결되어 있다.

<돈 버는 능력의 구성요소>

1) 근면성실

돈을 벌기 위해서는 제일 덕목이 부지런하고 열심히 일을 하는 근면성실함이다.

일찍 일어나는 새가 먹이를 많이 얻게 되고 개미는 부자가 되며 베짱이는 가난해지는 이치가 적용된다.

2) 관계성 및 친화력

사람들과의 관계 및 친화력은 돈을 끌어들이는 능력을 나타낸다. 항상 인사 잘하고 표정이 밝고 웃으며 생활하고 사람들을 자신의 사람으로 만드는 친화력이 필요하다.

3) 끈기

될 때까지 끝까지 최선을 다하는 끈기는 성공을 가져오게 되고 궁극적으로 돈을 가져오게 된다. 이것저것 손대고 끈기가 없고 지속하지 못하는 삶은 실패와 돈이 떠나간다.

4) 실속과 셈이 빨라야 한다

이재에 밝지 못하고 항상 손해 보는 사람은 돈이 새나가는 속성이다. 무슨 일을 하더라도 절대 손해를 보지 않는다는 생각을 가져야 하고 하나를 주면 2배, 3배를 얻겠다는 억척스런 면이 있어야 한다.

5) 신뢰

신뢰는 모든 일에 근본이 된다. 믿을 수 있는 사람이 되어야 하고 매사에 정확한 사람이 되어야 돈이 된다. 약속을 신중히 하고 약속하면 반드시 지키는 것이야말로 신뢰를 구축하는 최선의 방법이다. 신뢰는 돈을 부르는 역할을 한다.

6) 돈에 대한 유연한 사고

돈을 버는 데 있어 자존심과 수단과 방법은 참 중요한 작용을 한다.

<자존심>

돈을 버는 데 있어 자존심을 내세우면 돈을 벌 수가 없다. 성공한 영업 맨들의 공통점은 자신의 자존심을 어떻게 관리하느냐에 따라 달라진다.

매사에 자존심을 내세우는 사람은 미성숙한 사람인 동시에 아마추어라고 생각하면 된다. 반면에 돈을 벌 때까지는 자존심을 자신의 주머니에서 나오지 않게 하는 사람은 성숙한 사람인 동시에 프로라고 할 수 있다. 진정으로 돈을 벌려고 하면 자존심을 집에 두고 나오는 성숙한 프로가 되어야 한다.

<수단과 방법>

돈을 버는 데 있어 수단과 방법은 어느 기준에 적용하느냐에 따라 돈이 오기도 하고 안 오기도 한다. 돈 버는 기준이 도덕과 정의냐 아니면 법이냐에 따라 달라진다. 돈을 벌기 위해서는 법이 기준이 되어야 한다. 왜냐하면 법은 사회가 허용하는 기준이므로 이 법의 범위에서 수단과 방법을 가리지 않고 돈을 벌 기회가 오면 남에게 뺏겨서는 안 된다. 도덕과 정의가 기준이 된다면 법 없이도 살 수 있는 아주 좋은 사람으로는 남을 수 있지만 부자가 되기는 어려울 것이다.

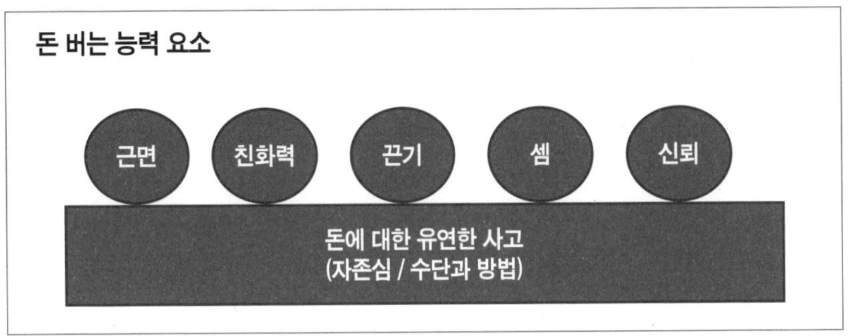

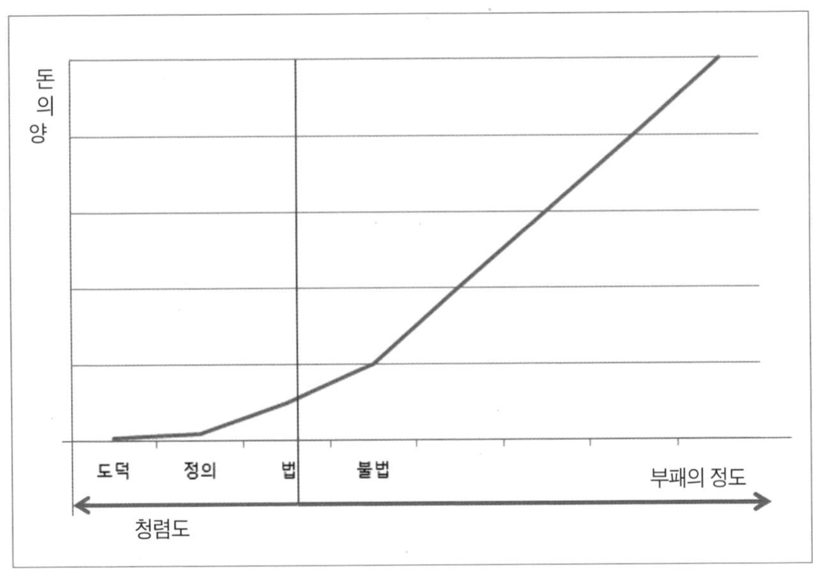

도덕적이고 정의로울수록 돈과 멀어지고, 법을 어기고 부정부패할

수록 돈은 많이 온다 하지만 법을 어기고 돈을 버는 것은 범죄이며 결국 패망하게 된다.

돈을 버는 기준은 법이 기준이 되어야 하고 도덕과 정의가 기준이 되면 법 없이도 살 수 있는 좋은 사람은 될 수 있지만 부자가 될 가능성은 적다.

자신의 가치관에 따라 달라질 수 있어 어느 것이 옳다고 할 수 없지만 재무심리 측면에서 볼 때 돈은 부패의 정도에 따라 많이 들어오는 관계를 가지고 있다.

권력과 돈의 유착관계, 뇌물, 온갖 부정부패가 난무하는 이유는 이를 반증하고 있다고 할 수 있다.

therapy

돈을 축적해야 할 단계의 사람들은 유연하게 법의 테두리에서 돈을 벌어야 하고 돈을 이미 많이 축적한 사람들은 다시 자신의 기준을 엄격하게 도덕과 정의에 맞춰야 더 성장할 수 있다. 이렇듯 순서만 올바르게 바뀌면 돈은 만들어지게 되어 있다.

계획성과 치밀성

재무심리 측면에서 볼 때 계획성과 치밀성은 위험관리 능력이라고 한다. 즉 일상이나 업무 사업 등에서 위험과 비효율을 사전에 관리 제거하는 역할을 하여 돈을 지키는 능력을 의미한다.

<계획성>

계획성은 매사에 어느 정도 계획적이냐에 따라 하고자 하는 목적이 성공적으로 이루어지는지 목표 관리 및 성취 평가의 척도가 된다. 사전에 철저한 계획을 세우면 위험과 비효율을 제거하는 효과가 있다.

<치밀성>

얼마나 꼼꼼하게 챙기고 관리하는 능력을 의미한다. 위험은 보이지 않는 곳에 있고 아무나 볼 수 있는 큰 곳보다는 작고 보이지 않는 데서 발생하여 커진다. 따라서 작은 것을 살피고 챙기고 하는 능력이 성공의 필수 요소이다.

계획성과 치밀성은 우리의 정신이 어느 정도 위험에 민감한지, 깨어 있는지 알려주는 척도가 된다.

위험노출도

재무심리 측면에서 볼 때 위험 노출도는 미래에 대한 자신의 경제적인 삶을 얼마나 긍정적으로 보는지 아니면 비관적으로 보는지에 따라 돈에 대한 위험 노출이 달라진다. 이는 미래가 풍요로울 것이고 소득은 계속적으로 증대하며 하는 일은 절대로 망하지 않을 것이다.

직장인의 경우 회사는 절대 망하지 않고 회사에서 자의든 타의든 절대 변동의 여지가 없다고 생각하는 경우는 미래를 너무 낙관적이고 긍정적으로 보는 경우이다. 지나친 낙관과 긍정은 미래의 불확실한 바람을 자기 확신시키는 결과를 가져온다. 자신의 일이나 직장은 언제나 망할 수도 있고 자신의 일에서도 퇴출되거나 스스로 이직하는 경우가 발생할 수도 있다.

위험 노출도는 지나친 긍정도 비관도 금물이다. 지나친 낙관은 충동구매와 과소비 등을 유발하고 유아형 베짱이형에서 많이 나타난다. 지나친 비관은 미래가 불안하여 돈을 쓰지 못하는 저소비 증상을 나타내게 하고 자린고비형에서 많이 나타난다.

또한 평소에 가진 가치관 등이 돈과 어떤 관계를 가지고 있는지 등이 포함된다.

사람을 잘 믿는 사람은 사람으로 인해 상처받고 경제적 손실까지도 입을 위험에 노출되어 있다. 그리고 고집이 강하여 남의 말을 잘 안 듣는 사람은 겪지 않아도 될 시행착오를 겪게 되어 결국 실패의 대가를 치르게 되는 위험이 잠재해 있다.

투자에 있어서 안전한 투자보다는 고수익을 추구하는 성향은 실패의 위험이 더 가중되고 있는 것이다.

성격이 급한 사람은 행동력과 추진력은 있지만 신중하지 못하여 실수를 가져오는 위험이 있다. 이렇듯 자기 자신의 성격에서부터 생각 가치관 등 모든 행동들을 통해 나타나는 재무위험을 측정한다.

재무심리 측면에서 보면 위험노출도가 높으면 미래에 대해 낙관적이고 돈이 나가는 성향을 나타내고, 위험노출도가 낮으면 미래에 대해 비관적이며 아주 현실적인 성향으로 돈을 가두는 성향을 나타낸다.

7. 사행일치(思行一治)

사행일치思行一治는 인생의 꿈, 가정의 꿈, 직업의 꿈, 돈의 꿈, 가족공유 등의 실천항목의 실천 정도를 나타내는데 사행일치 정도가 높으면 높을수록 인생의 준비 정도가 높고, 낮으면 낮을수록 인생의 준비상태가 되지 않고 있다는 것이다.

우리 주변에 많은 사람들 중에 말과 생각은 아주 좋은데 실천을 하지 않는 사람들이 사행일치가 낮은 것이다.

천리 길도 한 걸음부터라는 말처럼 자신이 세운 목표와 꿈을 위해 생각만 하고 있는 것이 아니라 작은 실천부터 시작하여 차근차근 준비하는 삶을 사는 것이 자신과 가정을 지키는 최선의 방법이다.

마인드세트 종합 검진표)

항목	기준	영적 상태	돈과의 관계	돈의 위험
꿈/목표	높을수록	깨어 있다	끌어온다	낮아진다
	낮을수록	자고 있다	밀어낸다	높아진다
삶의 활력	높을수록	깨어 있다 (활력 충만) (에너지 발산)	끌어온다	낮아진다
	낮을수록	자고 있다 (무기력 우울증) (에너지 뺏음)	밀어낸다	높아진다
돈 버는 능력	높을수록	깨어 있다	끌어온다	낮아진다
	낮을수록	자고 있다	밀어낸다	높아진다
계획성/치밀성	높을수록	깨어 있다	끌어온다	낮아진다
	낮을수록	자고 있다	밀어낸다	높아진다
위험 노출도	높을수록	낙관적	밀어낸다	높아진다
	낮을 수록	비관적	끌어온다	낮아진다
사행일치	높을수록	깨어 있다	끌어온다	낮아진다
	낮을수록	자고 있다	밀어낸다	높아진다

| Financial 12 Therapy |

재무심리 유형Type

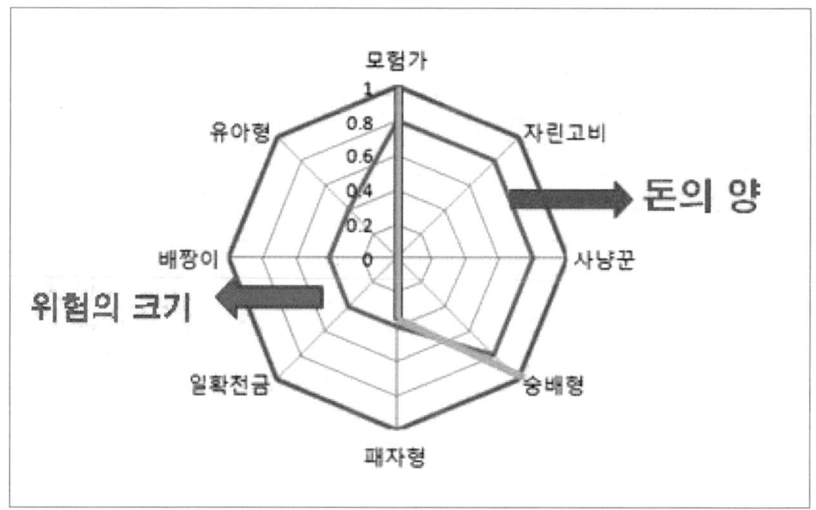

재무유형에는 부자가 되기 위해서 꼭 필요한 유형이 있는 반면에 버리지 않으면 실패와 가난을 가져오는 가난의 유형이 있다.

'부자유형에는' 모험가형, 자린고비형, 사냥꾼형, 숭배형이 이에 속하고 이 유형들은 돈의 양을 결정짓는다. 모양이 크면 클수록 돈의 양이 크다는 것을 말한다.

'가난의 유형에는' 유아형, 베짱이형, 일확천금형, 패자형이 이에 속한다. 이 유형들은 돈을 가지기 위해 취하는 행동의 위험에 관한 유형들이다.

이 유형들은 작으면 작을수록 건강하고 위험이 적다는 것을 말한다.

돈의 양이 크기와 관계없이 모든 사람들은 자신이 가지고 있는 가난의 속성을 우선 제거해야 한다

재무유형에는 총 10가지가 있다. 즉 모험가형, 자린고비형, 사냥꾼형, 숭배형, 패자형, 일확천금형, 베짱이형, 유아형, 무념형, 무차별형 등이다.

모든 사람은 공통적으로 모든 특성들을 가지고 있다. 하지만 사람들마다 어떤 성향이 크게 나타나는지에 따라 재무유형이 결정되어지는 것이다.

결국 자기 자신의 내면에 어떤 성향이 들어 있는지와 그러한 성향이 건강한 것인지가 부자와 가난을 결정하게 되는 것이다.

모험가가 들어 있으면 돈에 대한 모험적인 행동을 하게 될 것이고, 자린고비가 들어 있으면 자린고비 행동을 하게 될 것이다. 또한 사냥꾼이 들어 있으면 돈을 사냥하러 쫓아다닐 것이고, 베짱이가 들어 있으면 게으르고 나태한 베짱이 짓을 할 것이다.

일확천금이 들어 있으면 한 방과 대박을 좇게 될 것이고, 돈에 대해 무지하고 너무 순진한 아이가 들어 있으면 돈에 대해 미성숙한 아기 같은 행동을 하게 된다. 어떤 성향이 강하냐에 따라 돈을 모으고 부자가 되기도 하고, 실패하고 가난해지기도 한다. 그 결과 돈에 대해 패자가 되어 일생을 끌려 다니기도 하고 돈의 위력을 실감하고 돈을 숭배하고 모시기도 한다.

재무심리와 유형(type) – 샘플 보기

재무심리에도 유형이 있다. 개인의 재무심리를 모양으로 나타내게 되면 여러 가지 모양과 생김이 다르게 나타난다. 그 모양과 생김에 따라 돈을 얼마나 가질 수 있는지, 부자가 될 수 있는지, 가난해지는지, 또 앞으로 돈에 대한 어떤 위험이 자신에게 다가오고 있는지 등을 알 수 있다.

〈재무심리유형 샘플 보기〉

이 사람의 경우 재무심리 모양이 그림과 같이 나오고 자신의 부의

크기가 3억 7천 8백만 원이고 돈의 발생위험의 크기는 66%로 낮게 나온다. 이런 모양의 경우 큰돈을 가지지는 못하지만 돈에 대해 실패 등의 위험은 낮아 안정적인 삶을 살 수 있다.

어떤 사람은 수백억의 마음을 가지고 있어 돈에 대해 강한 에너지를 발산하고 있고 어떤 사람은 돈에 무념하여 돈에 대한 에너지가 식어 있다. 부자가 되기 원하면 자신의 돈에 대한 마음을 바꿔야 한다.

2.부의 크기와 위험크기 산출내역
(Size of Wealth & Financial Risk)

구분	유형(type)	정도	기준	해당여부	파워지수(기준 100%) 위험지수(기준 100%)	부의크기
부의크기	모험가형	83%	60%	해당	55%	378,308,017원
	자린고비형	57%	60%	-		
	사냥꾼형	53%	60%	-		
	숭배형	30%	60%	-		
재무위험	유아형	57%	60%	-	66%	저 위험
	베짱이형	30%	60%	-		
	일확천금형	33%	60%	-		
	패자형	33%	60%	-		

이 사람의 경우 부의 크기의 파워지수는 55%로써 돈을 벌어도 새고 키우지 못해 45%가 사라진다. 따라서 자린고비성향과 사냥꾼 성향을 키워야만 부자가 될 수 있다. 반면 위험성향들은 아주 낮다.

종합적으로 자신의 특유의 재무심리로 인해 다가오는 돈의 위험은 모험가성향으로 인한 사업실패와 사냥꾼성향의 부족으로 투자 기회상실이 있고 자린고비 성향의 부족으로 자금누수의 위험이 있다. 이 점을 예방한다면 돈에 대한 실패는 없게 된다.

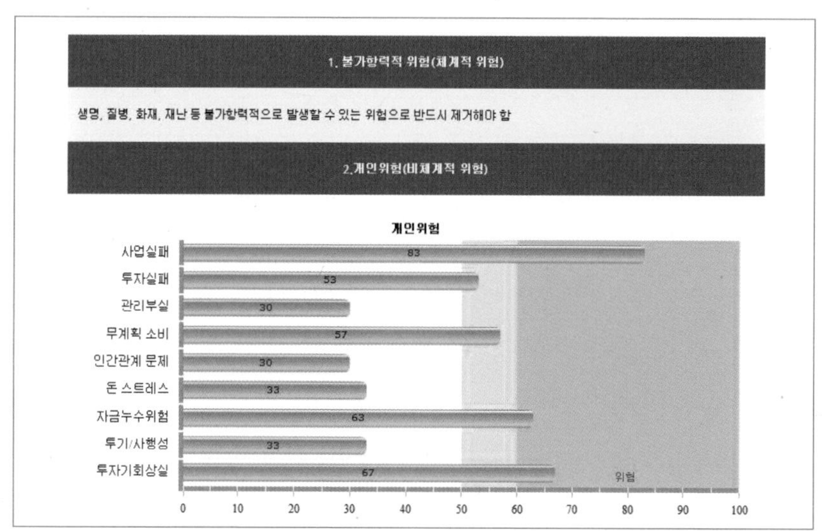

다양한 재무심리 유형 샘플 보기

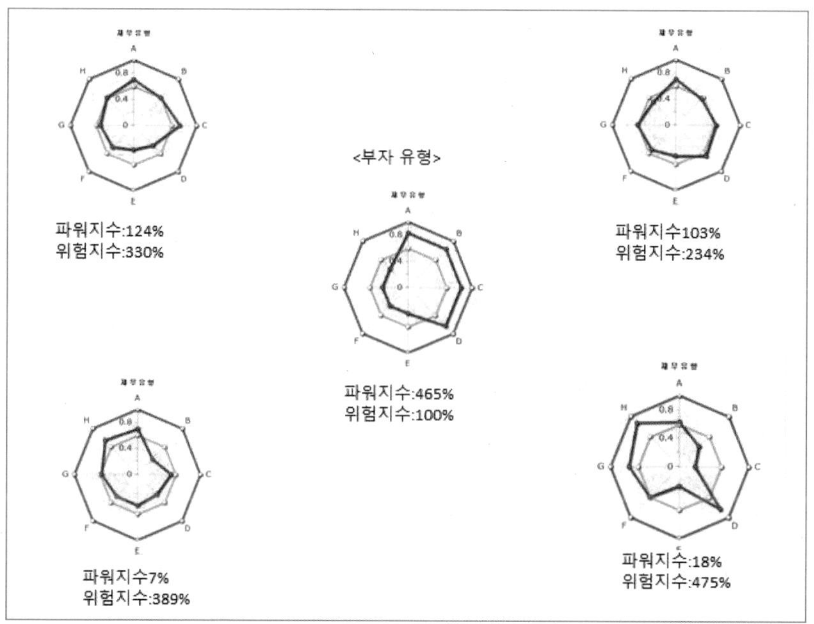

현재 자신의 재무심리의 모양에 따라서 자신의 부가 결정되고 위험의 정도가 잠재되어 있기 때문에 가운데 있는 부자의 모양으로 바꿔야 한다. 자신의 재무심리를 부자유형으로 바꾸는 데는 전문적인 도움이 필요하다. 재무 테라피스트의 전문적인 코칭을 통해 변화된다.

| Financial 13 Therapy |

재무유형별 속성 및 테라피

모험가형

[특징]

새로운 것에 호기심이 많고 도전하는 것에 두려워하지 않는다. 남에게 지기 싫어하며, 대범하고 가정적이기보다 성공 지향적이다. 사업가형이며 리더형이다.

모험가 성향이 강하면 강할수록 돈을 많이 벌려 하고 크게 벌려는 성향의 소유자라고 할 수 있다. 모험가형은 부자유형으로 큰 부자가 되기 위해서는 필요한 특성이다.

[재무행동 특성]

큰돈을 벌려고 하고 투자에 있어서 과감하고 위험을 감수하는 공격적인 투자를 한다. 또한 다른 사람을 믿고 투자를 맡기는 스타일로서 작은 것을 따지기를 싫어한다. 상품의 내용을 자세히 알기보다 중요 내용과 수익에 관심이 많다. 투자에 있어서도 경쟁심리가 발동하여 때로는 끝장을 보려는 경향도 있다. 새로운 것에 관심이 많고 도전적이어서 신상품에도 적극적으로 반응한다.

[재무위험]

이런 유형은 큰 것을 지향하고 도전적이고 진취적이라 큰 것을 이룰 수도 있지만, 그와 동시에 실패할 경우 오히려 큰 위험에 빠질 수 있다. 철저한 위험관리를 하지 않으면 자신과 가정에 큰 재무적 위험을 가져올 수 있다.

[재무 테라피]

① 세밀하고 치밀함을 키워야 한다.

② 실패와 위험관리능력을 반드시 키워야 한다.

③ 돈에 대한 지나친 욕심과 자신감을 절제하고, 차근차근 목표를 이루어나가는 것이 필요하다.

자린고비형

[특징]

자신의 욕구를 최대한 절제하려고 힘쓰며 돈을 모으는 형이다.

아주 현실적이며 미래에 대한 불안으로 돈을 헛되게 쓰지 않는다. 남들이 돈에 대해 인색하다고 이야기하고 짠돌이, 짠순이라고 한다.

돈을 모으는 재미를 알고 현재보다는 미래를 위해 저축한다. 이런 유형은 다른 사람들과의 관계에 있어 원활하지 못한 경우가 많다. 부자유형으로 부자가 되기 위해서는 필요한 특성이다.

[재무행동 특성]

재무적 특성으로는 남을 믿지 않는 특성이 있고 안전한 장기 저축 위주의 삶을 산다. 투자를 하더라도 아주 신중하고 보수적이다. 상품을 고를 때에도 철저히 살펴보고 알아본다.

[재무위험]

안전한 저축 위주와 보수적인 투자로 인해 투자의 기회를 놓치기도 하고 전문가의 도움 없이 자신이 스스로 금융상품을 알아보고 가입하기 때문에 잘못 선택하거나 중복의 위험이 있을 수 있다.

[재무 테라피]

① 돈을 안 쓰다 보니 대인관계의 문제가 발생할 수 있으니 남을 배려하는 마음을 가져야 한다.

② 자신과 가정의 미래의 재무적인 불안을 재무설계사의 도움을 받아 구체적인 재무목표를 세우고 착실히 준비함으로써 불안을 해소하는 것이 바람직하다.

③ 투자에 아주 소극적이고 저축 위주의 재무활동을 전문가의 도움을 받아 안정적인 포트폴리오 투자를 통해 돈을 불리는 데 관심을 가져야 한다.

④ 좀 더 심해지면 숭배형으로 진행되어 돈이 사람보다 더 좋아지게 되면 진정한 행복을 잃을 수 있으므로 균형을 유지해야 한다.

⑤ 사업가의 경우 가정과 사업의 경제를 분리하여야 한다.

⑥ 전문가의 도움을 받아 철저한 재무관리가 필요하다

⑦ 투자성향이 공격적이라 위험을 분산하는 포트폴리오 전략을 세워 투자해야 한다.

⑧ 중소기업 사장이나 자영업자의 경우 돈을 직원에게 믿고 맡기지 말고 자신이 관리하여야 한다.

⑨ 주위를 돌아보며 작은 나눔을 실천해보는 것이 필요하다. 우선 가족이나 형제 친척들에게 시작하는 것이 자신의 삶을 바꾸게 된다는 것을 경험할 필요가 있다.

사냥꾼형

[특징]

항상 어떻게 하면 돈을 많이 벌 수 있는지 고민하고 투자정보에 민감하며 돈을 잡으러 쫓아다니는 투자나 재테크 등에 관심이 많은 유형이다. 부자유형으로 부자가 되기 위해서는 돈을 키우고 불리는 이 특성이 필요하다.

[재무행동 특성]

안전한 저축보다는 투자에 관심이 많고 적극적이다. 투자에 대해 연구하고 공부하고 나름대로 자신의 투자원칙을 가지고 있다. 고수익 투자 상품에 관심이 많고 주식, 부동산에 투자한다.

[재무위험]

투자 일변도의 포트폴리오 때문에 자신의 재무상황이 위험에 노출되어 있고 투자의 실패는 곧 자신과 가정의 경제적 큰 어려움을 가져온다. 전문가의 조언을 무시하고 직접 투자하여 낭패를 보기도 한다. 때로는 충동 매수와 불확실한 정보를 좇아가다 큰 손해를 본다.

[재무 테라피]

① 정확하고 충분한 투자나 재테크 등에 대한 지식을 키워야 한다.

② 투자에는 반드시 위험이 따른다는 것을 인지하여야 한다.

③ 항상 긴장된 생활을 해야 하기 때문에 정신적 스트레스로 지치고 심하면 정신적 장애가 올 수 있다.

④ 직접투자보다는 간접투자를 하고 본인의 일에 충실히 하는 것이 건전한 재무활동이라는 것을 알고 실천해야 한다.

⑤ 투자 이전에 재무 설계가 우선되고 그 안에서 투자전략이 세워져야 한다.

숭배형

[특징]

돈이 최고이고, 많으면 많을수록 좋고, 돈이면 안 되는 것이 없으며, 때로는 돈이 신보다 더 강력하다고 생각하는 유형. 부자의 유형으로 지나치면 안 되지만 돈의 중요성과 가치를 아는 것이 필요하다.

[재무행동 특성]

저축이든 투자이든 손해를 보는 것은 참을 수 없으며 자신의 생명처럼 생각한다. 맹목적으로 돈을 우상시하고 좇아 투자나 돈을 버는 데 있어 수단과 방법을 가리지 않는다.

[재무위험]

돈을 숭배하고 좇다 보니 사람들의 관계가 다 깨어지고 악화된다. 돈은 가질 수 있으나 사람을 잃게 된다.

[재무 테라피]

① 어느 정도의 돈을 중요시하는 경향이 있어야 부자가 되지만 너무 지나치지 않는 균형감을 가져야 한다.

② 돈은 숭배하는 대상이 아니라 다스리는 대상이고 돈이 인생의 목적이 아니라 단지 수단임을 명심해야 한다.

③ 돈이 많으면 주위가 썩고 죽는다는 것을 알아야 한다. 특히 자식들의 재무심리에 장애가 오게 되어 건전한 재무활동을 하지 못해 문제를 일으키게 된다.

④ 재무심리 치료를 위한 전문가 상담 필요.

패자형

[특징]

현재 돈으로부터 고통을 받고 있으며 경제적으로 삶이 어려운 상태에 있다.

[재무행동 특성]

투자나 저축은 생각지도 못하고 부채 해소가 주 관심사이다.

[재무위험]

현재 경제적 문제 때문에 미래에 대한 준비가 안 되어 미래에도 경제적 위험이 오게 된다. 가족 모두가 돈으로부터 고통받고 있으며 특히 자녀의 재무심리형성에 악영향을 주어 가난의 대물림으로 이어질 수 있다.

[재무 테라피]

재무 설계사와 상의해서 종합적인 재무점검과 설계를 해야 하고 현재의 재무문제를 해결하는 솔루션을 찾아 즉각 실행하는 것이 필요하다. 또한 가족의 재무심리치료를 통해 건강한 재무심리를 가질 수 있도록 하여야 하고, 특히 자녀의 재무심리치료가 절실히 필요하다.

일확천금형

[특징]

빨리 큰돈을 벌어 멋진 인생을 살고 싶어 하는 유형.

가난의 유형으로 일확천금형은 반드시 제거되어야 한다.

[재무행동 특성]

조금씩 차근차근 버는 것은 성에 안 차고 한 방에 큰돈을 얻으려고 고수익 고위험에 투자한다. 장기 상품보다는 단기 상품에 투자하고 남에게 맡기기보다 자신이 직접 투자하는 경우가 많다. 주식, 선물, 옵션, 도박 등에도 쉽게 빠질 수 있다.

[재무위험]

빨리 벌려다 위험을 간과하여 오히려 큰 손해를 보고 큰돈을 좇는 고위험 상품에 투자하여 큰돈을 날려 패가망신하기도 한다.

[재무 테라피]

① 반드시 자신에게 있는 일확천금의 속성을 개선해야 한다. 그렇지 않으면 사업이나 가정경제에 큰 위험이 오게 된다.

② 모든 일에 서두르지 말고 무리하게 욕심내지 않고 차근차근 한 단계씩 진행하는 것이 필요하고, 투자 시에는 기다릴 줄 알고 적절한 수익을 목표로 하는 전략이 필요하다.

③ 반드시 전문가에게 사업이나 가정 그리고 투자의 위험에 대해 조언을 받는 것이 필요하다.

④ 재무심리 치료를 받아보는 것이 필요하다.

베짱이형

[특징]

어려운 것을 싫어하고 쉽게 돈을 벌어 편하게 살고 싶어 하는 유형. 가난의 유형으로 제거하지 않으면 가난을 불러오게 되므로 반드시 제거해야 한다.

[재무행동 특성]

이것저것 알아보는 것을 귀찮게 생각하고, 알아서 잘해달라고 하며, 믿고 맡긴다. 투자에 있어 본인이 직접 하지는 않지만 쉽게 돈을 벌 수 있는 상품에는 관심이 많고 투자하고 싶어 한다.

[재무위험]

이것저것 따지지 않고 남에게 맡기다 보니 투자 상품이나 보장상품 등의 중복과 위험분산이 안 되어 있어 큰 손해를 볼 위험이 있다.

[재무 테라피]

① 편하고 게으른 본성을 없애야 한다.

② 열심히 일하고 땀 흘려 노력해야 건강하게 돈을 벌 수 있음을 알아야 한다.

③ 돈에 대한 악착스러움과 끈기를 키워야 한다.

④ 자신과 가정의 꿈과 목표 그리고 돈의 목표를 명확히 하여 일을 열심히 해야 하는 이유를 만들어야 한다.

⑤ 전속 재무설계사를 두어 자신과 가정의 재무목표를 설정하고 관리를 받고 적절한 투자조언을 받는 것이 필요하다.

유아형

[특징]

돈의 무서움과 어려움을 잘 모르고 돈에 대해서 아이 같은 행동을 하는 사람이다. 어렵고 복잡한 것을 싫어한다. 자신의 미래에 대해서 낙관적이다. 여성에게 많이 나타나는 유형이다. 또순이형보다는 공주형이다. 지나친 유아형은 가난을 불러온다.

[재무행동 특성]

돈 문제가 생기면 스스로 해결하기보다 부모 형제에게 의존한다. 돈을 알뜰하게 모으고 불리기보다는 돈을 쓰기를 좋아한다. 현실의 행복을 위해 지출을 하고 미래에 대해 준비하는 것이 부족하다. 주 관심사가 외식, 여행, 쇼핑이다. 사고 싶은 물건을 못 사면 화가 난다.

때때로 미래에 대해 걱정은 하지만 실행이 잘 안 된다. 숫자나 이자율 등 계산하기를 싫어한다. 남들의 말에 쉽게 넘어가기도 하고 충동구매를 하기도 하고 후회한다. 금융상품을 가입하는 것도 충동적으로 하지만 쉽게 해약하는 유형이다.

[재무위험]

체계적이고 합리적이지 못한 소비습관으로 인해 미래를 위한 저축이 부족해질 수 있고 항상 돈에 허덕이게 될 수 있다.

[재무 테라피]

① 우선 돈의 무서움에 대한 인식이 필요하다.

② 철저한 예산을 세워 수입 지출을 관리하는 것이 필요하다.

③ 미래에 반드시 다가오는 자신과 가정에 필요한 재무목표들을 파악하고 철저히 대비하는 것이 필요하다.

④ 자신이 절제와 통제를 하지 못하므로 재무전문가의 도움을 받아 자신과 가정의 미래를 설계하고 실행할 수 있도록 해야 한다.

무차별형

[특징]

모든 유형에 다 해당되는 유형.

돈에 대해 욕심도 있고 가지고 싶고 좇기도 하고 모으기도 하지만, 방법이 게으르고 일확천금의 방식이라 실패하게 되어 돈의 아픔을 경험하여 돈이 인생에서 제일 중요하다는, 돈의 위력을 절감하며 힘들게 살고 있다. 돈에 대해 좌충우돌하는 유형.

[재무행동 특성]

이것저것에 투자하기도 하고 보장상품에 가입했다가 해약하기도 하고 금융상품의 종류를 가리지 않고 여유만 되면 하려고 한다.

[재무위험]

현재의 재무 상태를 정확히 점검하고 재설계하여 위험을 제거하지 않으면 미래에 더 큰 재무 위험에 빠질 수 있다.

[재무 테라피]

① 전속 재무설계사를 정하고, 전문가와 함께 자신과 가정을 위한 재무 상태를 종합적으로 점검하여 현재의 경제 문제의 해결방법을 찾는 것과 동시에 미래를 위한 재무설계를 동시에 종합적으로 실행해야 한다.

② 자신이 가지고 있는 베짱이, 일확천금, 유아형의 속성을 제거해야 하고, 이 속성이 실패를 반복시킨다는 것을 알아야 한다.

③ 재무심리전문가와 상담 필요.

무념형

[특징]

어떤 유형에도 속하지 않는 유형.

전반적으로 돈에 대한 욕심이 적고 소극적인 사람이다. 성직자나 공무원 등 청렴형에 어울린다.

[재무행동 특성]

재무목표의 금액이 크지 않고, 저축위주의 활동을 하며, 아주 소극적인 투자만 한다. 돈을 벌기보다는 안 쓰는 특성을 가지고 있다.

[재무위험]

이런 마음으로는 돈이 많은 부자는 되기 어렵고, 오히려 현실적으로 상대적으로 돈이 적은 청빈한 생활을 할 확률이 높다.

[재무 테라피]

① 현실에서 잘살아 가려면 돈의 현실성을 인식해야 한다.

② 큰 부자는 아니더라도 인생에 꼭 필요한 돈에 대해 알고 그것을 열심히 준비해야겠다는 의지를 가져야 한다.

③ 돈에 대해 좀 더 악착같고 끈기를 길러야 한다.

④ 재무설계사의 도움을 받아 자신의 재무목표를 구체화시키고 표준화시킬 필요가 있다. 남들과 비교하여 보통수준의 인생 필요자금 준비라도 하는 것이 필요하다.

개인의 재무심리는 단일속성의 유형으로 나오기보다 여러 가지 속성이 함께 나타나는 복합유형의 모양으로 나타난다. 결국은 자신 안에 있는 돈에 대한 다중 성향과 본능적인 욕구의 정도에 따라 다양하게 표출되기 때문이다. 예를 들면 모험가성향과 사냥꾼성향이 만나면 투자로 돈을 크게 벌려는 마음이 작동하여 투자를 하게 되고 여기에 일확천금의 성향이 가세하면 단시간에 큰 수익을 추구하기 때문에 고수익 고위험의 투자를 하게 된다. 또 모험가형과 유아형이 만나면 크게 돈을 잘 쓰며 살기를 원하는 마음으로 현재를 즐기는 데 집중한다. 여기에 베짱이형과 일확천금형이 가세하면 쉽게 큰돈을 벌어 편하고 폼나게 살고 싶은 마음이 강해 삶이 현실적이지 못하고 허황된 일들을 하게 되는 것이다. 이제 여러분들의 내면에 자리잡고 있는 재무심리가 건강한지 아닌지가 중요하다. 자가 점검 및 NPTI 검사를 통해 알아보고 치료하는 것이 필요하다.

유형별 사례

사례 1

선물 옵션 투자로 10억을 번 사람이 잘 다니던 대기업 과장을 그만두고 전업 투자의 길로 들어섰다. 3년 뒤에 다 날리고 개인파산 신청을 하였다. 왜 그럴까?

〈재무심리 진단〉

이 사람은 일확천금형과 사냥꾼형이 가득하고 모험가의 성향이 지배했기 때문이다. 절대 남의 말을 듣지 않고 자신만의 투자 성공의 원칙을 가지고 있고 거기에다 동물적 감각까지 가지고 있다고 자신했던 사람이다.

만약 이 사람에게 자린고비적인 성향이 크게 있었다면 어땠을까?

10억이란 돈이 한꺼번에 들어오니 크게 보이지만 실제 대기업에서 정년 때까지 근무했다면 들어오는 수입을 포기할 정도의 큰돈은 아니기 때문에 성급하게 행동을 하지 않을 것이다. 이와 유사하게 로또가 당첨되면 바로 직장을 그만두는 것이 유사한 심리적 작용에 의해 일어나는 것이다.

사례 2

아내는 가정을 위해 열심히 돈 벌고 고생하는데 세상에 급한 것이 없고 느리고 잠만 자고 일하지 않고 무슨 일을 하더라도 지속하지 못하고 쉽게 그만두는 남편.

〈재무심리 진단〉

이 남편의 유형은 베짱이형이 아주 강하다. 또한 재무장애로는 의존증이 나타난다. 아무리 이야기하고 잔소리해도 열심히 일하지 않는다. 그 이유는 자신 안에 큰 베짱이가 들어 있기 때문이다. 그로 인해 일을 해야 하는 이유가 없고 안 해도 살 수 있으니까 그러는 것이다.

이런 유형은 불이 나야만 깜짝 놀라 나가게 되므로 주위의 가족이나 아내는 남편의 정신에 불이 나도록 극단의 조치를 취해야 한다. 게으른 속성과 의존성이 있는 사람을 만나면 인생이 힘들어진다.

사례 3

조그만 기업에서부터 그룹회장까지 급성장하다 어느 날 하루아침에 망하게 되는 사람.

〈재무심리 진단〉

이 사람은 모험가형이며 일확천금형이 아주 강한 사람이다.

돈을 권력이나 힘으로 보고 많으면 많을수록 좋은 숭배형의 성향을 가지고 있다. 그래서 만족이 없고 더 가지고 더 키우려고 인수 합병 등으로 확장하다가 실패하게 된다.

사업을 하는 사람들은 항상 자신의 마음속에 이러한 것들을 알고 절제할 수 있도록 하고 자신 마음대로 결정하기보다는 조직적이고 시스템적으로 의사 결정할 수 있도록 하고 철저한 위험관리 능력을 겸비해야만 한다. 또한 보이는 외형의 크기보다는 실속을 중시하는 마음으로 전환하는 것이 필요하다.

사례 4

돈에 대한 욕심이 없고 작은 것에 만족하며 열심히 사는 사람.

〈재무심리 진단〉

이 사람은 무념형에 속하고 더 강하면 성직자의 유형으로 분류된다.

이 사람의 마음에는 돈에 대한 애착이 부족하고 악착스런 면이 없다. 그래서 가족이 모두 같은 가치관으로 산다면 문제가 없지만 다른 가족 특히 부인이 부자가 되고 싶어 한다면 갈등의 요소가 되는 것이다. 이런 사람은 공무원, 경리, 관리직, 성직자 등이 어울린다.

사례 5

돈을 자신이나 남을 위해 절대 쓰지 않고 모으는 사람.

〈재무심리 진단〉

이 사람은 근원적인 원인은 미래에 대한 불안이 크고 그로 인해 저소비 장애가 나타난다. 마음에는 자린고비가 가득하다. 결국에는 돈 때문에 가족부터 시작하여 주위사람들과의 관계가 악화되어 외톨이가

된다. 그러다 보니 또 돈에 더 애착이 가고 모으는 재미에 빠지게 되는 것이다

이런 사람은 근원적인 미래의 경제적 불안을 해소하는 것이 제일 중요하다. 미래의 다가오는 돈 문제를 너무 크게 보고 현실을 직관적으로 보기 때문이다. 전문가의 도움을 받아 미래의 경제적 불안을 재무목표로 세우고 하나씩 제거하는 것이 필요하고 본인 스스로가 편안해 질 때 까지 문제를 제거하고 제거해주는 것이 필요하다.

형제의 아내 중 누구 한 명이 이러한 성향이 강하게 나타나면 우애가 깨지는 경우가 많다. 이런 사람을 욕하기보다 이해하고 도와주는 마음이 문제 해결에 도움이 된다.

사례 6

쇼핑하기를 좋아하고 여행 다니기 좋아하고 돈 쓰지 못하면 짜증나고, 절약하라고 하면 짜증내고 남편보고 돈 더 벌어 오라고 하고 골치 아픈 것 딱 질색인 아내.

〈재무심리 진단〉

이런 아내는 유아형의 특성이 강하다. 아이처럼 미래보다는 현재에 충실하고 절제력이 약하다. 돈만 많으면 아주 우아하게 공주처럼 살 수 있는 사람이지만 현실에서 쉽게 될 수는 없다.

돈에 대해 좀 더 성숙해질 필요가 있고 절약의 기쁨과 절제를 통한 성숙함을 키울 필요가 있다. 자신과 가정의 재무적 위험을 인식하고 철저하게 준비하는 재무심리 테라피를 받는 것이 좋다.

| Financial 14 Therapy |

재무행동 장애Disorder 치료

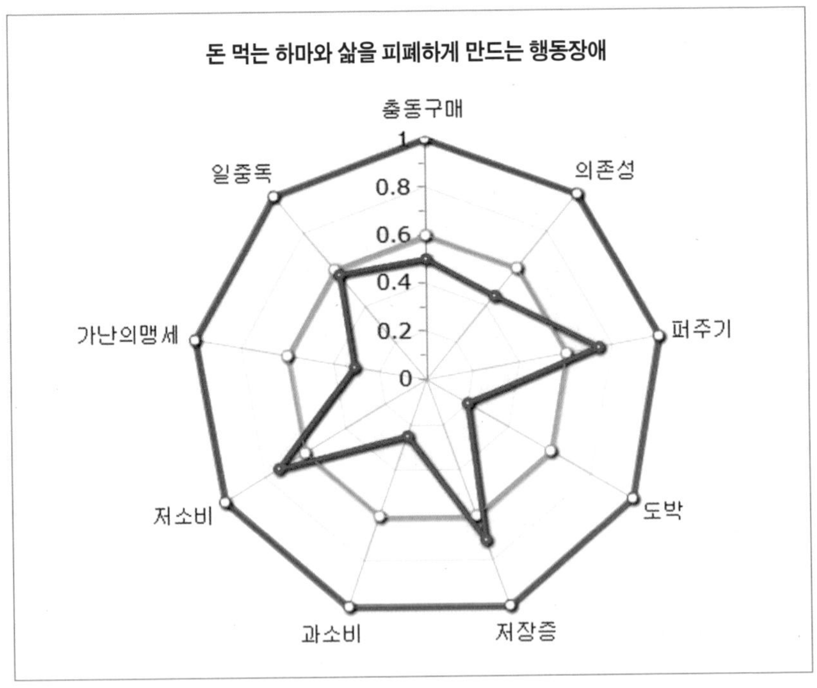

재무행동 장애

재무장애란 건강하지 못한 재무심리로 인해 건전한 재무활동이 일어나지 못하고 오히려 잘못된 재무행동들을 유발시켜 돈을 무분별하게 유출하여 재정 상태를 악화시키거나 오히려 돈을 모으고 쓰지 않기 위해 정상적인 삶을 살 수 없게 하는 행동들이다. 재무장애에는 충동구매, 과소비, 저장증, 퍼주기, 저소비, 가난의 맹세, 일 중독, 도박, 의존증 등 총 9개의 장애가 있다.

충동구매

사전적 의미로는 물건을 살 필요나 의사 없이 물건을 구경하거나 광고를 보다가 갑자기 사고 싶어져 사는 행위라고 정의한다. 또한 경제용어로는 소비자의 구매행동의 하나로써 기분이나 감각에 따라 재화나 서비스를 소비하는 행태를 말하며, 1990년대 초부터 소비의 다양화, 개성화, 분산화 경향에 따라 사회적 규범이나 가치관보다는 단순히 좋고 싫음이라는 감성에 따라 선택하는 경향으로 나타났다.

충동구매의 원인은 미래에 대한 인식에 기인한다. 자신의 미래가 아주 낙관적이고 풍요로울 것이라는 막연한 생각은 자신의 소비행위를 현재에 집중하게 하여 미래를 위한 저축보다는 소비를 하게 한다. 반면에 미래를 비관적으로 생각하고 재정적으로 불안해하게 되면 소비를 위축시키고 돈을 쓰지 못하고 모으는 저소비로 가게 만든다.

또 다른 충동구매 주요원인은 심리 마케팅이 원인이라고 할 수 있다. 생산자 입장에서는 제조한 물건의 전량판매가 목적이 된다.

현대 마케팅은 고객의 눈길을 끌기 위해 마케팅 혁신이 일어나고 있다. 고객의 심리를 분석하고 그 심리를 충동질하여 구매하게 만드는 고도의 심리전략이 마케팅에 이용되고 있다. 때로는 감성 마케팅이라는 미사여구로 사용되기도 하지만 소비자들이 충동적으로 구매하도록 하는 데 목적이 있다.

그뿐만이 아니라 광고 또한 충동구매를 유발한다. 사람들의 눈이 가는 좋은 장소, 지면, 또는 TV 시간대에 여지없이 광고가 자리 잡아 사람들의 구매의욕을 충동질한다. 또한 홈쇼핑 방송의 쇼핑호스트의 현란한 멘트가 시청자들을 충동구매를 하게 만든다.

인터넷의 발달과 SNS의 발달로 스마트폰 등을 통한 물품 구매 또한 충동구매를 쉽게 만들고 있다. 재무심리 측면에서 충동구매는 돈을 내버리는 속성으로 자신과 가정경제에 재무위험을 증대시키는 영향을 한다.

therapy

충동구매를 치료하기 위해서는 우선 자신과 가정의 종합적인 재무목표를 세우고 그 목표 달성을 위해 철저한 예산관리 시스템을 구축하여 자신의 수입과 지출을 계획적으로 실천하는 것이 필요하다. 가계부 작성은 반드시 필요하고 가능하면 손으로 기록하는 가계부 작성을 권고한다. 그 이유는 하루하루의 수입,지출을 기록하면서 자신의 돈의 흐름을 실시간으로 파악하는 인지능력을 키우고 체득시키는 것이 가장 중요하기 때문이다. 그러다 보면 계획적인 수입지출 습관이 귀찮은 것이 아니라 즐거움으로 바뀌는 것이다. 이러한 습관은 자식에게도 좋은 영향을 주어 건강한 재무심리를 대물림할 수 있는 것이다.

과소비

소득에 비하여 소비가 지나치게 많은 경우를 말한다. 소득의 범위를 넘어서는 절대적 과소비뿐만 아니라 소비가 소득을 넘어서지는 않는다고 할지라도 소득에 비하여 소비가 지나치게 많은 경우도 과소비에 해당한다.

이러한 과소비는 가계나 자신의 경제생활을 불안정하게 할 뿐만 아니라 국민경제 전체적으로도 인플레이션을 유발할 우려가 있다. 특히 외제 상품에 대한 지나친 소비는 경상수지 적자의 주요한 원인이 되기도 한다.

재무장애에서의 과소비는 첫째, 자신의 재무상태가 수입보다 지출이 많은 적자상태 상태를 말한다. 둘째, 적자경제는 아니지만 소득에 비해 소비가 지나치게 많은 경우를 말한다. 과소비의 주원인은 계획 없는 경제행위에 있다. 사전에 계획하고 예산을 세워 예산범위 내에서 구매하는 건강한 소비행동이 아니라 무계획적인 소비가 주원인이다.

재무심리 측면에서 과소비는 돈을 내버리는 속성으로 자신과 가정경제에 재무위험을 증대시키는 영향을 한다.

therapy

과소비를 치료하기 위해서는 우선 자신과 가정의 종합적인 재무목표를 세우고 그 목표달성을 위해 철저한 예산관리시스템을 구축하여 자신의 수입과 지출을 계획적으로 실천하는 것이 필요하다.

가계부 작성은 반드시 필요하고 가능하면 손으로 기록하는 가계부작성을 권고한다. 그 이유는 하루하루의 수입지출을 기록하면서 자신의 돈의 흐름을 실시간으로 파악하는 인지능력을 키우고 체득시키는 것이 가장 중요하기 때문이다. 그러다 보면 계획적인 수입지출 습관이 귀찮은 것이 아니라 즐거움으로 바뀌는 것이다. 이러한 습관은 자식에게도 좋은 영향을 주어 건강한 재무심리를 대물림할 수 있는 것이다.

저장증

강박장애의 일종으로 저장강박장애, 저장강박증후군 또는 강박적 저장증후군이라고도 한다. 어떤 물건이든지 사용여부에 관계없이 계속 저장하고, 그렇게 하지 않으면 불쾌하고 불편한 감정을 느끼게 된다. 이는 습관이나 절약 또는 취미로 수집하는 것과는 다른 의미로 심한 경우 치료가 필요한 행동장애로 본다.

그 원인은 확실하지 않지만 현재로써는 가치판단 능력과 의사결정 능력이 손상되었기 때문으로 판단한다. 어떤 물건이 자신에게 필요한 것인지, 보관해 두어야 할 것인지 버려도 될 것인지에 대한 가치평가를 쉽게 내리지 못하고 일단 저장해 둔다는 것인데, 의사결정 능력이나 행동에 대한 계획 등과 관련된 뇌의 전두엽 부위가 제 기능을 못 할 때 이런 증상을 보이는 것으로 알려져 있다.

미국의 심리학자 랜디 프로스트Randy O. Frost와 게일 스테키티Gail Steketee가 저장강박 증세의 사례를 연구하여 공저한 '잡동사니의 역습Stuff-Compulsive Hoarding and the Meaning of Things'에 따르면, 저장강박에 관해서는 정상과 비정상의 경계가 모호하다.

물질주의자들은 소유물을 성공과 부를 과시하는 외면적 징표로 이용하는 반면, 전형적인 저장강박 증상자는 공적 정체성이 아니라 내면의 개인적 정체성을 확보하기 위하여 물건을 저장하며, 그들에게 물건은 세상 사람들에게 보여주고 과시하는 장식적 허울이 아니라 정체성의 일부라는 것이다.

치료는 우울증 치료제로 개발된 세토로닌(강박증에 영향을 미치는 신경전달물질) 재흡수 차단제를 사용하여 신경을 안정시키는 방법이 있는데, 다른 강박장애보다 치료가 쉽지 않은 것으로 알려져 있다. 한편 '실험사회심리학저널Journal of Experimental Social Psychology'에 실린 미국 뉴햄프셔대학의 연구결과에 따르면, 주변 사람들에게 사랑과 인정을 충분히 받지 못한 사람이 물건에 과도한 애착을 쏟기 쉬우며, 인간관계에서 안정을 찾고 충분히 사랑받고 있다는 느낌을 갖게 되면 이러한 저장강박 증상은 자연스럽게 사라질 수 있다고 한다.(출처: compulsive hoarding syndrome, 貯藏强迫症 두산백과.)

실제 사례를 들어보면 SBS 스페셜 '저장 강박증'에선 물건 수집뿐만 아니라 버려진 개들이 불쌍해서 집안에 들이다가 결국 근 50마리에 가까운 유기견을 데리고 사는 참으로 착한 저장강박 환자도 소개되었는데, SBS 스페셜 '저장 강박증'에서 다룬 환자들의 특징은 이렇다.

저장강박은 자기 의지와 관련 없다는 점에서 '강박적 정신병'이고, 물건을 버리지 못해서 집에 쌓아둔 사람은 결국 생계도 어려워져서 라면으로 끼니를 때우기 마련이어서 덩달아 건강도 악화되게 된다. 이런 사람의 특징은 '의사 결정의 확고함'이 결여된 경우가 많다.

저장 강박증이 생기는 배경에는 과거 깊은 상실감이나 배신으로 인한 마음의 상처가 있다. 상실감을 치유하려는 왜곡된 방편으로 물건에 대한 집착증이 발동하는 것이다. 물건을 계속 집어오는 환자 가운데에는 과거에 아내가 자신을 떠나버렸거나 어떤 불행한 일로 생계가 막연해진 경우가 있다. 그래서 물건을 버리지 못하는 것이라 하고, 유기견을 보호하는 강박 환자의 경우는 과거에 사람에게서 받은 상처(빚보증을 여러 번 섰다가 속았다고 한다.)에 대한 분노로 "동물은 사람을 속이지 않는다."는 이유가 작용했다고 한다.

[재무심리 측면]

재무심리 측면에서 저장증은 현상이고, 그 내면의 정신과 영혼의 맑고 깨끗하지 못함으로 인해 물건이 쌓이고 지저분해지는 현상이 발생한다고 정의한다.

이러한 저장증은 몇 가지 측면에서 고려될 수 있는데 첫째, 물건에 경제적 가치에 의미를 부여하여 아까워 버리지 못하는 것이다. 또한 충동구매, 과소비 등의 결과로 집안 구석구석 물건들이 쌓여 있게 된다.

둘째, 과거의 추억에 사로잡혀 오래된 물건에 대한 집착이나 애착 등으로 버리지 못하는 경우이다. 하지만 이 또한 표면적인 이유는 추억이지만 내면적으로 보면 과거에 생각이 매어 있다는 것에 주목해야 한다. 주로 과거는 우리에게 후회와 미움 등 마음의 상처를 주게 되어 미래를 향해 나아가는 데 발목을 잡는 경우가 많다. 아무리 아름다운 추억이라도 과거는 과거일 뿐, 보다 밝은 미래를 위해 마음속에 추억 대신 꿈과 희망, 열정 등을 채우는 것이 삶을 변화시키는 원동력이 된다.

재무심리에서는 어떠한 이유이든 저장증의 현상은 복잡한 정신상태를 그대로 반영하고 있다고 본다. 복잡하고 정리·정돈되지 않은 정신상태는 생활 속에서 많은 위험을 가져오게 되므로 반드시 자신의 정신적 영적 상태가 복잡하다는 것을 인식하고 주위를 정리·정돈하여 삶 전체를 깨끗하고 정리·정돈된 삶을 살도록 해야 한다.

실제 상담사례에서도 보면 대구의 한 상담자는 저장증이 나타나 이것에 대한 이유와 위험 등을 상담한 결과 오랫동안 정리하지 않았던 옷장부터 정리하고 버릴 것은 버리고 집안 전체가 깨끗하게 되고 집안 공기가 달라졌다고 자신의 변화를 알려온 사례도 있다.

퍼주기

재무심리에서 퍼주기는 자신이나 가정의 형편을 살피지 않고 남의 돈 요구나 부탁에 거절하지 못하고 돈을 빌려주거나 기부하는 것을 말한다. 이런 사람들의 특성은 남에게 좋은 사람, 선한 사람으로 기억될지는 몰라도 정작 가정에서는 실속 없는 사람으로 인식되고 가정형편을 어렵게 만들기도 한다.

퍼주기는 요약하면 주고 욕먹는 경우라고 할 수 있다. 퍼주기는 상대방에게 의존성을 키우게 하여 필요하면 지속적으로 부탁하게 만든다. 그러다 도와주지 않으면 그전까지 도와주었던 것은 다 사라지고 오히려 그럴 수 있냐는 식으로 욕하며 불평하고 관계가 악화되는 경우가 허다하다.

이러한 퍼주기는 비단 남들과의 관계에 국한되는 것이 아니라 가족관계에도 동일하게 적용된다. 부모가 자식의 요구를 다 들어주다 보면 어느새 자식은 독립성을 잃고 부모에게 경제적으로 완전히 의존하게 된다. 이런 생활이 오래되면 오래될수록 고치기 힘들고 오히려 뒤늦게 고치려 하면 자녀는 반발하고 오히려 큰 갈등을 초래하여 가정의 심각한 문제를 가져오기도 한다. 왜냐하면 자녀의 경제적 자립을 부모의 퍼주기가 방해하고 오히려 노력 없이 돈을 받아 누렸기 때문에 그 누림이 중단되면 자식은 견딜 수가 없는 것이다.

퍼주기의 반대개념은 나누기이다.

나누기는 우선 자신과 가정을 위해 먼저 준비하고 자신의 필요를 충족하기 전까지는 조그만 기부나 선행을 위주로 하고 자신이 준비가 된 후에는 남들을 위해 계획된 범위 내에서 꼭 필요한 사람이나 필요한 곳에 자발적으로 기부하는 것이다. 나누기는 도와주고 정말 감사하다는 말을 듣게 되고 상대방의 자립에 도움을 주고 자신도 아름다운 부자로 만들어가는 필수 행위이다. 나눔은 마중물의 역할을 하고 고인 물을 썩지 않게 하는 생명수 역할을 한다. 재무심리 측면에서 퍼주기는 돈을 내보내는 역할을 한다.

저소비

과소비의 반대의 뜻으로 살면서 꼭 필요한 지출까지도 하지 않으려는 행동을 말한다.

저소비의 원인은 자신의 삶의 미래가 풍요롭다거나 잘될 것이라는 낙관적 경향보다는 비관적 경향이 크게 작용하고 궁극적으로는 경제적 불안과 미래의 두려움으로 인해 발생한다. 심하면 돈을 안 쓰기 위해 굶기도 하고 아파도 병원도 가지 않는다. 이러한 저소비는 자신의 삶을 황폐하게 만들고 남들과의 관계도 악화시키며 고립화시킨다.

재무심리 측면에서의 접근은 '왜 돈을 안 써? 너무 짠돌이야, 찔러도 피 한 방울 안 나오겠다.' 등의 질책이 아니라, 그 사람의 내면의 불안과 두려움을 보고 그것을 이해하고 불안을 해소해주려는 노력이 필요하다. 재무심리전문가는 막연한 두려움을 하나씩 드러내어 재무목표로 만들어주고 그것을 제거해주는 계획과 실천을 도와주는 것이 바람직하다.

또한 저소비 증상의 사람에게 이것이 장애란 것을 인식시키고 고치는 것이 바람직하다는 것을 인식시켜야 한다. 이러한 증상이 심하면 가족과 친척들 간에 관계의 악화와 갈등의 원인이 되기도 한다.

형제가 많은 집에 저소비가 심한 며느리가 있다면 돈을 쓰지 않고 나누지 않는다고 동서들과 친척들 사이에 말이 많게 된다. 재무심리를 알고 저소비가 장애라는 것을 이해할 필요가 있고 장애를 고칠 수 있도록 이해와 배려가 필요하다.

저소비는 돈을 꽉 잡는 속성을 가지고 있다.

가난의 맹세

한마디로 돈을 많이 가지는 것을 불편해하고 돈이 있으면 남들에게 나누어주고, 봉사나 헌신에 가치를 두고 자신의 일의 가치가 대가가 아니라 사명감으로 한다. 돈을 버는 방법도 아주 정의롭게 돈을 벌어야 한다고 생각한다. 이러한 사람들의 특징으로는 다음과 같다.

- 돈을 많이 가지고 있으면 동료나 가족들로부터 멀어지게 된다고 생각하고 자신이 하는 일에 대해 대가로 돈을 받는 것에 대해 죄책감을 느낀다. 자신의 일에 돈보다는 사명감으로 일을 하고 그 분야의 평균 이하로 해야 순수한 의미가 있다.
- 돈을 많이 가지는 것을 정당화하기 위해서는 많은 돈과 시간을 남에게 줘야 한다고 믿는다.
- 돈을 가지는 것에 대해 부끄럽거나 죄책감을 느낀다.
- 자신이나 가족들을 위해 가지고 있는 은퇴나 비상자금 등으로 자선단체에 기부한다.
- 건강하게 돈을 벌어야 하고 그렇지 않으면 부자가 되는 것은 정당하지 못하다고 생각한다.

재무심리 측면에서 보면 가난의 맹세는 성직자나 봉사 등을 사명으로 하는 사람들에게 많이 나타난다.

가난의 맹세는 돈을 밀어내는 속성을 가지고 있다.

의존증

자신의 경제적 문제를 자신이 스스로 노력하여 벌어 해결하기보다는 다른 사람들의 도움에 의지하고 자신의 문제를 남의 뒤에 숨어 회피하려는 성향을 말한다.

의존증은 어릴 때부터 부모의 퍼주기로부터 생기기도 하고, 도전정신과 독립심의 결여로 생기고, 궁극적으로는 책임감의 결여에서 온다고 할 수 있다. 의존증은 상대방의 퍼주기와 아주 밀접한 관계가 있다.

이런 사람들의 특징으로는

- 자신의 수입은 일을 해서 번 돈이 아니고 연금, 보상금, 가족들의 지원에서 나온다.
- 경제적인 어려움이 있으면 먼저 부모나 형제 친구에게 도움을 구한다.
- 자신에게 도움을 주는 사람이 계속적으로 자신을 도와 줄 거라고 생각한다.
- 가족이나 부모로부터 언제 갚겠다는 이야기 없이 돈을 받는다.
- 남으로부터 물질적 도움을 받아도 전혀 자존심 상하지도 않고 누군가 도와주었으면 하는 마음이 크다.

재무심리 측면에서 의존성은 가정경제의 주체로서 큰 재무위험을 불러오는 원인이 되기도 한다. 철저한 책임의식과 독립심을 가질 수 있도록 도와야 하고 특히 돈 문제는 자신이 생각하는 것처럼 쉽게 도움을 받을 수 없고, 도움을 받더라도 상대방에게 큰 부담을 주는 것임을 알도록 해야 한다.

자신의 문제는 자신이 해결해야 한다. 주로 가정에서의 의존증은 부모님에 대한 경제적 의존과 배우자에 대한 의존증으로 나타난다. 부모의 재산이나 상속 등에 의존하여 최선을 다하지 않고, 배우자의 수입에 의존하여 최선을 다하지 않는 모습들이 많은 사례에서 나타난다.

재무심리에서 의존증은 돈을 내보내는 성격을 가지고 있다.

일 중독

일 중독증中毒症은 생활의 양식이어야 할 직업에 사생활을 많이 희생해 일만 하는 상태를 가리키는 말이다. 영어로 워커홀릭Workaholic이라고 불린다.

재무심리에서는 돈을 더 많이 벌려는 의지가 일 중독증을 유발하는 근원적인 동기라고 본다. 성공지향과 부의 창출의 의지가 강할수록 일에 대한 완벽과 몰입이 극대화되어 일에 모든 신경이 가 있고 다른 일을 하더라도 계속적으로 일에 신경을 쓴다. 쉬는 날이나 쉬는 시간에도 편히 쉬지 못하는 경우가 많다.

일 중독자의 특성으로는 다음과 같다

- 일하다 보니 편히 쉬는 것과 재미를 찾는 것이 어렵다.
- 일을 하면 완벽하게 끝낼 때까지 일을 마무리하지 못한다.
- 가족으로부터 일에만 집중하여 그들을 무시하거나 소홀히 한다는 불평을 듣는다.

- 일 때문에 가족의 중요한 행사에 참석하지 못한 적이 자주 있다.
- 일에 빠져서 대화 내용이나 약속 등을 잊어버리는 경우가 있다.
- 일을 하지 않고 있을 때 죄책감을 느낀다.
- 하는 일 없는 일주일에 대해 공포감이나 혼란 혹은 심란함을 느낀다.
- 쉬는 날에도 하루에 한 번 이상 회사 이메일이나 전화 메시지를 확인한다.
- 일을 생각하느라 쉽게 잠들지 못하며 일찍 일어나면 다시 잠들기가 어렵다.
- 초과 근무를 할 수 있는지 묻는다면 그렇다고 할 것이다.
- 휴식 없이 장시간 일을 하더라도 마무리되기 전까지 일을 중단하는 것이 어렵다.
- 자신이나 가족에게 일을 적게 하겠다는 약속을 하지만 잘 지켜지지 않는다.

일 중독은 돈을 부르는 속성을 가지고 있다.

도박

자신의 도박증상이 일상생활과 주위의 사람들에게 피해를 주는 정도의 상태를 말하며, 도박은 재무심리 측면으로 볼 때 내면에 빨리 큰 돈을 벌려는 속성이 주요 요인이며 또한 일상생활의 스트레스 해소 및 탈출 수단으로 도박을 하는 경우가 많다.

- 도박중독의 특징으로는 다음과 같다
- 도박을 하지 않으려고 노력하지만 잘 안 된다.

- 도박자금을 마련하기 위해 돈을 훔치거나 불법적인 행동을 저지른 적이 있다.
- 도박을 기분전환이나 문제의 탈출 수단으로 사용한다.
- 지인들에게 내가 도박하는 사실을 숨긴다.
- 현재 도박중이 일과 사회생활에 지장을 준다.

재무심리로 볼 때 도박은 돈을 다 내버리는 작용을 한다.

재무심리 종합건강도Comprehensive Power Index

재무심리 종합 건강도는 최종적으로 돈 버는 능력(+), 돈을 잘 관리하는 돈 쓰는 능력(-), 돈을 잘 불리는 능력(×), 돈을 나누는 능력(÷)으로 결정된다.

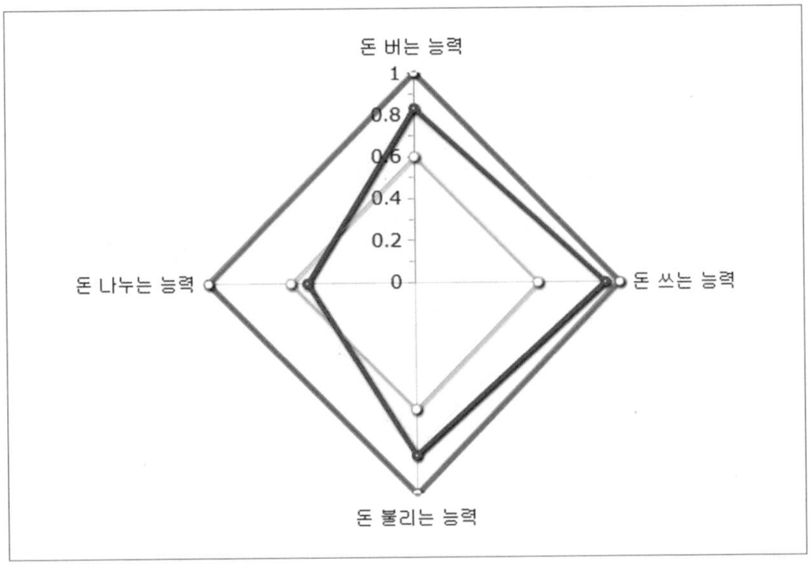

돈 버는 능력만 뛰어나다고 해서 부자가 되는 것은 아니다. 돈을 지킬 수 있고 불릴 수 있는 능력이 있어야 부자가 된다. 부자가 되기 위해서는 4가지 핵심기능이 제대로 작동해야 하는데 어느 하나라도 작동을 하지 않고 기능이 약하면 부자가 될 수 없다.

각 기능을 성적으로 환산하면 B 이상이어야 정상적인 작동을 한다고 할 수 있고 그 이하면 기능이 저하되어 오히려 문제를 발생시키고 있는 것이다. 자신의 4가지 핵심 기능을 진단해보는 것이 급선무이다.

A 이상이면 아주 양호한 성능을 가지고 있어 최대의 능력을 발휘하고 있는 상태이다. 성능의 크기보다는 우선 기능이 약한 것을 개선하는 것이 급선무고 그것이 부자 되는 길이다.

4대 기능별 역학관계도

CASE	돈 버는 능력 (돈을 만드는 능력)	돈 쓰는 능력 (돈을 가두는 능력)	돈 불리는 능력 (돈을 키우는 능력)	돈 나누는 능력 (선행/기부)	비고
1	A	A	A	A	아름다운 부자
2	A	A	A	C이하	자린고비 나누지 않기 때문에 인간관계 문제 발생
3	A	C	A	A	돈이 새고 있다 아무리 많이 벌어도 남지 않는다
4	C	A	A	A	돈 버는 능력이 떨어지지만 돈 관리 재테크에 철저하고 나누기도 잘함
5	B	B	B	B	중산층 정도의 삶
6	C	B	C	C	서민층
7	C	C	C	C	가난한 사람

수많은 조합들이 만들어지지만 C 이하가 되는 기능을 개선하지 않으면 안 된다.

| Financial 16 Therapy |

재무심리 뇌 구조

부자와 가난은 재무심리 뇌 구조에 이미 결정되어 있다.

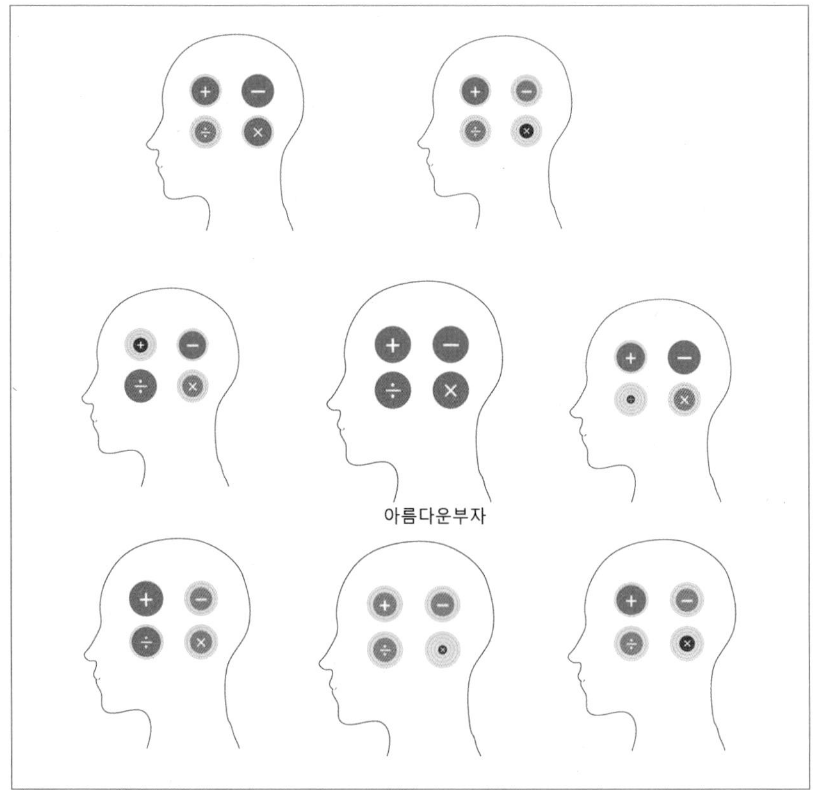

제3장

재무심리 적용

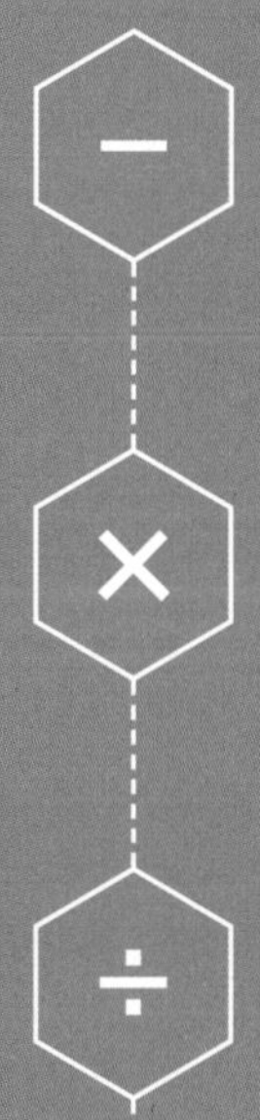

Financial
Therapy

기업의 재무 테라피

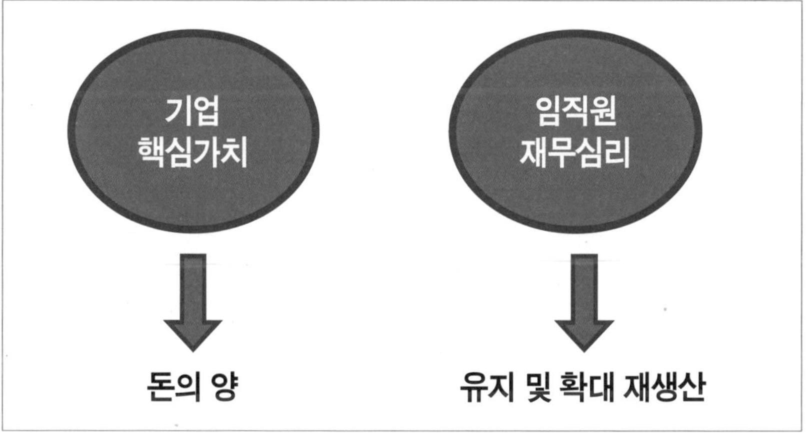

기업이 성공하기 위해서는 가장 중요한 요소 2가지가 있다.

첫째는 기업의 핵심가치이다

기업의 핵심가치는 핵심기술이나 핵심역량을 의미한다. 또한 기업의 핵심가치는 벌어들이는 돈의 양을 결정한다.

기업은 생존과 번영을 위해 자신의 상품을 최고로 만들고 경쟁력을 가져야만 한다. 기업의 자신들이 파는 상품의 기술에 따라 진입장벽이 높은 블루 오션의 고가의 제품을 만들기도 하고 아니면 저가의 상품을 치열한 경쟁 속에서 살기 위해 몸부림쳐야만 한다. 따라서 기업은 그들의 상품을 끊임없이 개발하고 차별화하는 것이 필요하다.

Ex) 전자제품 vs 저가의 생필품 / 고급 레스토랑 vs 호떡가게

두 번째는 임직원의 재무심리이다

들어온 수입을 어떻게 유지하고 확대 재생산하는 역할을 하는 것이 재무심리의 역할이다. 돈 버는 능력, 돈 쓰는 능력, 돈 불리는 능력, 돈 나누는 능력 등으로 구성되어 있는 자신의 재무심리가 건강한지 아닌지에 따라 돈이 모이고 불리거나 아니면 어디 간지 없고 한순간에 사라지기도 한다.

오너 및 CEO의 재무심리

아무리 좋은 상품을 가지고 돈을 번다고 해도 그 기업의 오너나 경영진의 재무심리가 건강하지 못하면 결국 엄청난 손해를 보거나 기업이 부도나는 경우가 있다.

예를 들어 끊임없이 만족하지 못하고 내실보다는 외형을 키우려고 무리한 인수합병을 통해 키우다가 결국 부실기업이 하나 생기면 도미노처럼 넘어지는 경우가 이 경우이다.

오너나 경영진의 재무심리가 건강하다면 무리한 판단을 하지 않을 것이며 철저한 위험관리를 통해 안정적인 경영을 추구할 것이다. 기업 오너의 재무심리에 따라 아주 공격적인 경영을 하기도 하고 아주 보수적인 경영을 하기도 한다.

직원의 재무심리

기업은 기능별 분야별로 종업원들이 유기적인 활동을 통하여 기업을 존속시키고 성장시킨다. 따라서 기업이 곧 사람이다라는 말처럼 개인 하나하나가 기업에 영향을 미친다. 직원들이 돈에 대한 건강한 심리를 가지지 못하면 실패나 재무위험을 초래할 수도 있다. 특히 중소기업의 경우 기능이 분산되지 않고 한 사람에게 권한이 집중되어 있을 경우 재무적 위험을 초래할 수 있다. 항상 돈에 대한 집행 및 의사결정은 상호 확인이 필요하고 맡겨두지 말고 정기적으로 수시로 점검하고 경영주가 직접 챙기는 것이 필요하다. 그래야 기업의 비영업적 위험인 재무적 위험으로 인해 실패하는 것을 미연에 방지할 수 있다.

| Financial 02 Therapy |

인적자원관리HRM에 적용

인사관리

인재 채용 및 배치를 위한 필수 고려 요소로써의 재무심리

재무심리가 조직에서 어떤 영향을 미치고 성장발전에 어떤 역할을 하는지를 아는 것은 아주 중요하다. 지금까지 재무심리라는 용어조차 없고 이 분야가 연구되지 않아 모르고 있었지만 사실적으로 재무심리가 조직의 성패에 제일 중요한 항목임을 강조하지 않을 수 없다.

모든 조직은 조직의 결성 목적이 따로 있다. 기업은 이윤창출이 목적이 되고 정부는 국민의 행복과 안전을 위해 존재해야 하고 종교집단은 성도들의 영혼의 안식과 믿음의 가치를 위해 존재하듯 고유의 목적에 맞는 돈에 대한 가치관과 생각, 그리고 행동을 해야 한다.

조직에 맞지 않는 생각과 가치관 그리고 행동을 한다면 조직에 도움이 되지 않을 뿐 아니라 오히려 손해를 끼치고 피해를 주게 된다.

예를 들어 기업이 인재를 채용하고 직무배치를 위해서 여러 가지 방법으로 자신의 기업에 합당한 인재를 찾으려고 노력한다. 그 방법으로 인성 적성 검사, 각종 테스트, 다단계 심층 면접 등을 실행하고 있다. 일화로 우리나라 최고의 기업인 삼성그룹 이병철 회장은 면접 시 관상을 보는 전문가가 배석하였다고 한다. 이와 같은 방법은 필요할지도 모르지만 모두가 돈에 대한 태도와 믿음 생각은 보지 못하고 드러나는 모습이나 성향 그리고 가지고 있는 지식과 기술 등이 잣대가 되는 것이다. 이렇게 선발한 인재가 모두가 실무에 배치했을 때 최고의 성과를 내는 것인가?

아니다! 입사하여 얼마 되지 않아 스스로 퇴사하는 사람이 있고 혹은 성과를 내지 못하고 뒤처져 조직에 기여하지 못하는 사람도 있다. 오히려 조직에 큰 손해를 끼치는 사람도 있다. 이러한 문제의 큰 원인은 개인이 가지고 있는 재무심리 즉 재무인성이 영향을 미치는 것이다.

기업은 이윤추구 즉 돈을 잘 벌고, 잘 불리고, 잘 나누어 지속적으로 성장 발전해야 한다.

이런 측면에서 돈을 벌어야 하는 부서에 근무하는 사람은 돈을 잘 버는 사람이 필요하고 돈을 관리하는 부서에 근무하는 사람은 번 돈을 잘 관리하는 사람이 필요하다. 또한 투자관련부서에 근무하는 사람은 돈을 불리기 위해 장단기적인 투자관리를 잘하는 사람이 필요하다. 그리고 기업의 사회적 책임을 다하고 이미지를 좋게 하는 나눔 즉 사회 환원 등의 사업에 근무하는 사람은 나눔을 잘 알고 실천하는 사람이 업무를 수행해야 업무의 성과가 제고될 것이다. 이처럼 사람을 아는 방법 중에 가장 새롭고 중요한 방법인 재무심리검사는 개인과 조직의 공동 성장을 위해 반드시 적용해야 할 부분이다.

정부나 공공기관에서도 재무인성적성 검사가 필요하다. 정부나 공공기관은 일반 기업에 비해 이윤보다는 공공과 공익성이 강조된다. 이런 조직에 적합한 재무인성은 일반 사기업과 다르다. 좀 더 안정적이고 사리사욕의 재무인성보다는 청렴한 재무인성이 필요하다. 만약 돈에 욕심이 많고 모험적인 성향의 재무인성을 가진 사람이 정부조직이나 공공기관에 종사한다면 돈과 관련한 사고의 발생이 그만큼 커진다. 그 이유는 본인이 가진 돈에 대한 본능과 직업과 맞지 않기 때문이다.

종교 단체 또한 마찬가지다. 성도의 영혼과 정신건강 및 선을 강조하는 목적에 부합한 재무심리를 가져야 한다. 종교 지도자가 모험가형이고 일확천금형의 재무인성을 가진다면 돈을 좇게 되고 조직을 사기업화시킬 수밖에 없는 것이다. 자신의 재무인성이 자신의 돈에 대한 재무행동에 영향을 미치기 때문이다.

이처럼 어떤 조직이든 부서든 그 특성에 맞는 재무인성이 따로 있다. 재무심리는 사전에 진단할 수 있고 건강한 재무심리로 개발할 수 있다는 것이 아주 중요하다. 왜냐하면 자신의 재무심리가 있는지도 몰랐고 만약 자신의 재무심리가 병들어 있다는 것을 인식하게 되면 스스로 변화의지를 가지고 바뀌게 된다.

재무인성적성 테스트 샘플

직무적성					
항목/분야	만점	기준	자신점수	차이	평가
필드형	1	0.6	0.7	0.1	해당
연구형	1	0.6	1	0.4	해당
감성형	1	0.6	0.35	-0.25	
관계형	1	0.6	0.8	0.2	해당
사업형	1	0.6	0.4	-0.2	
관리형	1	0.6	1	0.4	해당

역량진단					
항목/분야	만점	기준	자신점수	차이	평가
돈버는 능력	1	0.6	0.96	0.36	A
도전정신	1	0.6	0.83	0.23	A
위험관리 능력	1	0.6	0.77	0.17	A

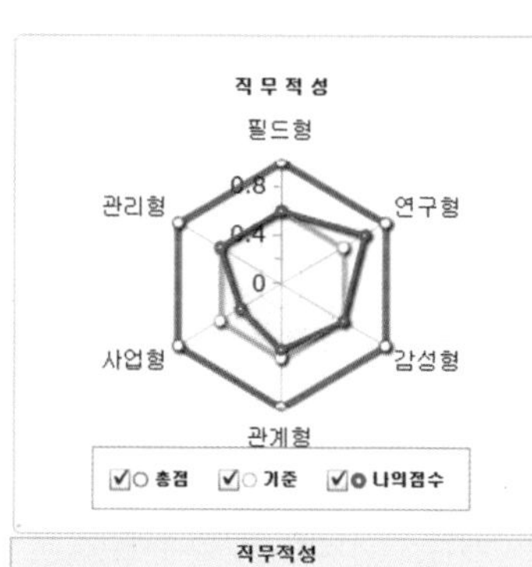

직무적성					
항목/분야	만점	기준	자신점수	차이	평가
필드형	1	0.6	0.6	0	해당
연구형	1	0.6	0.8	0.2	해당
감성형	1	0.6	0.6	0	해당
관계형	1	0.6	0.53	-0.07	
사업형	1	0.6	0.4	-0.2	
관리형	1	0.6	0.6	0	해당

역량진단					
항목/분야	만점	기준	자신점수	차이	평가
돈버는 능력	1	0.6	0.48	-0.12	F
도전정신	1	0.6	0.52	-0.08	D
위험관리 능력	1	0.6	0.57	-0.03	C

기업 핵심역량으로서의 조직원 재무인성 개발(HRD)

기업은 자신의 기업에 맞는 인재를 선발하여 채용하고 부여된 업무의 생산성 제고를 위하여 역량Competency을 개발하고 훈련시킨다. 직무분석에서부터 보상까지 종합적이고 체계적인 인재 개발 프로그램을 도입 적용하고 있다. 때로는 종업원들의 개인별 성격 유형을 통해 선발과 배치에 기준으로 삼기도 하고 숨겨진 의지나 태도 비전 등에 주목하여 인재를 선발한다.

기업이 이렇게 인재를 선발하는데 왜 노력하는 것일까? 그 이유는 개인의 능력을 향상시키는 것이 곧 기업의 성장과 발전의 핵심요소이기 때문이다. 그래서 기업들은 유수한 컨설팅회사로부터 엄청난 돈을 들여가며 역량 컨설팅을 받기도 한다.

역량 컨설팅의 주요 역량단위로는 업무 관련지식Knowledge, 기술 및 기능Skill, 태도Attitude 등이 근간이 된다. 어떤 전문가는 업무지식과 기술이 생산성과 직결되어 있고 이것의 개발이 제일 중요하다고 역설한다. 또 다른 전문가는 그러한 지식과 기술 이전에 보이지 않는 개인의 태도Attitude가 더 중요하고 이 부분을 통해 동기부여가 되고 그것이 성과로 나타난다고 주장한다. 두 가지 견해는 둘 다 맞고 필요하다.

하지만 이러한 역량 모델이 빛을 발휘하려면 숨겨진 역량Hidden Competency로써의 개인의 재무심리 즉 재무인성이 조직에 목적에 맞아야 하고 그것이 건강하게 개발되어야 한다. 그리고 중요한 것은 가장 근원적이면서 숨겨진 역량Hidden Competency이 있다. 그것이 바로 재무심리이다.

그 기업에 가장 합당한 재무심리 역량 프로필을 만들고 종업원들의 재무심리를 건강하게 개발하는 것이 기업의 생산성에 직결되고 조직의 안정적인 성장에 반드시 필요하다.

성격이 좋고 적극적인데 왜 성과가 없는 것인가? 참 성실하고 좋은 친구였는데 저런 사고를 치다니? 저 친구는 물면 놓지 않는 근성이 있어 고객을 만나면 반드시 성사시켜! 저 친구는…… 등등의 평가는 그 사람의 재무심리의 결과인 것이다.

믿었던 사람이 회사에 큰 금전 사고를 친다는 것은 보이는 행동의 평가이지만 보이지 않는 그 사람의 건강하지 못한 재무심리를 보지 못한 것이다.

이처럼 기업은 종업원들의 행복과 기업의 동반성장을 위해 반드시 종업원들의 재무심리를 건강하게 훈련시키고 개발할 시켜야만 한다.

성격과 재무인성의 차이

개인의 성격과 재무인성은 서로 다르고 그 역할이 다르다

성향	돈과의 관계
도전적이다	돈을 끌어들이는 성향
창의적이다	돈을 끌어들이는 성향
활동적이다	돈을 끌어들이는 성향
쾌활하다	돈을 끌어들이는 성향
명랑하다	돈을 끌어들이는 성향
적극적이다	돈을 끌어들이는 성향
긍정적이다	돈을 끌어들이는 성향

→ 돈을 잡아 채는 능력 유무 → 성공 실패

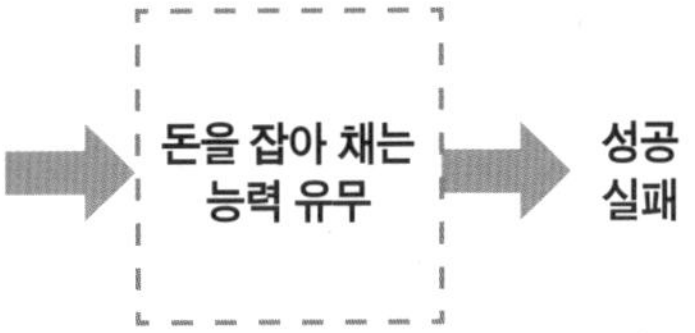

돈을 끌어들이는 역할은 성격이 담당하고 돈을 잡아채 자기 것으로 만드는 역할은 재무심리가 결정한다.

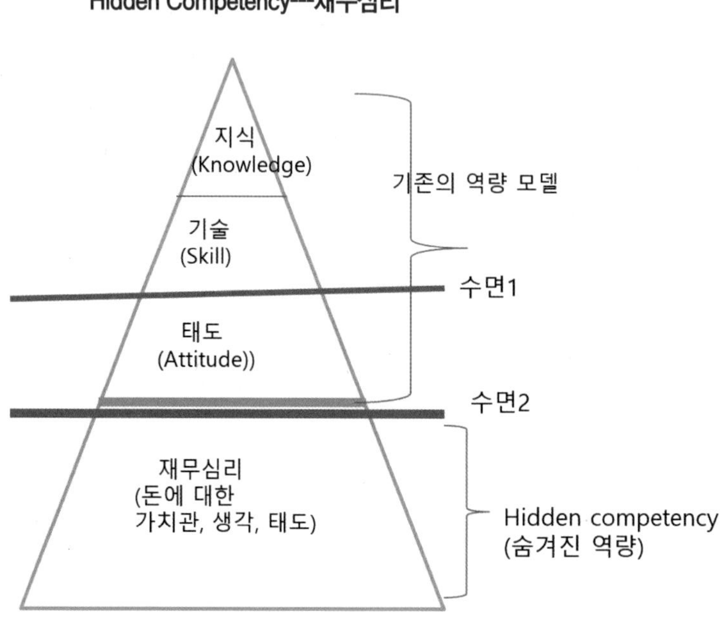

아무리 많은 업무지식을 가지고 있어도 그것을 활용하는 도구와 스킬이 없으면 효과가 떨어지고, 아무리 지식과 스킬을 가지고 있어도 마음의 자세와 의지가 부족하면 생산성은 제고되기 어렵다. 또한 아무리 지식과 스킬과 마음의 자세가 뛰어나도 돈에 대한 건강한 재무심리가 없으면 돈을 만들기 어렵고 돈 벌 기회를 놓치게 된다. 이렇듯 각 기업은 조직원들의 건강한 재무심리 개발을 위해 노력해야 한다.

지식/스킬/태도/ 재무심리와 생산성 상관관계

지식	스킬	태도	재무심리	생산성
o	o	o	o	best
o	x	x	x	x
o	o	x	x	x
x	x	o	o	o
x	x	x	o	o
x	x	x	x	x

박사가 영업을 잘하는가?

지식 이외에 생산성에 영향을 주는 요인이 있기에 박사가 영업을 잘하지 못하는 것이다. 스킬과 태도의 다른 원인이 작용 스킬도 있고 태도도 좋은데 왜 계약을 성사시키지 못하는가? 그 이면에는 재무심리가 다른 요인으로 작용하기 때문이다.

예를 들어 아주 유능한 영업 사원이 있다. 그 직원은 회사의 모든 테스트에 다 합격했고 능력 또한 우수했다. 그런데 다른 회사의 영업사원을 만나면 번번이 실패하고 만다. 그 이유가 뭘까 하고 분석해보니 이 영업사원은 돈에 대한 경직된 사고를 가지고 있어 돈을 오게 하는 능력은 있지만 결정적으로 자신의 것으로 만들지 못했다. 즉 자존심이 아주 강할 뿐만 아니라 도덕적이어서 아주 정의로운 방법으로 돈을 벌어야만 하는 사람이었다.

반면 경쟁사의 직원은 자존심을 내세우지 않고 법의 범위 내에서 어떻게든 자신의 것으로 만들기 위해 사람의 마음을 샀기 때문이다.

과연 어떤 직원이 영업맨으로서 우리 회사의 직원이 되어야 하는지 군이 반문할 필요도 없을 것이다.

| Financial 03 Therapy |

재무 테라피와 금융산업

Planning과 Cosulting의 개념에서 Therapy, Coach, system Building 으로 패러다임 전환이 필요하다.

금융finance산업의 근본은 돈을 다루는 분야이다.

또한 금융상품의 제조에서부터 유통판매 및 소비가 연결되어 있는 분야이다.

금융상품뿐만 아니라 금융서비스가 제공 무형의 상품이 유통되고 있다. 특히 개인고객을 대상으로 금융상품을 소개하거나 가입을 권유하는 전문가들에게는 고객의 재무심리를 아는 것이 필수이다.

개인금융 분야

금융의 모든 분야에 적용될 수 있지만 가장 직접적인 분야는 소매금융 즉 개인대상 분야이다. 이 영역에는 개인종합자산관리, 재무설계 등의 이름으로 보험, 투자, 부동산, 세금, 상속 등 종합 금융 서비스를 통하여 개인 자산관리를 해주는 전문 영업을 하고 있다.

이러한 분야에 단순한 돈의 양적인 부분의 관리뿐만 아니라 돈의 내적인 부분 즉 고객의 재무심리의 건강을 진단하고 도와주어 재무적 건강한 생활Financial Health을 유지할 수 있도록 도와주는 재무 테라피 Financial Therapy 서비스가 실제적으로 적용되어야 한다.

투자 상담 시 고객의 재무유형과 내면의 돈에 대한 가치관을 이해하지 못하면 고객과의 상담에서 한계를 느끼게 된다. 자신의 설명이 부족했는가? 아니면 뭐가 문제인지 고민하지만 답을 얻을 수 없는 경우가 많다. 그 경우는 자신의 지식 부족을 설명하는 스킬 부족 등이 이유가 되기도 하지만 궁극적으로 고객의 마음을 사로잡지 못했기 때문이다. 특히 돈에 대한 마음인 재무심리를 파악하지 못하고 엉뚱한 이야기와 상품을 설명한 것이다.

금융전문가들이 겪는 많은 경우를 보자.

금융전문가들이 많이 겪는 사례와 재무유형

- 아무리 설득을 해도 투자상품을 가입하지 않는 사람(자린고비형, 무념형)
- 안전한 포트폴리오를 제시해도 오로지 투자일변도를 주장하는 고객(사냥꾼형)
- 돈을 목숨처럼 아끼며 전전긍긍하는 고객(숭배형)
- 모든 것을 알아서 다해달라고 하고 맡기는 사람(베짱이형)
- 복잡한 것 싫어하고 하던 것만 하는 고객(유아형)
- 빨리 큰돈 벌 수 없나 항상 고민하는 고객(일확천금형)
- 과감하게 신상품에 가입하는 고객(모험가형)
- 돈 문제 부채 및 신용문제로 고통받는 고객(패자형)
- 돈을 저축하고 불리는 데 관심이 없는 고객(무념형)
- 돈 벌려고 모든 것을 다하지만 실패하여 고통받는 고객(무차별형)

이와 같이 재무유형에 따라 재무행동의 특성이 달리 나타나므로 금융전문가들은 고객의 재무유형과 머니 스크립터 등을 파악하는 것이 중요하다. 고객의 재무유형을 알게 되면 재무 행동을 예측할 수 있으므로 경우에 따라 고객의 재무심리를 마케팅에 활용할 수 있을 것이다.

최근 보험사 재무설계 회사를 중심으로 재무심리 진단 앱 개발 및 고객 서비스를 시작했으며 많은 분야에서 마케팅 수단으로 적용 확산되는 추세에 있다.

대 고객 새로운 가치 전달과 업계 차별화전략으로 적용

기존의 Financial Planning 과 Financial Consulting 의 양적 자산관리의 개념에서 벗어나 고객의 Financial Health(재무적 건강)을 제1의 가치로 세우고 고객의 양적, 질적 금융서비스를 제공함으로써 금융 산업에서의 차별화를 가질 수 있다.

재무 테라피는 therapy(치료), Coach(코치), system Buildimg(경제 시스템 구축)의 실행을 통한 고객 삶의 변화를 통해 가치가 창출되는 고객과 회사가 명실 공히 서로 윈-윈하는 신개념의 금융 서비스이다. 이를 위해 금융기관들은 향후 재무 테라피스트의 양성 및 보유가 절실히 필요하다.

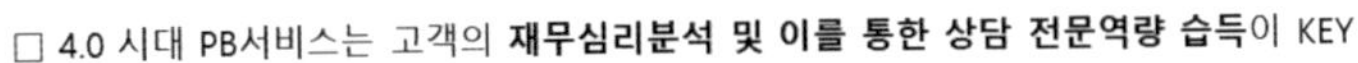

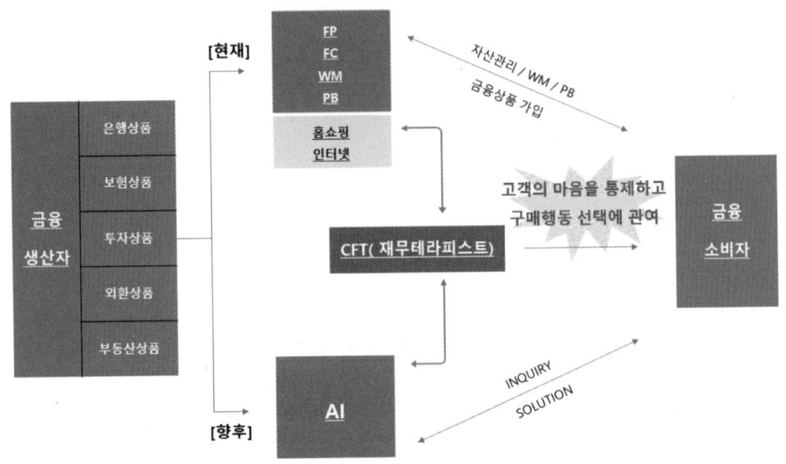

이제는 AI(인공지능)이 금융 분야에도 적용되고 날로 발전하여 더 이상 전문가가 필요 없는 시대가 오고 있다. 빅데이터를 활용한 결과를 토대로 고객에게 투자정보 및 가이드 제공, 나아가 고객 스스로 재무설계하는 시대가 온 것이다.

보험 상품이 홈쇼핑과 인터넷으로 팔릴지 누가 알았는가? 끊임없이 금융생산자는 금융소비자와 직거래 형태로 판매채널을 확대할 것이다. 이 모든 것이 핀테크 기술과 IT 및 ICT 기술 발달에 기인한다. 더 이상 판매채널로서의 금융전문가는 고객의 마음과 머리를 통제하고 수많은 로보 어드바이저를 고객을 위해 선택해주는 전문가로 변신해야 한다. 이것은 단순 생존의 문제가 아니라 재무 테라피라는 새로운 블루오션의 기회를 선점하는 것이다.

재무 테라피스트는 고객의 재무심리 진단을 통해 고객의 마음을 알고 고객에게 가장 합당한 양적 서비스뿐만 아니라 고객의 재무역량강화를 위한 코칭까지도 겸비하여 고객의 삶을 주도적으로 변화하도록 리드하고 도와주기 때문에 진정한 금융전문가로서 모든 판매의 제일 앞단에서 꼭 필요한 사람으로 존재하게 된다. 이제 새롭게 열리는 재무 테라피 시대에 누가 선점하여 기회를 가지느냐가 관건인 상황이다.

심리상담 분야에서의 재무 테라피

개인의 내면을 새로운 각도에서 알아보는 NPTI 검사 활용

심리상담 전문가들이 개인의 심리상담 시 기존의 많은 성격진단 프로그램 이외에 그 사람의 근원적인 내면의 부분인 돈에 대한 특질을 알아보는 도구인 NPTI를 통해서 개인의 심리치료 및 갈등치료를 위해 보완적이고 강력한 효과를 기대할 수 있다.

[부부 문제 해결]

부부갈등과 가정문제의 80% 이상이 경제문제로 나타난다. 그리고 자살의 이유 중에도 제일 큰 원인이 경제적인 문제이다. 이처럼 모든 문제와 갈등 속에는 근원적으로 돈 문제가 도사리고 있다.

지금껏 부부문제 상담은 드러나 있는 성격차이, 소통부재, 외도, 도박, 자녀문제 등 여러 가지 원인으로 불거진 케이스들을 심리적인 차원에서 상담하고 치료해 왔다. 하지만 이러한 상담 및 치료방법으로 해결하지 못하는 케이스가 많다. 아니 일시적으로 해결되었다 하더라도 다시 재발하는 경우가 많다.

그중 하나는 돈에 관련한 케이스이다.

돈에 대한 문제는 근본적으로 당사자 간의 재무심리의 불일치로 인해 발생한다. 자신이 자라온 환경과 돈에 대한 트라우마로 자신만의 머니 스크립트가 형성되어 있기 때문에 이것을 이해하지 못하고서는 왜 그렇게 반응하는지를 알 수가 없다. 하지만 재무심리검사를 통해서 그 원인을 파악할 수 있고 그것을 통해 서로의 머니 스크립트를 이해할 수 있고 서로 가정의 행복을 위해 건강한 재무심리를 가질 수 있도록 코칭하고 노력함으로써 해결한다.

[예비 부부 재무궁합]

인생을 살면서 누구를 만나느냐에 따라 인생의 성공과 실패가 갈라진다. 그중 어떤 배우자를 만나느냐가 너무 중요하다. 그래서 오래전부터 우리는 궁합을 보고 사주팔자를 보는 관습이 내려오고 있다. 이러한 것은 미신으로 치부되기도 하지만 만남의 중요성을 인식하고 사전에 예방차원에서 알아보는 과정으로만 의미를 둔다면 가치가 있다고 할 수 있다. 그리고 가문을 보고 집안을 보는 이유도 실패의 확률을 줄이기 위함일 것이다. 그러나 그런 노력에도 불구하고 왜 결혼생활을 하면서 문제가 발생하는 것인가? 대다수가 가치관과 환경차이에서 온다. 더 근본적으로 말하면 재무심리의 차이라고 할 수 있다.

성격이 아무리 좋아도 돈에 대한 생각이 건강하지 못하면 문제가 발생하게 되고 아무리 근면성실해도 재무심리가 약하면 돈이 모이질 않는다. 이처럼 결혼 전에 보이는 성격과 행동이나 환경만으로 판단하는 것은 좋은 만남을 위해서는 부족한 면이 있다. 따라서 반드시 돈에 대한 생각을 알아보고 그것이 자신의 생각과 얼마나 맞는지 미리 알아보는 것이 필요하다.

예를 들어 아주 호탕하고 인간관계 좋고 기분파인 남자와 아주 상냥하고 여자다운 여성이 서로의 보이는 점에 끌려 결혼한다면 어떻게 될 것인가? 다행히 서로의 재무심리가 건강하고 재무궁합이 맞으면 천생연분이지만 만약 남자는 재무심리 측면에서 남들에게 퍼주기를 좋아하고 안정적인 방법보다는 일확천금 성향이 크고 모험가 성향이 크게 나타나고, 여성은 내면에 허영과 충동구매, 과소비 등의 절제가 되지 않는 재무심리를 가졌다면 어떻게 될 것인가? 당연히 살면서 알게 되고 그것들이 서로의 불만과 갈등의 원인이 되는 것이다.

이처럼 우리는 결혼 생활에서 가장 중요한 경제적 문제의 관건인 서로의 재무심리와 재무궁합을 간과해서는 안 된다. 그러므로 결혼 전 사전에 서로의 재무심리를 알고 이해하여 서로의 고칠 점은 고쳐 건강하고 행복한 가정경제를 이룰 수 있도록 해야 한다. 이러한 예비부부들의 사전 재무궁합을 알아보는 것은 선택이 아니라 반드시 해야 하는 필수이다. 재무 궁합은 재무심리검사를 통해서 알아볼 수 있다.

예비부부 재무궁합 보기

상담사례-1

여자: 32세, 직업: 관리직 / 남자: 31세, 직업: 관리직

재무유형

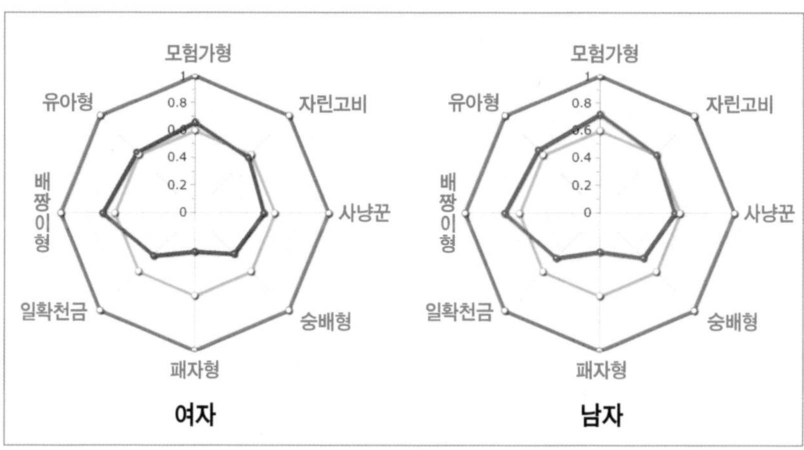

진단내용

재무유형으로 볼 때 두 사람이 거의 같은 성향을 가지고 있어 천생연분이라고 할 수 있다. 하지만 두 사람의 경우는 큰 부자가 되기 어렵고 유아형의 속성으로 돈의 어려움 없이 자라 돈의 무서움을 잘 모르고 쉽고 편하게 살려는 성향이 강해서 돈을 창출하는 부분이 약점으로 나타나고 철저한 관리 능력을 갖추지 못하면 살면서 가정이 돈의 문제에 노출될 위험이 있다.

재무행동 장애(Disorder)

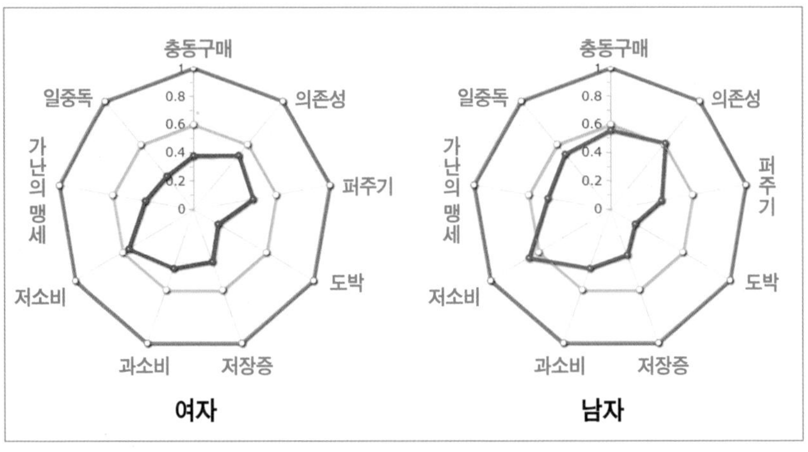

진단내용

재무장애에서 볼 때 여자에게는 별 장애가 없지만 남자에게는 저소비와 의존성이 나타난다. 저소비는 미래에 대한 불안 심리로 인해 돈을 쓰지 않으려는 경향을 나타내고 의존성은 부모나 배우자에게 경제적 문제를 의존하려는 경향이 나타난다. 아내도 저소비의 경계수준에 있기 때문에 문제가 되지 않지만 아내가 돈을 마구 쓰고 싶어 하는 성향이 강하면 이것이 나중에 부부 문제로 나타나게 된다. 남편은 특히 향후 가장으로서 경제적 문제의 주체로서 남에게 의존하기보다 스스로 해결하려는 독립심을 키워야 한다.

재무심리 뇌구조(Brain-Map)

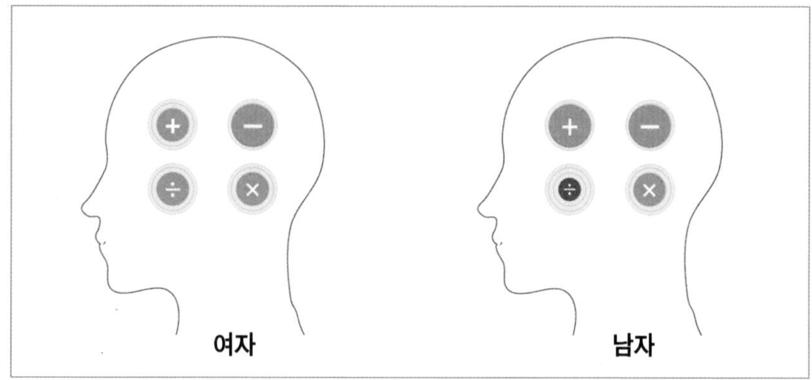

진단내용

여자의 경우 돈 버는 능력, 불리는 능력, 돈 나누는 능력이 약하고 돈 쓰는 능력만 보통 이상이다.

즉 돈을 관리하고 모으려는 능력만 있지 그 외 능력은 없다. 한편 남자의 경우는 돈 버는 능력과 돈 쓰는 능력은 보통 이상으로 나타나지만 돈을 불리는 능력과 특히 나누는 능력은 전혀 없다.

이런 재무심리 뇌 구조를 가지고 결혼하면 큰 부자는 어렵지만 미리미리 준비하고 계획적으로 살면 돈에 대해 크게 어려움 없이 살 수 있는 커플이다. 하지만 두 사람 다 나누는 능력이 없어 남들과의 인간관계에 문제가 있을 수 있고 특히 형제가 많은 집일 경우 동기간에 관계가 어려울 수 있다.

최종 처방

두 사람은 결혼을 해도 돈에 대한 생각이 비슷하고 행동 또한 유사한 성향을 띠고 있어 별 문제가 없다고 보이고 단지 두 사람 공히 불리는 능력이 부족하여 재산 증식에 어려움이 나타난다.

이 부분은 재무전문가의 도움을 받아 돈을 적절하게 불려 키워야 할 필요가 있다. 또 두 사람 공히 돈을 나누는 능력을 키워 돈을 쓰지 않아 남으로부터 관계가 악화되는 것을 방지할 필요가 있다. 단돈 1만 원이라도 정기적으로 남을 돕는 행동을 하는 것이 부자로 가는 지름길이다.

두 사람 다 공히 가지고 있는 베짱이형과 유아형의 성향을 줄이는 게 보다 풍요롭고 안전한 삶을 위해 필요하다.

상담사례-2

여자: 29세, 직업: 관리직 / 남자: 34세. 직업: 사업

재무유형

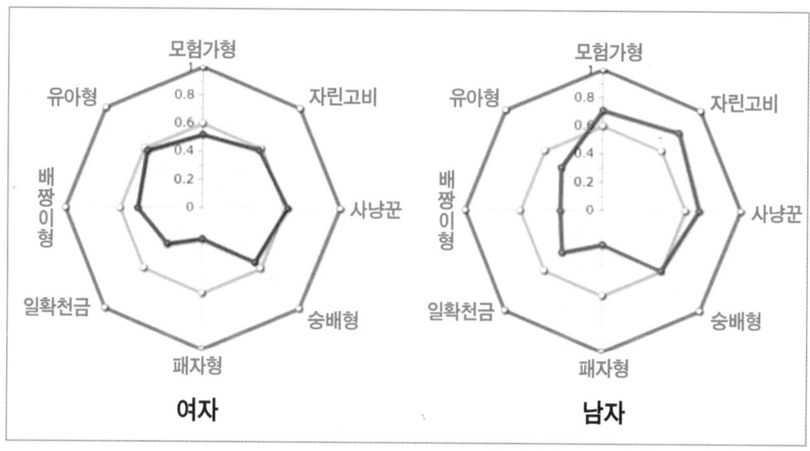

진단내용

재무유형으로 볼 때 남자는 전형적인 사업가 스타일이고 부자가 되는 유형이다. 반면 여자는 큰 욕심 없는 소박한 유형이다. 여자의 입장에서 보면 유능한 남자를 만났다고 할 수 있고 남자의 경우에도 주도적인 성격상 여자의 유형은 문제가 되지 않는다. 하지만 장래에 발생할 수 있는 문제의 소지는 꿈꾸는 돈의 양이 너무 달라 여자가 힘들 수 있다. 남자는 돈을 많이 벌어도 만족하지 않기에 여자의 소박한 꿈이 상처를 받을 수 있고 돈은 충분히 가져다주기 때문에 돈으로 기준하면 여자는 불행할 이유가 없을 정도다. 하지만 여자는 가정적이고 가족을 위한 남편과 아빠를 원한다면 문제가 될 수 있다. 사전에 이 문제에 대

해 짚고 넘어가며 서로 이해시켜 주었다.

재무행동 장애(Disorder)

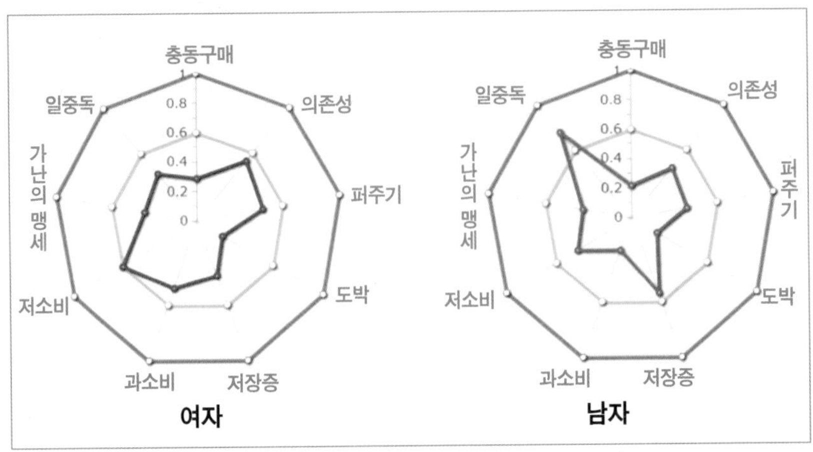

진단내용

재무장애에서 볼 때 여자에게는 저소비가 나타나고 남자에게는 일중독이 심하게 나타난다.

여자는 근검절약의 성향이 나타나고 반면에 남자는 일에 빠져 있는 상태이다. 해야 할 일이 눈에 보이고 사업의 확장이나 기회를 잡기 위해 불철주야 뛰고 있다. 데이트 중에도 일을 생각하기도 하고 회사일 때문에 데이트 약속을 어길 때도 있어 불만이다. 상담결과 남자는 자기가 이루어야 할 사업의 목표가 뚜렷하고 그것을 이루기 위해 최선을 다하고 있고 상당부분 이룬 상태였다. 상담을 통해 여성은 왜 자신의 남자친구가 그렇게 바쁜지 알게 되었고 남자도 여자 친구가 왜 사소한 것에 상처받는지 알게 되어 서로를 아는 좋은 기회가 되었다

재무심리 뇌 구조(Brain-Map)

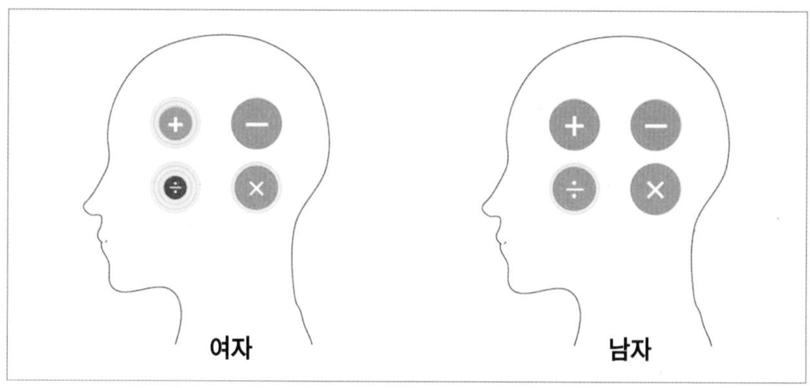

진단내용

여자의 경우 돈을 쓰는 능력과 돈 불리는 능력은 보통 이상이고 돈 나누는 능력은 아주 약하다

반면에 남자는 전형적인 아름다운 부자의 뇌 구조를 가지고 있다. 돈을 잘 벌고, 잘 관리하고, 잘 불려서 돈을 나누기도 잘하는 아주 훌륭한 사람이다. 재무심리 뇌 구조로 볼 때 아내는 저소비와 나누지 않는 성향으로 인해 남자가 대외적으로 잘 나누는 성향이기 때문에 이 부분이 갈등이 생길 수 있다. 이 부분에 대해서는 여성분에게 나눔의 중요성과 역할에 대해 인식시키고 나눔을 실천하도록 도와주었다.

<최종 처방>

두 사람은 돈에 대한 욕심과 적극성에 대해서는 서로 다르지만 남자의 경우 나무랄 데 없는 전도양양한 젊은 사업가이다. 현재로써는 여자가 감당하기 어려운 돈의 목표를 가지고 있다. 살아가면서 돈의 문제는 없지만 일로 인해 가정의 갈등을 발생할 수 있다. 미리미리 원칙을 세우고 서로의 입장에서 생각해주고 때로는 격려해주는 것이 필요하다. 이러한 모든 것들이 상담을 통해 이야기가 되고 공감하게 되었다.

상담사례-3

여자: 27세 직업: 판매직 / 남자: 30세 직업: 영업직

재무유형

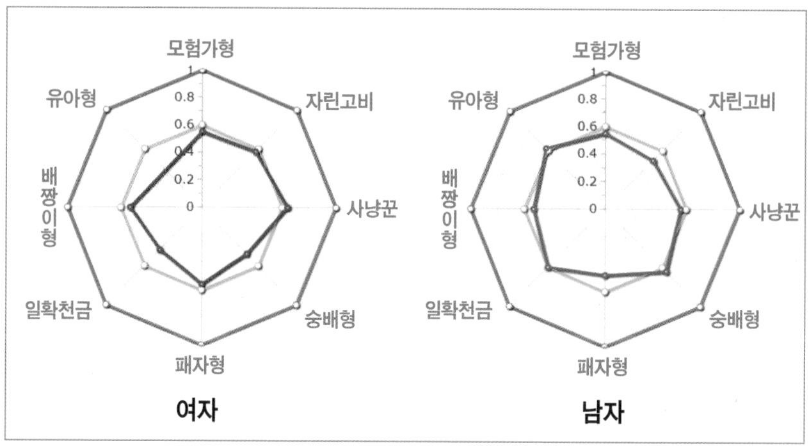

진단내용

재무유형으로 볼 때 남자보다는 여자가 돈에 대해 좀 더 적극적이다. 남자의 경우는 돈에 대한 욕심이 없다. 부자가 되지 못하는 유형이다. 반드시 개선이 필요하다. 두 사람이 결혼한다면 돈 문제가 발생한다. 유형으로 볼 때 남자는 리더보다는 팔로워형이고 소극적이다.

재무행동 장애(Disorder)

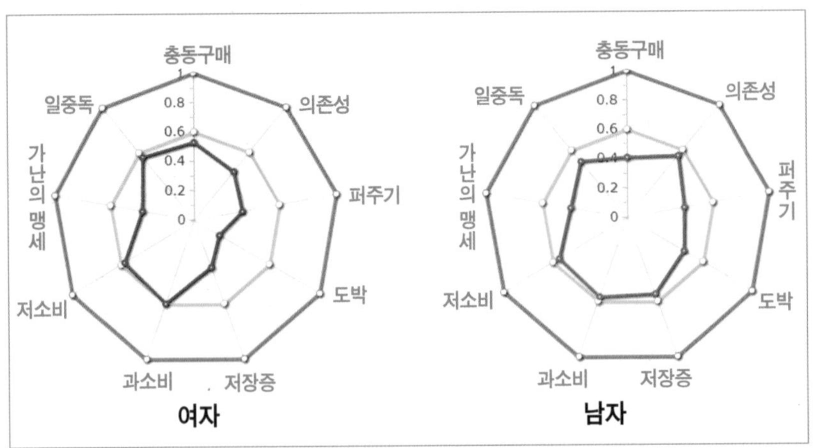

진단내용

재무장애에서 볼 때 여자에게는 저소비와 과소비성향이 나타난다.

남자는 의존성과 과소비가 경계수준으로 나타난다. 여자의 경우 수입보다 지출이 많은 현상 때문에 돈을 쓰지 못하는 저소비 성향이 나타나는 것이다. 두 사람 다 결혼을 해서 유의할 점은 과소비부분이고 남자는 의존성을 버려야 한다.

재무심리 뇌 구조(Brain-Map)

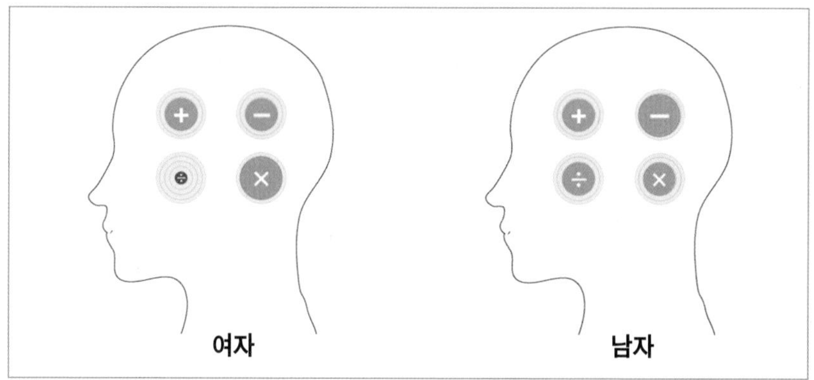

진단내용

여자의 경우 돈 버는 능력, 돈쓰는 능력은 약하고 불리는 능력은 있지만 불릴 수 있는 여력을 만들지 못한다. 그 이유는 돈을 쓰는 능력이 약하기 때문이다. 반면에 남자는 유일하게 돈을 관리하는 능력인 돈을 쓰는 능력만 보통 이상이고 나머지는 다 부족하여 절대적으로 수입 창출 능력이 떨어진다.

남자의 경우 영업직보다 관리직에 어울리는 타입이다. 현재 이런 상태로 결혼을 하게 되면 가정경제에 문제가 온다. 결혼하기 전에 반드시 재무심리를 건강하게 바꾸는 것이 필요하다.

<최종 처방>

이런 상태로 결혼해서는 어렵다고 할 수 있다. 이런 결과에 대해 다행히 인정하고 어떻게 해야 하는지에 대해 상담하고 재무심리 테라피를 하게 되었다. 사귄 지 오래되어서 막연하게 생각했는데 충격이었지만 자신들의 아름다운 사랑을 위해 서로 노력하며 약점을 보완하고 준비하기로 하였다. 지속적인 관리가 필요한 예비부부 커플이다.

| Financial 05 Therapy |

청소년 재무인성 개발

우리나라의 미래를 책임지고 나갈 청소년들이 돈으로부터 건강하게 살고 세계적인 부자가 나오기 위해서는 어릴 때부터 재무인성교육 및 개발이 절실히 필요하다.

현재 인성개발이나 교육은 많이 진행되고 있지만 돈을 올바르게 대하고 다룰 수 있는 재무인성교육은 전무하다.

인성은 착하고 올바른 아이로 만든다. 하지만 재무인성교육은 착하고 올바른 부자 아이를 만든다. 착하기만 하고 경제적인 어려움을 겪는 아이보다 건강한 경제력을 바탕으로 건강한 재무행동을 하는 재무인성을 가진 아이가 필요하다.

전 세계의 경제를 움직이는 유대인들의 돈에 대한 삶의 지혜를 자식에게 물려주듯이 돈에 대한 지혜를 자손에게 물려주어 세상에도 선한 영향력을 주고 대대손손 부자로 살아가게 하는 재무인성이 필요하다.

이제 우리 사회에서도 국민의 건강한 재정을 위해 재무 교육이나 경제교육을 확대하고 있다. 이 교육들은 지식을 전달하는 데 목적이 있다. 금융지식이 많고 경제 지식이 많다고 잘사는 것은 아니다.

삶은 지혜로 사는 것이다. 경제교육이나 화폐를 가르치기 이전에 돈에 대해 가르치고 그 돈이 자신의 인생에 어떤 역할을 하며 어떻게 다루어야 하는지를 일깨워주는 것이 급선무이다.

공부를 해야 할 이유를 모르는 아이들에게 공부를 가르쳐도 효과가 없듯이 돈을 왜 벌고 돈을 잘 관리해야 하는 이유를 모르는 아이에게 지식 위주의 경제교육은 한계를 드러낸다.

정부에서 실시하는 재무교육 또한 마찬가지이다. 이제는 전 국민에게 돈에 대해 가르치는 교육이 중요한 때이다. 매일 벌어지는 돈의 전쟁 속에 서로 싸우고 다투며 불법을 저지르고 심지어 사람을 해치기까지 하는, 돈이 지배하는 세상에 더 이상 돈에 대한 교육을 미룰 수는 없다. 특히 자라나는 세대의 재무인성교육은 더더욱 필요하다.

재무인성은 환경으로부터 보고 듣고 배우는 것으로 형성된다. 이러한 측면에서 부모의 재무심리는 자식의 재무심리 형성에 직접적이고 아주 큰 영향을 미치게 된다.

중요한 것은 부모 스스로가 자신의 재무심리에 대해 알지 못하고 그것이 건강한 것인지 아닌지를 모른다는 것이다. 따라서 자녀들의 재무심리를 조기에 검사하여 건강한 돈에 대한 개념을 심어주고 건강한 재무행동을 가르칠 필요가 있다. 자녀들의 조기 재무심리검사는 자녀를 건강한 부자로 만들고 나아가 사회를 건강한 사회를 만드는 초석이 될 것이다.

또한 재무인성검사는 자녀의 진로 및 직업선택에 있어서 중요한 도구로 사용될 수 있고, 재무심리검사는 재무인성적성 검사로 사용될 수 있으며, 재무인성적성은 직업선택에 아주 중요하다. 자신의 재무인성에 맞는 직업이 있다.

예를 들어 자신의 재무유형이 사냥꾼형으로 돈을 불리고 키우는 데 흥미를 가지고 노력하는 유형이라면 금융기관 특히 투자와 관련된 직업을 택하는 것이 적합하며, 자린고비형이며 돈 관리능력이 뛰어난 재무인성을 가진 사람은 관리직의 자금 및 회계부서가 적성에 적합하다.

모험가 유형이며 돈 버는 능력이 뛰어난 사람은 사업가나 영업직이 자신에게 적합한 직업이 된다. 자신의 재무인성이 최대한 발휘되어 생산성이 최대한으로 발휘되는 직업이 있는 것이다.

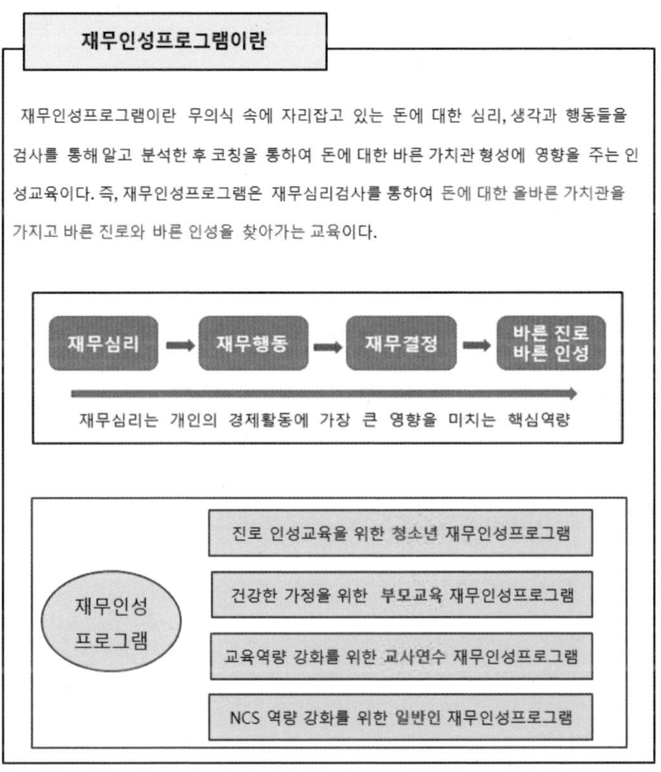

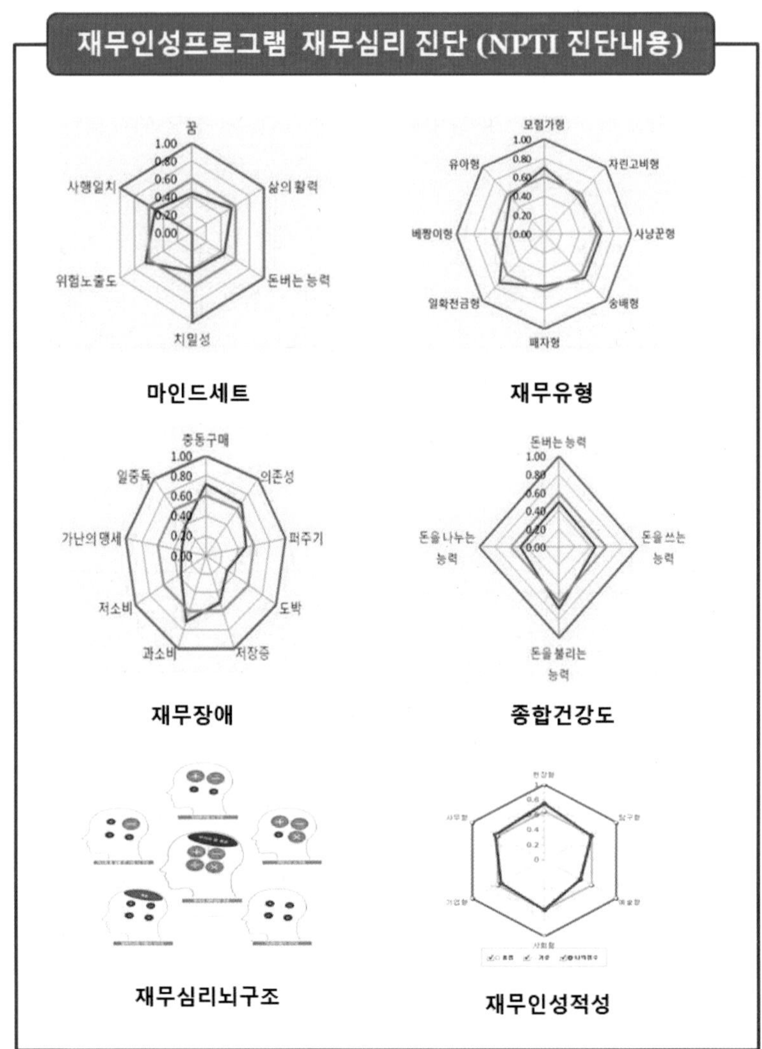
재무인성프로그램 재무심리 진단 (NPTI 진단내용)
꿈
사행일치
삶의 활력
위험노출도
돈버는 능력
치밀성
마인드세트
모험가형
유아형
자린고비형
베짱이형
사냥꾼형
일확천금형
승배형
패자형
재무유형
충동구매
일중독
의존성
가난의 맹세
퍼주기
저소비
도박
과소비
저장증
재무장애
돈버는 능력
돈을 나누는 능력
돈을 쓰는 능력
돈을 불리는 능력
종합건강도
재무심리뇌구조
재무인성적성

청소년 진로 가이드

전문성의 시대

<4개의 방>

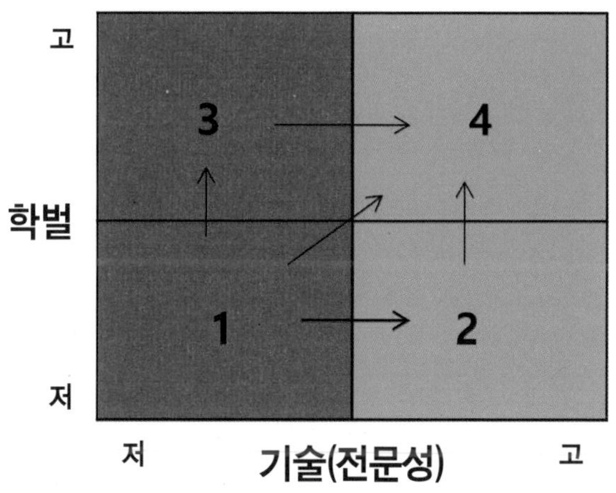

1번 방은 배운 것도 없고 기술도 없는 사람.(저임금 노동자, 길거리 상인 등)

2번 방은 학력은 좀 낮지만 기술을 가지고 있는 사람.(기술자, 기능직, 요리사, 미용사 등)

3번 방은 학벌은 높은데 차별성이 없는 사람.(대학 이상 졸업자-직장인 청년실업문제)

4번 방은 학벌도 높고 전문성도 높은 사람.(고급 전문직-교수, 법조인, 회계사, 세무사, 변리사 등 각 분야의 최고)

<4번 방으로 가는 방법>

모든 사람들은 4번 방에 갈 자격이 있고 가야 한다. 하지만 모든 사람이 동일한 방법으로 가지는 못한다. 그 이유는 서로 재능이 다르기 때문이다. 각기 다른 재능을 가졌기 때문에 다른 일을 하고 살지만 끊임없이 노력하여 자신의 분야에 최고가 되는 것이 자신의 4번 방을 만드는 것이다.

교수, 판검사가 아니더라도 미용, 요리, 예능, 스포츠 등 다양한 분야에서 최고의 전문가가 되는 것이다.

진로 1(1번 ⟶ 4번) – 공부에 뛰어난 사람, 아무나 할 수 없다.

진로 2(1번 ⟶ 3번) – 대학 졸업자…. 직장인

진로 3(1번 ⟶ 2번 ⟶ 4번) – 고등학교를 졸업하고 기술을 배워 그 분야에서 최고가 되는 사람. (예: 미용사 자격증을 따고 미용 일을 하며 돈을 벌어 자신이 번 돈을 가지고 해외 유학을 가서 미용분야 학위를 받으면 4번 방으로 가는 것이다.)

<기술과 전문성은 돈을 가져온다>

많은 교육비를 지불하고 대학을 졸업했다고 해서 바로 돈을 벌 수 없다. 수많은 대졸자와 치열한 취업경쟁에서 성공해야 한다. 반면에 기술을 익히면 바로 현장에서 상대적으로 적은 월급이라도 돈을 벌 수 있다. 그 분야의 기술과 전문성을 높이면 수입은 증대되게 된다.

〈고정관념과 체면을 버리면 돈 벌고 자녀도 성공한다〉

초등학교 ⟶ 중학교 ⟶ 고등학교 ⟶ 대학 ⟶ 취업 ---- 고정관념

취업 ⟶ 대학 --- 혁신적 사고

현재 자신이 살고 있는 방에서 4번 방으로 가는 방법

〈1번 방에 있는 사람〉

1번 ⟶ 2번 ⟶ 4번 방으로 이동.

기술을 배워 2번 방으로 옮겨야 한다. 매일매일 노동으로 살기보다 부부 중 한 사람이라도 먼저 전문기술을 배워 2번 방으로 옮겨 일정한 수입을 얻을 수 있도록 하고 나중에 다른 한 사람도 기술을 배우도록 하여 두 사람 모두 안정적인 수입을 얻을 수 있도록 해야 한다.

그래야 자신이나 가정이 예측 가능한 규모의 경제를 이룰 수 있고 가난의 대물림도 막을 수 있다. 그런 다음 지속적으로 자신의 기술을 최고로 높여가고 공부하면 4번 방으로 갈 수 있다.

재무 테라피 사례

사례 1 이렇게 바뀌었습니다

〈사례자 소개〉

여성, 나이 50대

〈상담 동기〉

– 자신과 자녀의 경제관념 부재와 미래의 재정적인 불안 해결

〈상담 절차〉

절차 1: NPTI 검사: 2017년 2월 17일

절차 2: 검사결과 상담: 2017년 2월 24일

절차 3: 분야별 테라피 실시

매월 1회 정기 상담 및 테라피(모듈별)

2월~12월까지 10개월간 10회 상담

절차 4: 중간 평가 및 관리

매월 분야별 개선사항 확인 및 피드백

절차 5: 2차 NPTI 검사: 2017년 12월 16일

〈고객 소감〉

저는 제 자신이 이렇게 바뀔지 몰랐어요.

결혼하여 이혼의 경험이 있고 과거의 남편과의 사이에 있는 아들이 건강하게 사회생활을 했으면 하여 상담을 시작했는데 진단하고 처음 미팅 시 깜짝 놀랐습니다. 저의 내면을 바로 보게 되었고 왜 제가 지금의 상태가 되었는지 그 이유가 나타났고 제 유아형 속성과 의존성이 남편과 주위사람들을 많이 힘들게 했던 것을 알게 되어 이혼한 남편도

이해가 가게 되었습니다.

그전까지는 너무 자린고비처럼 느껴졌거든요. 그리고 저의 충동구매와 과소비, 퍼주기, 베짱이 속성이 저의 재정적 무제를 일으키고 돈에 대한 스트레스를 만든다는 것을 알게 되어 이제는 돈을 쓰지 않으려고 노력하고 있으며 실질적으로 재정상태가 많이 호전되었고 저도 의존하기보다 일을 시작하여 돈을 벌기 시작하니 돈도 모이기 시작했습니다.

처음 상담을 받을 때는 힘들었지만 체질개선을 하는 것이고 인내하는 것이 재무심리 근육을 키운다는 것이 이해되어 근육을 키우려고 했습니다. 무엇보다 자식의 재무심리 건강을 위해 제가 건강해져야 한다는 것을 알고 악착같이 상담에 임했습니다. 10개월간의 긴 과정 속에 진정으로 도와주신 원장님의 도움 정말 감사하게 생각합니다. 이제 저의 아들도 많이 건강해졌습니다. 더욱더 노력하여 부자가 되도록 하겠습니다.

NPTI™ 진단결과 종합리포트

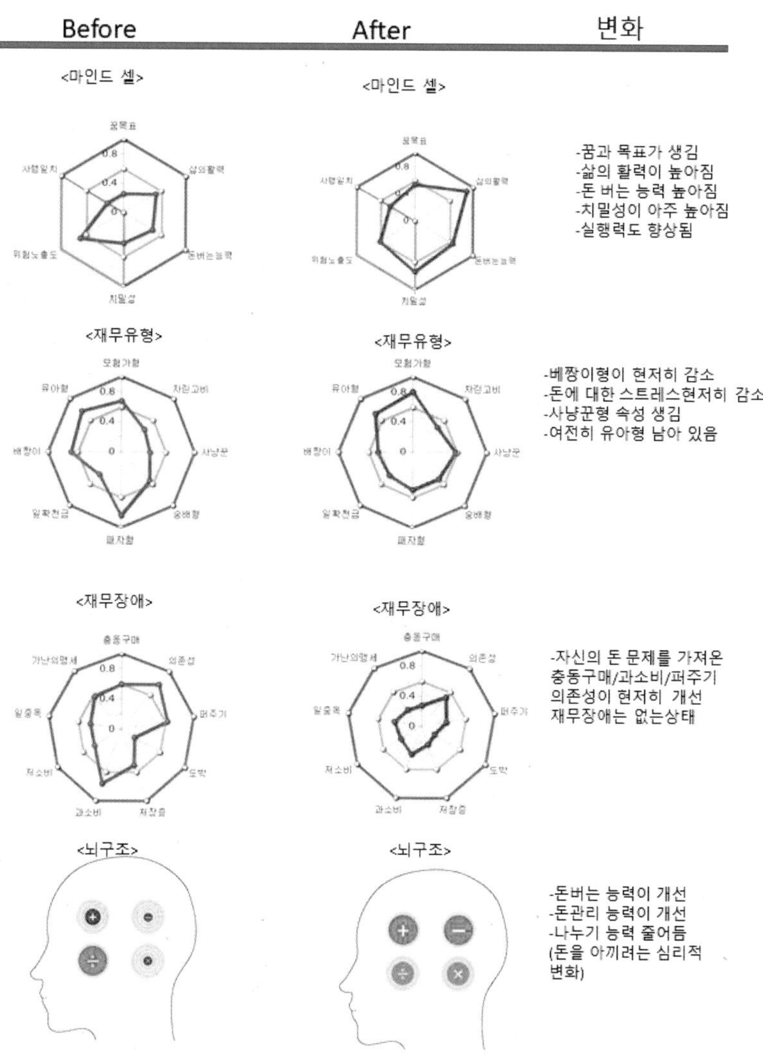

사례 2

<사례자 소개>

여성, 나이 30대

<상담 동기>

– 자신의 경제관념 부재에 대한 해결 및 재무상담

<상담 절차>

절차 1: NPTI 검사: 2016년 12월 14일

절차 2: 검사결과 상담: 2016년 12월 21일

절차 3: 분야별 테라피 실시

매월 1회 정기 상담 및 테라피(모듈별)

12월~2017년 4월까지 4개월간 10회 상담

절차 4: 중간 평가 및 관리

매월 분야별 개선사항 확인 및 피드백

절차 5: 2차 NPTI 검사: 2017년 4월 9일

<고객 소감>

저는 다른 사람들에게 꿈을 꾸게 하고 그것을 실천하게 하는 전문가로서 제가 너무 돈에 대해서 무지했다는 것을 자각은 하고 있었지만 NPTI 검사를 통해 정확하게 나타났고, 꿈을 이루기 위해서는 돈이 필요하다는 것을 이제야 깨닫게 되었어요.

원장님의 직접 코칭을 통해 제 자신의 재무심리가 바뀌고 재무능력 또한 향상되어 너무 감사드립니다. 저의 변화를 통해 저 같은 주위의 많은 사람들에게 재무 테라피를 소개하고 있고 제 강의에도 배운 대로 돈에 대한 꿈도 언급하고 있습니다.

우리가 어떤 일을 하든지 간에 모든 것이 돈하고 관계되어 있다는 사실이 너무 신기했고 생각이 바뀌면 돈이 생긴다는 재무 테라피의 효과를 톡톡히 누리고 있습니다.

너무 정의롭게 돈을 벌려고 하는 것이 오히려 돈을 버는 데 장애가 된다는 것과 의도적으로 자존심을 내려놓고 부탁하라고 하신 말씀을 그대로 실천하니 교육생이 더 늘어나 수익이 많이 향상되었습니다. 그리고 그동안 투자라면 전혀 모르던 제가 돈 불리는 코칭을 통해 은행 이자 1년 치보다 하루에도 수익을 더 내는 방법이 투자라는 것을 알게 되었습니다. 아울러 돈 쓰는 능력 함양 코칭을 통해 균형 있게 돈을 쓰다 보니 삶의 질이 향상되었습니다.

그동안 여자로서 아름답게 가꾸기보다 자기개발에 모든 돈을 썼는데 원장님께서 제 안에 있는 여성을 찾으라고 하시기에 제 자신을 꾸미기 시작하니 주위의 반응이 너무 좋아 대외적인 활동에 엄청 도움이 되었습니다.

재무심리진단에서 재무 테라피 전반의 코칭을 통해 제 자신이 바뀌고, 그것이 재정적으로 변화로 나타나고, 그것을 많은 사람들에게 이야기 할 수 있어 너무 감사합니다. 아직도 저에게 부족한 부분이 많아 계속 노력할 것입니다. 다시 한 번 저의 삶을 바꿔주신 원장님께 감사드립니다.

필자 소감

위 상담자와 재무 테라피를 하면서 느낀 점은 돈에 대해서 너무 무지하고 너무 착하고 열심히 살지만 돈을 끌어들이는 부분이 약해 안타까운 부분이 많았다. 그러나 진단을 통해 이를 인식시키고 재무 테라피를 분야별로 실시하여 조기에 많은 성과를 얻은 사례이다.

워낙 에너지가 넘치고 성격이 밝아 돈은 따라오는데 적극성이 없어 돈을 가지지 못해 생각을 바꾸어 적극적으로 돈을 추구하도록 했다.

재테크의 문외한이라 강의료를 받아도 현금으로 바구니에 보관하는 사람이었다. 그리하여 주식과 경제에 관심을 가지게 하고 100만 원부터 소액 투자를 해보게 하여 투자 수익을 얻으면서 더욱더 불리는 데 관심이 많아졌고 어느 날 이야기 없이 1천만 원을 주식에 투자하기도 했다.

다행히 그 투자는 수익을 냈지만 투자에는 항상 위험이 따른다는 것을 코칭하고 균형을 잡았다. 이제는 스스로 사업도 키우고 자립하는 단계에 있고 여성의 아름다움을 찾음으로 해서 더욱 행복한 삶을 살고 있어 기쁘다.

NPTI™ 진단결과 종합리포트

Before	After	변화
<마인드 셀>	<마인드 셀>	

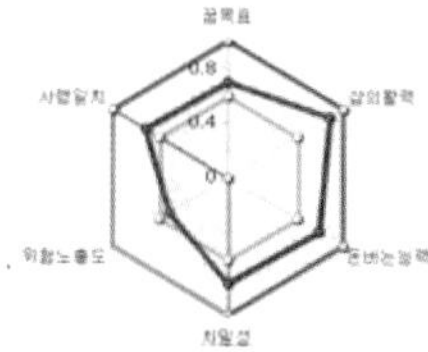

-돈 버는 능력이 커짐
-치밀성이 커짐
-실행력이 커짐
-위험노출도가 줄어듬

<재무유형>

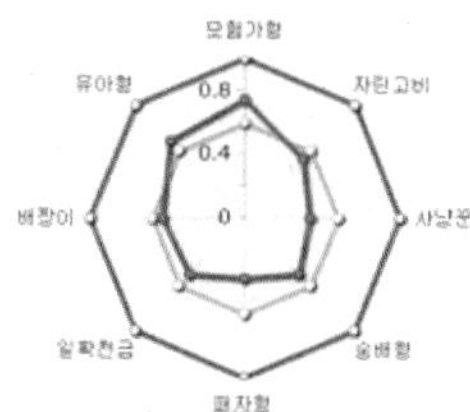

<재무유형>

-유아형이 감소
-자린고비형이 생김
-사냥꾼형 이 생김
-숭배형이 생김
전반적으로 부자유형으로 변화됨

<재무장애>

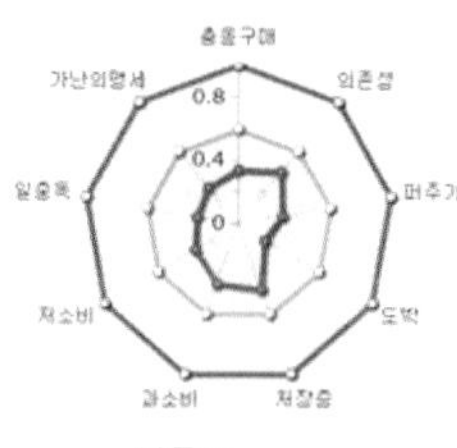

<재무장애>

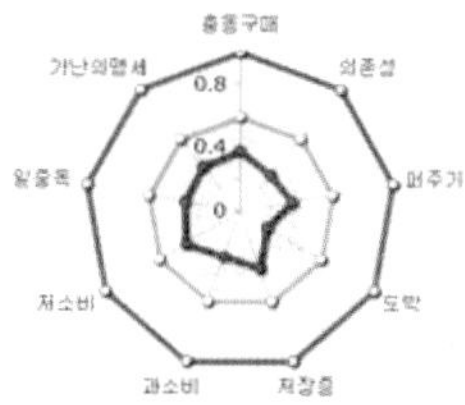

-장애증상이 전혀 나타나지 않음

<뇌구조>

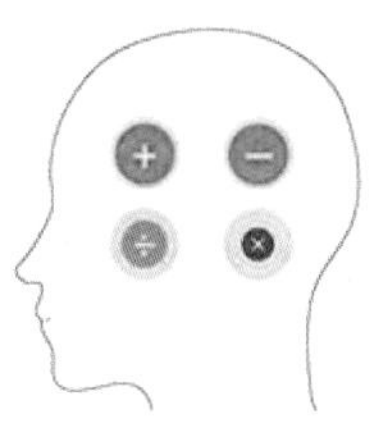

<뇌구조>

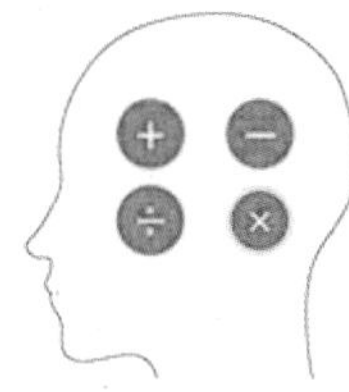

-돈버는 능력이 개선
-돈관리 능력이 개선
-돈불리는능력 개선
돈 나누 능력 개선
전반적으로
부자의 뇌구조로
바뀜

사례 3 꿈 단지의 기적

돈이 없어서 꿈을 이룰 수 없는 것이 아니라, 꿈이 없어서 돈이 안 만들어지는 것이다.

상담사례: **김선영 CFT(한국재무심리센터 인증자)**

53세 여, 13년 전 이혼, 딸(결혼, 자녀 1), 아들(공익을 앞두고 있음), 재정상태 보증금 3,000만 원에 월세 20만 원, 월 150만 원 수입(현재 손녀딸의 베이비시터 역할.)

상담실에 찾아 온 경위는 헤어진 남자친구로 인한 우울과 무기력, 불면증으로 인해 상담 요청.

상담초기, 날마다 자신의 감정을 주체하지 못하고 잠을 자지 못해 피곤해하며 자신의 이야기를 하면서 매번 울었으나 9회기의 상담을 통해 남자친구와의 관계에서 오는 우울, 무기력, 불면증은 해소됨.

그러나 내담자의 경우 미래의 삶에 대한 계획 즉 노후의 준비가 전혀 되어 있지 않아 희망이 보이지 않고 막연한 기대를 가지고 있는 모습에서 재정적 어려움이 닥치게 되면 그보다 더 깊은 수렁에 빠질 수 있음을 인식하고 내담자에게 NPTI 검사에 대한 안내와 권유를 함.

검사결과 돈을 나누는 능력은 보통 정도였으며, 버는 능력과 불리는 능력은 부족했다. 그렇기 때문에 내담자 스스로 자신의 꿈을 위해 어쩔 수 없는 일이라고 생각하고 있었다.

검사결과에 대한 설명과 함께 내담자가 가지고 있었던 자원에 초점을 맞춰 미래계획에 대해 도전을 줌.(내담자는 바리스타 자격증을 보유하고 있었고 지금도 유일하게 자신에게 하는 사치는 커피와 관련된 잡지를 꾸준히 보고 있는 것, 죽기 전에 꼭 한 번 커피전문점을 내보는 소망을 지금도 가지고 있음.)

현재의 재정상태로는 불가능함. 그러나 꿈을 이루기 위한 구체적 실천방안에 대해 상담을 통해 자신의 생활패턴에서 한주에 한두 번씩 즉석복권을 사는 습관을 발견하고 이를 꿈을 이루기 위한 마중물로 사용할 수 있다는 것에 착안 꿈 단지 만들기에 바로 실천 들어감.

매일 쌓여가는 현금으로 삶에 희망과 꿈이 생김. 게다가 아들이 엄마의 꿈 단지에 대한 소망을 말했는데 어느 날 내담자가 동전을 넣었는데 쨍그랑 소리가 나지 않아 꿈 단지를 살펴보니 1,000원 지폐가 있었다. 깜짝 놀라 어찌 된 일인가 물었더니 아들이 담배를 끊고 담배값을 넣었다는 것이다. 여기에서 아들의 건강회복에 대한 희망과 금연의 기쁨, 무엇보다 엄마와 함께 꿈을 꾸게 된 아들로 인한 기쁨이 배가 됨.(아들도 엄마의 일을 적극적으로 돕겠다고 말함.) 게다가 손녀딸이 할머니의 꿈 단지에 대해 궁금해하여 설명했더니 집에 가서 엄마에게 이야기함.

내담자의 딸이 그 이야기를 듣고 엄마의 꿈에 대해 이해하고 커피전문점을 낼 때 딸도 도와주겠다고 약속함. 희망이 생기니까 손녀딸이 어린이 집에 가 있는 동안 김밥 집 아르바이트를 통해 꿈 단지를 빨리 키우고자 하는 열망이 생겼고 일을 해도 그다지 힘들지 않다고 함. 현재는 모아진 일정 현금을 꼬리표를 달아 통장을 개설함.

하루하루 삶이 기대가 되고 살맛이 난다고 상담자에게 감사의 인사를 전함.

재무 테라피스트의 고백

작성자: 김규림 CFT

나는 왜 이 일(재무 테라피스트)을 하는가?

나는 한국재무심리센터의 재무 테라피스트로 일하고 있습니다.

나는 가끔 내가 재무심리를 알지 못했더라면 어떤 문제와 불편이 있었을까 생각해 보곤 합니다. 내가 만약 재무심리를 알지 못했더라면…….

이유를 알 수 없었던 폭언과 폭행 그리고 차별 속에서 살고 있었던 재혼 생활이 힘들어 두 번의 이혼을 했을 겁니다. 그로 인해 내 딸아이에게는 아버지와 이별하는 아픔을 겪게 했을 것이고, 나를 새엄마로 받아들인 아들에게는 두 엄마에게서 버림받은 아이라는 치명적인 상처를 주었을 것입니다. 또한 사회로부터도 보호받지 못하며 자존감 낮은 아이로 자라게 했을 겁니다. 나를 낳아준 부모에게는 두 번씩이나 불효를 한 자식이 되었을 것이고, 형제간에도 인정받지 못하는 사람이 되었을 것입니다.

이뿐만 아니라, 나 자신은 모든 사람과의 관계에서 인정받지 못하는 사람이 되었을 것이며, 진정한 나 자신을 깨닫지도, 알지도, 찾지도, 가꾸지도 못하며 나도 아닌 나를 나로 잘못 안 체 착각하며 살았을 것입니다.

내 안에 숨어 있는 내면의 어린아이를 모른 체, 내 생각 안에서 나를 스스로 괴롭히고, 병들게 하고, 내 행동으로 내 몸을 파괴하며, 더 큰

병을 키우고…….

주변에 많은 이들을 힘들게 하고, 세상을 살면서 내가 본 것만을 다라고 착각하면서 생을 마쳤을지도 모릅니다.

무엇보다도 내가 만약 재무심리를 알지 못했더라면, 이는 돈과 보이지 않는 돈의 구별도 할 수 없었을 것이니, 돈은 내가 버는 것이 아님도 깨닫지 못했을 것입니다.

나는 지금 재무 테라피스트로서 내가 만나는 사람들에게 재무심리를 전달하며, 나처럼 재무심리를 만나 변화되어 가는 삶에 이야기들을 나눌 때 보람과 성취감을 느낍니다.

물론 이 일을 하면서 힘들 때도 있습니다.

특히 재무심리가 약해서 생기는 상황들이 돈에 문제뿐만 아니라, 그 사람의 인격이 파괴되어 가정 안에서 폭언과 폭력으로 가는 모습을 볼 때면 정말 가슴이 아프고, 힘이 듭니다.

내가 이 일을 소홀히 하면, 소중한 한 사람, 한 가정이 건강할 수 없고, 더 나아가 사회까지도 건강하지 못한 사회가 될 것이라고 생각합니다.

내가 재무 테라피스트 일을 하게 된 계기는 2가지입니다.

첫째는 내 가정의 구성원들이 가지고 있던 재무심리를 알게 되면서, 어쩌면 돈을 잘 벌고, 더 잘살 수 있을까 하는 것이었습니다. 그러나 그것만을 위해서라면 다른 일을 할 수도 있었습니다. 왜냐하면 이 일을 통해서는 돈의 양적인 제 목표를 당장 이룰 수 없었기 때문이죠.

제가 이 일을 하게 된 두 번째 계기이자, 이유입니다.

나는 재무심리를 통해서 어릴 적에 내가 받은 돈에 대한 상처를 알게 되었습니다. 내가 10세 때에 병으로 쓰러지신 아버지가 가장으로서 경제적 책임을 다하지 못하면서 학업을 중단하게 되었고, 중학교 졸업도 하지 못하고는 가족을 떠나 타지에서 16세부터 경제활동을 하며 가정경제를 책임져야 했었습니다. 나는 왜 이렇게 살아야 하나 하는 불만이나 불편함조차도 가지지 못했고 오로지 책임감만이 있었을 뿐입니다.

이런 상처들 속에 갇혀 있는 성장하지 못한 나는 무한 긍정 또순이로 살면서 마치 그 누군가의 명령을 받으며 명령대로 살고 있는 사람인 것 같았습니다.

나는 재무심리를 통해 진정한 나를 찾아 떠나는 여행을 시작하게 되었고, 더 다양한 경험들과 지식으로 진정 나다운 나를 찾게 되었으며, 더 많은 사람들에게 진정한 자기다움을 찾게 도와주자라는 생각으로 재무 테라피스트를 하게 되었습니다.

나처럼 재무 테라피스트 일을 하는 많은 사람들이 있습니다. 그분들 모두 열심히 일하고 있고, 대체로 저와 같은 생각으로 일을 하십니다.

재무 테라피스트들이 진정으로 사랑의 마음으로 한 가정을 상담할 때 그 가정은 살아나고 치유되고 우리 사회가 건강해질 것입니다.

나는 오늘도 내가 만난 재무심리와 재무 테라피를 전하기 위해 열심히 달려갑니다.

Mini
hand
book

읽으면 부자 되는 돈 명상집

Dr. 정의

돈 되는 생각 1

명함이란

우리 대부분의 활동하는 사람들은 명함을 가지고 있다. 명함이 돈하고 무슨 관계가 있을까? 명함은 '돈 만드는 공장'이다.

당신의 명함을 보자!

명함이 없다면 돈 만드는 공장이 없거나, 휴업 중이거나, 명함이 필요 없을 만큼 잘 알려져 있거나 이 중 하나가 될 것이다.

명함을 가지고 있다면 잘 살펴보자.

명함의 외관이 깨끗하고, 정리·정돈되어 있으면 좋다. 또한 당신 소유의 공장인지 남의 공장에서 일하고 있는지 보자.

남의 공장에서 열심히 해도 내 것이 되지 않고 다니던 공장을 그만두게 되면 당신의 돈 만드는 공장은 더 이상 가동이 되지 않고 돈도 안 된다.

그런 날은 오게 되며 단지 시간의 문제이다.

항상 자신의 공장을 만들고 중단 없이 잘 돌아가는 돈 공장이 될 수 있도록 연구개발을 지속적으로 하고, 고품질의 상품 개발에 주력해야 명함이 없어도 다 알아주는 큰 공장 주인이 되어 평생 돈 걱정하지 않고 살아갈 수 있다.

당신의 돈 공장은 잘 돌아가고 있는지, 언제 가동이 중단될지 살펴보는 시간을 가져보아야 한다.

돈 되는 생각 2

웃으면 무엇이 오는가

이 질문에 '복'이라고 하는 사람이 대부분이라고 할 수 있다. 그러나 부자가 되기 위해서는 '복이 아니라 돈이 온다.'라고 생각을 다르게 해야 한다.

우리가 돈에 대해 생각하는 강도가 다르다.

모든 생각과 행동에는 돈과 관련되어 있고 어떤 생각은 돈을 부르고, 반대로 돈을 밀어내는 생각도 있다.

행동도 마찬가지다. 이렇듯 우리가 얼마나 많은 돈 되는 생각을 하고 행동을 하는지에 따라 지금 당신의 재산상태가 결정된다.

부자가 되기를 원하면 돈에 대한 마음 즉 재무심리를 건강하게 해야 한다.

돈 되는 생각 3

금 수저 흙 수저에 대하여

금 수저, 흙 수저는 두 가지 종류가 있다. 선천성 수저들과 후천성 수저들이다.

선천성은 태어나 보니 돈 많은 집 자녀로, 아니면 힘없고 가난한, 그도 아니면 평범한 가정에서 태어난 것으로 정해진다.

이것으로 삶이 갈리게 된다.

그러면 선천성 금 수저는 영원한 것이고 선천성 흙 수저는 벗어날 수 없는 것인가?

운명은 없다. 그리고 영원한 것은 없다.

당신이 흙 수저라고 생각되면 스스로 금 수저로 만들자.

예를 들어 두 어린이에게 하루에 천 원씩 용돈을 각각 준다.

두 아이 중 하나는 천 원을 가지고 매일 동네 슈퍼에서 아이스크림을 사 먹는 아이다. 그런데 그 아이는 일 년 동안 아무것도 사 먹지 않고 365,000원을 모아서 아주 큰 선물을 사는 다른 아이를 보게 된다. 그러자 그 아이는 자기 부모는 천 원만 주는 가난한 부모이고, 다른 친구의 부모는 365,000원이나 주는 금 수저 부모라고 생각하며 자신의 처지를 불평한다.

같은 돈을 줘도 1년 뒤의 가치는 365배 차이가 난다.

이것이 바로 두 아이의 '재무인성 차이'다.

비록 흙 수저로 태어났지만 스스로 강한 재무인성을 키워 자신으로부터 금 수저 가문을 이루어가는 게 필요하다.

부모의 흙 수저를 탓하면 그 부모 또한 할아버지 할머니의 흙 수저를 탓할 수밖에 없다.

우리 청년들은 아플 필요도 없고 천 번을 흔들릴 이유도 없고 포기할 이유도 없다. 우리에게 주어진 삶을 즐겁게, 열심히 살면 즐거운 인생, 행복한 인생이 따라온다.

돈 되는 생각 4

균형을 잡으면 돈은 따라오고 위험과 실패는 없다

우리 인간은 두 눈을 가지고 두 팔을 가지고 두 다리를 가지고 있다.

생각해 보자 .

한 눈으로 한 팔로 한 다리로 살아간다면 어떨까? 어렵고 힘들고 때로는 넘어지는 핸디캡의 삶을 살아가야 할 것이다.

우리가 세상 살아가는 방식의 대다수가 이렇게 살아간다. 보이는 것들 즉 행복, 성공, 부자, 대박 등을 좇으며 살아간다.

이런 사람들을 '더하기형 인간'이라고 한다.

하지만 이 인간형은 대부분 반대편 보이지 않는 곳에 숨겨진 마이너스 것들인 불행, 실패, 가난, 쪽박 등을 당하게 된다.

더하기 인간형과는 반대로 불행이 두려워, 실패가 두려워 도전조차 하지 않는 빼기형 인간이 있다.

우리는 균형을 잡아야 한다. 더하기만 추구하다 빼기를 당하지 말고 또한 빼기의 두려움 때문에 시도조차 하지 않는 반쪽형 인간이 되지 말고 뉴플러스 인간이 돼야 한다.

마이너스를 마이너스하면 더하기로 바뀐다.

우리는 반드시 성공하고 부자가 되고 행복해야 한다. 또 모두가 그릴 자격을 가진 귀하고 존귀한 사람들이다.

당신이 어떤 경우이든 행복해지기를 원한다면 행복을 좇기보다 불행을 가져오는 위험요소를 먼저 제거하면 행복은 따라온다.

사업을 하더라도 성공사업계획과 동시에 계획대로 안 되었을 경우를 가정하고 준비해야 성공할 수 있다.

반대말 잇기 놀이를 하면 균형감각을 키울 수 있다.

하늘과 땅, 앞과 뒤, 성공과 실패, 행복과 불행, 부자와 가난 등등.

균형된 생각과 행동으로 부자 되기를 기원한다.

돈 되는 생각 5

인사하기와 돈

'인사한다.'라는 것은 우리가 얼굴을 서로 보며 친근함을 나타내며 만나는 사람 간의 영혼의 만남이다.

처음 만나는 경우 눈을 통해 그 사람을 보기 이전에 우리는 영혼이 서로를 보게 된다. 이때 서로 경계를 하게 되는데 먼저 인사한다는 것은 '나는 당신 편이고 친구이다.'라는 표현이다. 이 표현을 통해 상대방도 자신의 적이 아닌 친구로서 따뜻한 반응을 보이게 된다.

그래서 인사가 세상 살아가는 데 아주 중요한 것이다.

만날 때 인사도 중요하지만 헤어질 때 인사 또한 반드시 필요하다.

왜냐하면 '나는 여전히 당신의 친구이다.'라는 뜻이 내포되어 있기 때문이다.

처음에 인사하고 헤어질 때 명확하지 않은 인사는 오히려 오해의 소지가 있어 관계형성에 도움이 되지 못한다.

당신은 인사를 잘하는가? 그것도 크고 분명한 소리로 하는가?

인사는 돈과 성공을 부른다.

직장이나 사업장에서 진심 어린 몸에 밴 인사는 당신을 낮게 만들기보다는 오히려 높여 줄 것이다.

자녀들이 있다면 어릴 때부터 큰 목소리로 분명하게 인사 잘하는 아이로 클 수 있도록 도와주어야 한다. 그것이 제일 큰 성공의 유산이 될 것이다. 그것은 부모의 솔선수범을 통해 일어난다.

인사는 하지 않지만 인사를 받는 것은 싫지 않는 것이 인지상정이다. 요즘 인사를 하지 않고 모른 척하는 것이 습관화되는 세상에 인사를 잘하는 사람들은 빛과 소금의 역할을 하는 것이다.

돈 되는 생각 6

가점加點받는 인생을 살아야 한다.

한 회사의 대표가 직원들이 퇴근한 후 조용하게 마무리할 자료들이 있어 그동안 눈치 보며 퇴근을 주저하는 직원들에게 회의석상에서 말했다.

"여러분, 제 눈치 보지 마시고 퇴근 시간이 되면 저에게 이야기 없이 칼퇴근하세요."

이것은 진정으로 하는 말이다.

연구하고 준비할 자료들이 있어 늦게 퇴근하는 것이니 이해해달라고 하며 덧붙여 칼퇴근한다고 감점이나 손해 같은 것은 전혀 없다는, 아주 민주주의적이고 자유로운 분위기에서 공표했다.

그런데 그 사무실 직원 10명 중 7명은 그날 대표가 이야기한 대로 정해진 시간에 퇴근했고, 그래도 3명은 대표실에 들러 노크를 하며 인사를 하고 퇴근했다.

인사를 온 직원들에게 내일부터는 인사를 하지 않고 퇴근해도 된다고 웃으면서 기분 좋게 이야기했다. 그러자 그 다음 날은 10명 중 1명이 끝까지 대표실에 와서 인사를 하고 퇴근을 했고 여전히 대표는 인사를 안 해도 괜찮다고 했다.

과연 대표의 머릿속에는 누가 남아 있겠는가?

우리는 이처럼 정해진 일만 잘 처리한다면 절대 감점을 받지 않고 살아갈 수 있다. 이것은 기본을 지킨 대가이다. 하지만 '괜찮다고~ 안 해도 된다.'고 할 때 그래도 하는 좀 더 적극적인 표현은 상대방으로부터 가점을 받게 된다. 다른 사람들에게 감점당하지 않고 가점을 부여받게 되는 것이다.

어떤 직위에서 어떤 일을 하더라도 상대방으로 부터 가점받는 인생이 되었으면 하는 바람이다.

가점받는 하루

일상생활 속에서도 음식을 나눠 먹을 때 밥 한 숟가락 더 주려고 할 때 괜찮다고 하지만 우리의 부모님들은 밥 한 숟가락 더가 아니라 정 없다고 두 숟가락을 주시는 것이 부모님의 정이며 사랑이다.

우리가 부모님께 용돈을 드릴 때도 부모님께서 괜찮다고 하셔도 주머니에 찔러 넣어드리는 것이 쌓여서 가점이 되며 평생 부모님의 사랑에 감사하게 되고, 자식의 사랑을 느끼게 되는 것이 인지상정이다.

오늘 하루도 가점받는 하루를 만들어보자.

인사를 안 해도 괜찮다고 해도 인사하고 감사하기!

일을 그만해도 괜찮다고 해도 끝까지 마무리하기!

돈 되는 생각 7

돈을 알아야 부자가 된다

돈 하면 떠오르는 한 단어가 무엇일까?

대부분의 사람들이 행복, 편리, 힘, 부자 등 긍정적인 답변을 하고 어떤 사람들은 원수, 악, 문제, 고통 등 부정적인 단어를 떠올린다.

어떤 선택을 했든 관계없이 당신의 생각은 돈과 연계되어 있다.

돈에 대한 적극적인 생각은 돈을 끌어 들이고, 부정적인 생각은 돈을 밀어낸다.

＊ 돈의 정체 10가지

① 돈은 살아 있다.

지폐나 동전. 통장에 찍힌 숫자처럼 사물이 아니라 살아 있는 생물이다.

② 돈은 성장한다.

이자, 수익률, 대출이자처럼 마이너스 성장도 한다.

③ 돈은 중독성이 있다.

쓰는 재미, 모으는 재미, 도박, 충동구매, 과소비, 저소비를 유발시킨다.

④ 돈은 도망가려 한다.

미꾸라지처럼 잘 빠져나가기 때문에 절벽에서 한 손으로 나뭇가지를 잡는 정도로 악착같아야 잡고 있을 수 있다.

⑤ 돈은 속인다.

돈이 거짓말하지 사람이 거짓말하나?

⑥ 돈은 부패성을 가지고 있다:

돈은 고이면 썩고 돈 때문에 부정과 결탁 등이 생긴다.

⑦ 돈은 방심하면 보복한다.

거래나 계약, 보증 등 각종 돈에 대한 일 처리에 세밀하지 못하거나 미루면 큰 손해로 보복한다.

⑧ 돈은 자신을 맹신하게 한다.

'돈이 최고, 돈이면 다 돼.'

돈은 자신의 악한 힘을 사용하여 자기에게 굴복하게 하고 신처럼 따르게 한다.

⑨ 돈은 독성이 강하다.

돈에게 물리면 엄청난 고통을 받게 되고 죽게 된다.

⑩ 돈은 파괴의 본능을 자극한다.

갑자기 큰돈이 생기면 가족 간, 형제간까지 파괴한다. 신도시 개발로 거액의 보상금 때문에 형제간의 살인 사건 등이 말해준다.

이렇듯 돈은 살아서 우리를 위협하고 있는데 우리는 돈을 모르고 그냥 좇다가 속아 망하고 끌려 다니는 것이다.

돈 되는 생각 8

돈 버는 기준과 돈

우리는 각자 세상을 살아가면서 나름의 기준을 가지고 돈을 번다. 어떤 사람은 도덕이 기준이 되고 어떤 사람은 정의가 되고, 법이 기준이 되고, 또 어떤 이는 법을 어기면서까지 돈을 번다.

그럼 어떤 기준이 옳은 것인가? 당연히 법을 어기는 것은 용납할 수 없다. 그러나 도덕, 정의, 법의 기준이 자신이 하는 일과 맞아야 한다.

도덕과 정의가 강하면 강할수록 청렴하여 돈이 들어오는 양이 적어지고, 법을 넘어서서 탁해지면 돈의 양은 많아진다. 이것은 원리이다

성직자나 공무원 등 청렴성을 필요로 하는 직업은 도덕과 정의가 기준이 되어야 하고, 돈을 많이 벌어야 하는 직업은 법이 기준이 되어 법이 허용하는 범위 내에서 악착같이 돈을 버는 것이 맞다.

도덕이 기준인 사람은 자신의 기준으로 보면 다들 비도덕적으로 돈을 번다고 할 수 있고, 정의가 기준이 되는 사람은 다들 정의롭지 못하다고 이야기할 수 있다. 자신의 기준에서 보면 맞는 말이다. 하지만 정당하게 법이 허용하는 범위 내에서 악착같이 해서 도덕과 정의가 기준인 사람을 제치고, 돈을 벌었다면 어떨까?

많은 부자들이 자신들은 법을 어기지 않고 악착같이 돈을 벌었는데 자신을 부도덕하고 정의롭지 못하다고 하는데 동의할 수 없다고 한다.

아주 착하고 정의로운 사람이 적게 번 돈으로 고아원을 방문하여 라면 1박스를 선물한다면 얼마나 귀한 일인가?

하지만 돈 버는 기준을 완화하여 돈을 더 벌 수 있을 기회가 생겨 이

사람이 더 많은 돈을 벌어서 더 많은 고아원에 라면을 선물할 수 있다면 더 크고 많은 선행을 베풀 수 있을 것이다.

어떤 삶을 사는 것은 자신의 가치관이고 자신의 선택이다. 하지만 어떤 기준의 선택으로 사느냐에 따라 돈의 양이 달라지는 것은 사실이다.

돈을 버는 시점의 엄격한 기준은 돈을 적게 들어오게 하고, 법의 기준에서 돈을 많이 번 후에는 기준이 다시 도덕과 정의가 되어야 한다. 이때의 엄격한 기준은 더 많은 돈을 들어오게 하고 존경과 명예도 가져오게 하는 필수 요건이이다. 우리나라 많은 부자들이 이 순서를 지키지 못해 존경받지 못하고 결국 낭패를 겪게 되는 것이다.

지금보다 더 많은 돈을 원하면 자신의 돈 버는 기준을 점검해보자.

다시 한 번 강조하지만 자신의 직업에 맞는 기준이 가장 중요하다.

'사업가는 사업가답게~ 성직자는 성직자답게.'

착하고 올바른 아이도 좋지만 착하고 올바른 부자아이는 어떤 기준과 어떤 기준의 순서를 심어 주느냐에 달려 있다.

빌게이츠, 주크버크, 워런버핏, 록펠러 등등 위대한 부자는 많이 벌어 많이 나누어서 세상을 이롭게 한다.

당신과 당신 자녀가 그 주인공이 되기를 기도한다!

돈 되는 생각 9

소비에 대하여

우리 인간은 태어나기 이전부터 죽은 이후까지 끊임없이 소비를 하는 존재이다.

엄마 뱃속에 있을 때는 병원도 가게 하고 더 먹게 하고 부모의 씀씀이를 키우고 평생 벌고 쓰고 하다가 죽으면 끝이 아니라 장례비에서부터 제사비 등 후손에게 소비를 하게 한다.

이래서 원래 인간은 소비 본능적이다.

우리의 본성은 일어서면 앉고 싶고, 앉으면 눕고 싶고, 누우면 자고 싶다. 이런 본성에 충실이 따라가면 돈이 있는 것이 한정 없고 우리의 마음과 몸이 병들게 된다. 돈만 있으면 평생 누워 있을 수 있는 식물인간이 될 수도 있다.

그러나 본능대로 살다 보면 저축은 하기 어렵다.

최근 쓰지 않기 위해, 돈을 아끼기 위해 몸부림치는 짠테크가 유행하고 있다.

어떻게 하면 돈을 잘 쓰는 것인가? 다른 말로 건강한 소비인가?

쓰지 않는 것이 목적이 아니라 균형 있게 계획적으로 쓰는가에 달려 있다.

절약운동이 왜 성공하지 못하는가?

대다수의 사람들은 절약, 아끼라는 말 자체에 짜증을 낸다. 특히 부부 사이에도 이것 때문에 싸움이 종종 일어나기도 한다. 그럼 절약하지 않고 돈을 잘 쓰고 저축할 수 있는 방법은 없는 것일까.

① 바로 계획하고 계획한 것은 마음대로 쓰라는 것이다.

오늘 하루 무엇을 소비할 것인지 미리 계획해 보고 그대로 돈을 쓰는 것이다.

커피 2잔, 점심, 저녁 술 한 잔 등등 미리 계획한 대로 그대로 쓰면 충동구매가 아닌 계획 구매가 된다. 묻지도 말고 따지지도 않는 충동구매로 5만 원을 쓰겠다고 미리 계획하고 쓰면 이 또한 계획 소비이다. 이대로 한다면 '충동구매/과소비' 란 말은 사라지게 된다.

② 균형 있게 쓰자.

먹고, 마시고, 놀고, 타고, 꾸미고, 공부 등의 삶의 질을 높이기 위해 균형 있게 써야 한다. 써야 할 곳도 쓰지 않는 짠돌이, 짠순이가 목적이 아니라 한 곳에 치중되지 않도록 하는 것이 중요하다.

③ 계획한 대로 스스로 쿠폰북을 만들어 쓸 때마다 하나씩 지워 나가면서 월말에 하나도 남김없이 알맞게 사용하면 100점이다.

쿠폰이 모자라도 안 되고, 남아도 안 된다. 쓰기로 한 것은 다 써야 한다.

계획하고 재미있게 쓰고 균형을 잡아가면 스스로 소비근력이 강해져서 애쓰지 않아도 돈은 저절로 모이게 된다.

④ 소비에 3F 운동을 전개해보자.

Fun: 즐겁게 쓰자.

Free: 자유롭게 쓰자.

Fund: 저절로 돈 생기는 운동을 하자.

돈 되는 생각 10

돈이 많아야 부자이다, 마음이 부자라야 부자이다

이 두 가지 말 중 어떤 것을 선택하겠는가?

어떤 말을 선택해도 정답이다. 하지만 어떤 것을 선택하느냐에 따라 돈의 양이 달라진다.

현재 당신의 마음이 어디로 향하고 있는지 나타낸다.

첫 번째를 선택한 사람은 돈에 집중하고 있으며, 두 번째를 선택한 사람은 착한 마음에 중심을 두고 있다.

우리의 모든 행동은 의식적이든 무의식적이든 우리 안의 마음이 생겨 행동하게 하고, 그 행동의 결과가 나타난다.

부자가 되는 것도 같은 원리이다.

부자가 되려면 3가지 요소가 필요하다.

첫 번째

부자가 되겠다는 마음이 뜨거워야 하고, 구체적으로 얼마를 가져야 하겠다는 마음이 뜨거워야 한다! 당신의 부자 온도는 몇도인가?

돈에 대한 마음을 재무심리라고 한다

두 번째

돈에 대한 건강한 행동을 해야 한다. 벌고, 쓰고, 불리고, 나누는 4가지 행동의 균형을 잡아야 한다. 이 행동들을 재무행동이라고 한다.

세 번째

돈을 아무리 벌어도 체계적인 관리시스템이 없으면 누수되기도 하고 위험에 처하기도 하고 비효율적이 된다. 이 시스템을 가정경제시스템이라고 한다.

부자가 되는 원리는 재무심리가 건강해야 하고, 재무행동이 건강하고, 효율적인 시스템이 작동되어야 한다.

이 시간 한번 생각해보고 마음을 고쳐먹으면 부자의 길이 열린다.

처음 화두에 던진 질문의 정답은 '돈도 마음도 같이 가진 부자'이다. 이런 부자를 '아름다운 부자, 건강한 부자'라고 한다.

착하고 가난한 사람이나 돈만 많은 악한 부자보다는 많이 벌어서 많이 나누는 아름다운 부자의 삶을 살기를 기도한다!

돈 되는 생각 11

좋아하는 것보다 하기 싫은 것을 하자

우리 인간의 본성에는 악하고 게으른 본성이 존재한다. 그래서 이 본성이 일상에 작용하여 삶을 망치고 실패와 실수를 유발시킨다.

본성이 원하고 좋아하는 일보다 본성이 하기 싫어하는 일을 하면 성공하고 부자가 된다.

본성은 '자자, 좀 더 자자.'라고 속삭이고, 일찍 일어나는 것을 싫어한다. 본성은 노는 것을 좋아하고, 공부하고 일하기를 싫어한다. 이렇듯 수많은 일상의 행동들을 할 때 본능적으로 하기보다는 본능이 싫어하는 것을 의도적으로 하면 그것이 절제요, 인내요, 끈기가 된다.

싫어하는 것을 하게 되면 성공하고 부자가 되기 위해 가장 중요한 마음의 근력이 강해지는 것이다.

돈 되는 생각 12

비행기 일등석은 누가 타는가

돈 있는 사람이 퍼스트클래스석을 탈 것이다.

맞는 얘기다! 하지만 그 이전에 타고 싶은 열정이 얼마나 있느냐에 따라 달라진다. 저가항공에 만족하고 이코노미석도 감사하고 비지니스석이면 행운이라고 생각하는 돈에 대한 소박한 마음과 열정보다는 부자의 마음과 뜨거운 열정을 가져보는 게 어떨까?

우리 모두는 부자가 될 수 있다.

그 시작이 '마음먹기'이다.

강남의 고급 아파트를 지나치며 자신과는 상관없는 곳이라고 생각하지 말고, '저기는 내가 있어야 할 곳인데 다른 사람이 차지했네.'라고 하는 내 마음속의 잠자는 부자의 자존심을 깨워보는 것은 어떨까?

그러한 자존심과 열정이 강하면 강할수록 꿈은 이루어진다.

돈 되는 생각 13

열심히 일하면 성공하고 부자 된다

어떻게 하면 성공하고 부자가 될 수 있는가?

답을 찾기 위해 많은 사람들이 연구하고 나름대로의 솔루션을 내놓는다.

사람마다 달라지는 방법보다는 불변의 원칙을 알면 답이 보인다.

〈부자가 되기 위한 불변의 원칙〉

부의 크기= f(직업 + 재무심리)

자신의 부의 크기는 어떤가.

첫 번째: 직업의 전문성, 기술 수준에 따라 수입의 양이 달라진다. 어느 분야라도 그 분야의 최고가 될 때 수입의 양은 커진다. 3급 기술자보다 2급 기술자, 1급 기술자가 더 인정받고 수입도 늘어나는 것처럼 자기개발을 통해 수도꼭지를 키워야 한다.

두 번째: 개인의 재무심리가 얼마나 건강한지에 달려 있다. 재무심리는 들어오는 수입을 더 크게 하려는 내적 동기부여 역할에서부터 창출한 부를 유지, 확대, 재생산하는 아주 중요한 역할을 한다.

이 재무심리는 같은 돈을 벌어도 시간이 지나면서 부의 크기를 크게 차이 나게 한다.

돈 되는 생각 14

편리와 불편

사람들은 생활하면서 각자의 기준대로 행동한다. 그중 소비를 할 때도 자신의 기준에 따라 물건을 구입한다.

수년 전 TV 프로그램에서 짠순이로 유명한 탤런트 전원주 씨 집을 취재하였는데 VJ가 오래된 물건 하나를 보면서 얼마나 된 거냐고 물었다.

15년 되었다는 대답에 VJ가 왜 안 바꾸느냐고 하자 전원주 씨는 '불편'하지 않은데 왜 바꿔요?라고 되묻는다.

많은 사람들은 '편리'를 추구하다 보니 쓸 만해도 더 편리한 거, 더 좋은 것이 나오면 쓰던 물건을 버린다.

마케팅은 우리의 '편리'를 공략하여 새것으로 바꾸게 한다.

새로운 폰이 나오면 바꿔야 하는 이유이고 아파트나 주택 등을 보면 쓸 만한 가구나 물건들이 매일 쏟아져 나오는 이유이다.

당신이 하는 소비의 기준에 따라 부의 크기가 달라진다.

기준을 바꿔 인생 한번 바꿔 보는 게 어떨까?

반대로 지나친 불편을 기준으로 사는 사람들도 때에 따라 편리를 선택하는 누리는 삶을 살아보는 것도 필요하다.

'지나친 편리도 지나친 불편의 기준도 아닌 균형이 중요하다.'

편리가 기준인 사람에게 '불편'이라는 단어를 심고, 불편이 기준인 사람에게는 '편리'라는 단어를 머리에 새겨 균형 잡는 삶의 시작이 되었으면 한다.

돈 되는 생각 15

사칙연산을 잘 하면 부자가 된다

사칙연산 즉 〈+, -, ×, ÷〉에 돈의 원리가 존재한다.

더하기는 버는 것이고, 빼기는 돈을 쓰는 것이며 곱하기는 돈을 불리는 것이고, 나누기는 말 그대로 돈을 나누어 주는 것이다.

반드시 순서를 지켜야 한다.

잘 벌고, 잘 쓰고, 잘 불리고, 잘 나눌 때 돈이 쌓이고 부자가 된다. 더하기, 빼기, 곱하기는 저수지에 물을 가두는 과정 즉 부를 축적하는 과정이다. 이것은 본인 노력으로 부를 축적하는 과정이다.

나누기는 두 가지 기능이 있다.

첫 번째, 부패하고 썩지 않게 한다. 물이 고여 있으면 썩게 되어 있다. 돈도 마찬가지다.

두 번째, 마중물 역할을 하여 돈을 끌어들이는 역할을 한다. 나눔은 내가 하지 않아도 남이 나를 위해 돈을 벌어주는 것이다.

현명한 사람은 자신도 벌고 남이 자기를 위해 돈을 벌어주는 것을 당연히 선택해야 한다.

만약 사칙연산의 순서를 바꾸면 어떻게 될까? 즉 벌어서 바로 나눠 줘 버리면 내 집에는 돈이 없고, 사람만 좋은 실속 없는 사람이 된다. 가정 사정 모르는 남들에게는 좋은 사람으로 평가 받겠지만 가정에서는 배우자의 좋은 평은 받기 힘들다.

이렇듯 우리는 열심히 돈을 벌어야 하고 돈을 잘 쓰고, 남겨야 하고,

남은 돈은 반드시 불려야 하고, 마지막으로 단돈 만 원이라도 나눠 돈이 순환되게 해야 한다.

우리 모두가 단돈 만 원이라도 정기적으로 좋은 일에 기부한다면 이것이 촛불이 되어 세상을 돈으로부터 아름다운 세상을 만들게 될 것이다.

돈 되는 생각 16 돈 되는 생각 16

퍼주기와 나누기

우리는 살면서 여러 가지로 남들과의 관계 속에서 도와주기도 하고 도움을 받기도 한다.

이런 도움은 여러 가지 형태로 이루어진다. 돈, 재능, 시간, 신체기증 등등 많이 있다.

어떤 경우이든 남을 돕는다는 것이 좋은 의미로 이루어지고 있지만 특히 돈과 관련해서는 또 다른 의미를 가지고 있다. 살면서 나는 상대방을 도와줬다고 생각하는데 상대방은 그렇게 생각하지 않는 경우가 많이 생긴다.

한마디로 서로 계산이 안 맞게 되어 있다.

왜일까? 화장실 들어갈 때와 나왔을 때의 차이라고 할까

만약 이런 경우를 많이 경험한 사람은 퍼주기가 심한 사람이다.

퍼주기는 재무심리에서는 재무장애 증상으로 돈을 내버리는 행동이고, 내가 필요할 때 없어 어렵게 만드는 주요 원인 중의 하나이다.

마음이 약해서 거절 못 해 빌려주고 못 받고 힘들어하고 나중에 좋은 소리 못 듣는, 주고 욕먹는 것이라고 할 수 있다.

퍼주기는 상대방의 의존성을 키운다.

자기 일에 최선을 다해 죽기 살기로 하는 사람은 도와주면 반드시 보답하지만 최선을 다하지 않고 조금 힘들 때마다 남에게 의지하는 사람에게는 오히려 의존성만 키우게 하여 서로에게 도움이 되지 않는다. 이것은 부모 자식 간에도 마찬가지이다. 자식이 건강하게 독립하여 살아갈 수 있도록 해주는 것이 무조건 퍼주는 부모 보다 훨씬 좋은 부모이다.

돈 되는 생각 17

미래를 준비한다는 것의 의미

우리는 미래를 준비해야 된다는 말을 수없이 듣는다.

미래를 준비하라고 하는데 왜 잘 안 되는 것일까?

이렇게 생각해보면 쉬워지고 그 당위성이 느껴진다.

현재의 나를 기준으로 보면 '과거의 나들'이 존재한다.

현재의 당신은 이들의 만든 결과물이다.

현재의 모습에 만족하는가? 아니라면 과거의 나들 중의 하나가 잘못해서 그런 결과를 가져온 것이다.

그럼 만족하는가? 그렇다면 과거의 나들에게 칭찬하자. 그들이 잘해서 지금의 당신이 있다.

과거와 동시에 지금 이 시간 '미래의 나들'이 같이 존재하고 있다.

이 미래의 나들은 현재의 나에게 손발이 묶여 아무것도 할 수 없는 안타까운 처지에 있다. 왜냐하면 현재의 나의 결과물일 뿐이기 때문이다.

5년 뒤, 10년 뒤, 20년 뒤 그 이후의 나들이 지금 나에게 편지를 보낸다면 어떤 내용일까?

꿈이란 현재의 나가 미래를 꿈꾸는 것이 아니라 미래의 나들이 원하는 것들이 꿈이 되어야 한다. 또한 지금의 나는 미래의 나들이 바라는 것들을 위해 최선을 다하는 것이 미래를 준비하는 것이다.

지금 나에게 시간과 돈과 행복을 소진하지 말고 나누어 써야 한다. 이것이 미래를 위해 준비하는 것이다.

돈 되는 생각 18

부자가 되기 위한 필요인성

재무심리 안에는 부자가 되기 위한 필요 인성이 포함되어 있다.

① 근면 성실

② 친화력

③ 끈기

④ 실속

⑤ 신뢰

⑥ 셈

⑦ 돈에 대한 사고의 유연성(프로정신), 자존심과 돈을 버는 기준의 유연성.

이렇듯 열심히 하는 것만으로는 부자가 되지 않고 7가지 인성이 골고루 발달되어야 한다.

부자가 되기 위해서는 반드시 부족한 인성을 개발해야 한다.

돈 되는 생각 19

직접 돈을 벌지 않고 잘살 수 있는 방법

필자는 강단에서 항상 첫 수업에서 학생들에게 이 질문을 해본다.

답은 똑같다.

① 로또로 대박나면 된다고 한다. (사는 것은 학생 마음이지만 당첨되는 것은 로또 마음이라 어렵다.)

② 아버지 상속.

③ 돈 많고 능력 있는 배우자를 만나면 된다. (자신이 충분한 자격이 없으면 이 또한 어렵다.)

④ 산 속이나 절로 가면 된다. (갈 수 있는지는 모르겠지만 자신은 안 간다고 한다.)

⑤ 노숙자. (자신은 절대로 안 되고 싶다고 한다)

가장 최근에 들은 답은

⑥ '영원한 자식으로 살고 싶어요.'(독립하지 않고 부모덕에 사는 캥거루족.)

그럼 질문의 정답은 무엇일까?

정답은, '직접 돈 벌지 않고는 살아 갈 수 있는 방법이 없다.'이다.

돈 되는 생각 20

꿈의 구성 요소

우리는 꿈에 대한 이야기를 수없이 이야기하고 또 들어왔다.

꿈은 반드시 이루어져야 하며 그 꿈을 이루기 위해 반드시 돈이 필요하고 준비되어져야 한다는 것을 알아야 한다.

꿈을 이야기하는 강사들은 청중들을 막연한 기대감과 희망으로 부풀게 할 수는 있지만 그 강의에 돈 이야기가 없으면 들어서 좋은, 말 그대로 꿈으로 끝난다.

꿈을 이야기하는 그들의 삶이 돈으로부터 자유롭지 못하다.

왜? 돈이 그들 삶에서 빠졌기 때문이다.

꿈이 현실로 되지 않는 삶을 사는 꿈 강사가 아주 많다. 그들의 공통적인 고백은 꿈을 이루기 위해 돈이 필요하다는 것을 이제 알았다는 것이다.

세상이 아무리 넓고 커도 해외로 나가려면 비행기표와 경비 준비가 없으면 불가하다.

꿈꾸는 것은 자유지만 돈이 없으면 이루어질 수 없다. 따라서 당신이 어떠한 꿈을 꾸더라도 그것을 이루기 위해 필요한 돈의 꿈도 함께

꾸어야 한다.

당신의 꿈속에 반드시 있어야 할 구성 요소

① 본인의 꿈

② 가정의 꿈

③ 돈의 꿈

④ 직업의 꿈

⑤가족 간의 공유

현재 꿈을 가지고 있다면 점검해 보고, 없다면 이 구성 요소를 바탕으로 한번 생각해보면 좋을 것이다.

꿈은 돈을 끌어당기는 흡인력을 가지고 있다.

돈 되는 생각 21

재무심리가 부자와 가난을 결정한다

심리 안에 심리인 돈에 대한 심리가 따로 있었고, 이 심리는 돈에 대한 인간의 행동에 직접 명령을 내린다는 것을 발견하고, 이것을 "재무심리"라 명명하였다. 그리고 이 심리를 진단하는 프로그램인 'NPTI'를 세계 최초로 만들었다.

이 덕분에 2017년 세계 3대 인명사전 중 하나인 "Who's who in the world"에 등재되는 기회도 갖게 되었다.

앞으로 여러분들의 건강한 재무심리를 위해 좋은 정보를 제공하도록 노력할 것이다.

오늘의 주제인 재무심리는 돈에 대한 생각, 태도, 믿음으로 구성되고 환경으로부터 돈에 대해 듣고, 보고, 배우면서 내면에 형성된다. 또한 재무심리는 대물림된다.

자식이 건강한 부자가 되기를 원하면 부모가 건강한 재무심리를 가져야 한다.

재무심리는 한마디로 돈에 대한 마음이라고 할 수 있다.

이 마음이 건강하면 부자가 되고 건강하지 못하면 가난해진다.

투자실패, 사업실패, 충동구매, 도박 등등의 모든 돈 문제에는 재무심리가 원인이다.

당신의 재무심리는 건강하다고 생각하는가?

돈 되는 생각 22

문제는 더 큰 부를 가져오는 기회이다

우리는 살면서 수많은 어려운 문제들을 만난다.

가정의 문제, 사업의 문제, 경제의 문제, 질병의 문제 등 헤아릴 수 없다. 왜냐하면 이 세상이 문제의 세상이기 때문이다.

그렇다면 문제를 피할 수 없다면 어떻게 대해야 하는가? '피하기보다는 뛰어넘는 것이다.'

문제를 뛰어넘는 방법은 첫째, 문제를 객관화시키라는 것이다.

손으로 눈을 가리면 아무것도 안 보이듯 문제를 만나면 그것을 너무 눈앞에 가까이 대다 보면 그 문제 속에 빠져 벗어나지 못하고 악성 스트레스로 파괴적인 결과를 가져온다.

눈을 가리는 문제를 저 멀리 내려놓고 보면 문제가 실제로는 문제가 아닌 것이다

100억을 가진 사람이 90억을 날렸다고 망했다고 자살을 한다.

당사자는 다 잃었다는 허망함이 온통 눈앞을 가려 남은 10억을 보지 못한다. 10억만 있으면 하는 사람은 이해할 수 없는 일이고 오히려 비난받을 것이다.

현재 본인이 문제에 빠져 있다면 본인보다 더 큰 문제를 안고 사는 사람이 많다는 사실과 문제는 반드시 해결되고 우리에게 더 큰 문제를 예방하게 하는 건강한 스트레스라는 것이 사실이고 그것을 Fact로 받아들이면 문제는 기회가 된다.

둘째로는 문제에 속지 말아야 한다.

문제는 우리에게 고통을 주고 파괴가 목적이다. 그래서 문제는 스스로를 해결하지 못하도록 두려워하게 하여 도망치도록 만들고 그 문제를 더 크게 키워 큰 고통을 주려 한다.

병과 죽음이 두려워 병원에 가서 진료받기를 꺼려하는 것과 같다. 정기적인 진료를 통해 예방하고 초기에 치료하면 건강에는 문제가 없을 것이다.

우리 내면에 있는 재무심리도 마찬가지이다. 자신의 돈에 대한 마음이 강한지 병들어 있는지를 진단하는 것이 필요하다

우리 내면에는 부자의 심리와 가난의 심리가 싸우고 있다.

만약 당신 안에 있는 가난의 심리가 부자의 심리보다 강하면 가난의 심리가 자신이 드러나고 제거될까 봐 진단받기를 거부하는 것이다.

만약 당신의 부자 마음이 강하면 병이 없어도 정기로 건강검진을 받는 것처럼 재무심리 또한 진단받기를 주저하지 않는다. 당신의 부자 마음이 더 큰 부자가 되기를 원하기 때문이다.

지금까지 아무도 몰랐고 자기 자신조차 모르고 있지만 운명처럼 당신의 돈에 직접 영향을 주고 있는 재무심리가 있다는 것은 사실이고 Fact이다.

돈 되는 생각 23

돈을 내쫓는 습관

우리는 일상에서 스스로 인식하고 있거나 모르고 행해지는 습관들이 있다.

우리가 어떤 생각을 하고 어떤 행동을 하든지 그것은 반드시 돈을 부르든지 아니면 돈을 밀어내기도 한다.

오늘 아침 회사에 가서 열심히 일해야지 하는 생각은 돈을 부르지만 좀 더 자고 싶어 출근하고 싶지 않다라는 생각은 돈을 밀어낸다.

우리의 습관 중 돈을 내 쫓는 습관으로는

① 물건을 아무 데나 두는 습관

② 기록하지 않는 습관

③ 물을 틀어 놓고 세면하는 습관

④ 늦잠 자는 습관

⑤ 계획하지 않는 습관

⑥ 충동구매와 과소비 습관

⑦ 인사하지 않는 습관

⑧ 마무리하지 못하는 습관

⑨ 미루는 습관

⑩ 자기 것을 챙기지 못하는 습관 등이 있다.

이러한 습관을 버릴 때 돈은 나가다가도 다시 내게로 오게 된다.

이것이 마이너스 (-)를 마이너스(-)하면 플러스(+)가 따라오는 뉴플러스 원리이다.

힘들게 돈을 버는 것도 있지만 뉴플러스는 또 다른 소득 창출 행위이다.

돈을 내어 쫓는 습관이 있다면 오늘부터 고쳐보는 첫걸음을 시작해보는 것이 어떨까?

가장 확실한 또 하나의 돈 버는 방법인 뉴플러스를 생활 속에서 실천해보자

돈 되는 생각 24

되는 대로 인생

오늘날 많은 청년들은 미래가 불확실하여 '되지도 않을 것을 계획하면 무엇 하나. 그냥 되는 대로 사는 거지.'라며 체념하며 살고 있다.

하지만 많은 사람들이 그렇게 살아가더라도 소수의 사람들은 가능 여부와 상관없이 미리 좌절하지 않고 명확한 꿈을 가지고 산다.

성공과 부는 꿈꾸는 자에게 있다.

당신은 어떤 사람인가?

되는 대로 사는 사람, 아니면 꿈을 가진 사람인가.

'꿈은 돈을 부른다.'

돈 되는 생각 25

'마음의 근력'

우리의 마음에도 근력이 있다. 우리 신체에 근육이 있듯이 근육이 강하고 힘이 있으면 무거운 것도 오랫동안 들고 있을 수 있다.

근력이 약하면 가지고 있던 물건도 떨어뜨린다.

건강한 신체를 위해, 근력을 키우기 위해 각종 운동과 헬스클럽을 다닌다.

우리 마음에도 근력이 있다. 이것이 약하면 참지 못하고 쉽게 포기하고 지친다.

마음의 근력이 강하면 참을 수 있고 절제할 수 있다.

건강한 삶을 위해 마음 근력을 키우는 것이 필요하다. 마음수련이 필요한 것이다.

부자가 되기 위해서는 돈에 대한 마음수련을 통해 재무심리 근력을 키워야 한다.

근력을 키우는 방법은 운동할 때 힘들다고 그만두면 근육이 생기지 않는다. 그 한계를 넘어설 때 근육이 생기기 시작한다.

푸시업 10회, 20회, 30회, 40회 계속 횟수를 늘리기 위해서는 참고 견디는 것이다. 쓰고 싶을 때 쓰지 않고 견디면 소비 근력이 강화되고 이것이 반복되면 나중에는 고통을 느끼지 못하는 쉬운 일이 된다.

소비와 저축은 근력의 차이다.

만약 100만 원이 생긴다고 가정할 때 이 돈을 들고 있을 소비 근력이 약한 사람은 명품이나 여행 등 재미를 위해 즉각 써버린다.

반면에 소비 근력이 강한 사람은 1년을 가지고 간다. 즉 1년 만기 정기저축으로 돈을 가져간다.

부자가 되기를 원하면 부자의 재무심리 근육을 키워보자 .

당연히 힘들지만 근육을 키우면 돈이 오고 부자가 되는 큰 열매가 보장되어 있으니 반드시 해야 한다.

돈 되는 생각 26

부자의 마음을 응원하자

우리 마음속에는 두 가지 마음이 존재하고 둘이 끊임없이 싸운다.

둘의 싸움의 승패에 따라 부자와 가난이 결정된다.

부자로 살기를 원하는가? 세상은 당신을 부자의 마음에 집중하지 못하게 하고 가난한 마음을 좇아가도록 유혹한다. 저축하려는 마음보다 소비하려는 마음을 부추기기 때문이다.

우리 마음속에는 8가지의 돈에 대한 본능적 속성들을 가지고 있다.

이 8가지는 각각 부자의 마음과 가난의 마음으로 귀속된다.

부자의 마음

모험가형: 돈을 많이 벌려는 마음

자린고비형: 돈을 근검절약하려는 마음

사냥꾼형: 돈을 키우고 불리려는 마음

숭배형: 돈의 애착 및 집착도를 나타내는 마음

가난의 마음

유아형: 쓰고 싶은 대로, 놀고 싶은 대로 사는 마음

베짱이형: 게으른 속성

일확천금형: 한탕주의 / 한 방주의

패자형: 돈 문제로 고통 돈에 끌려 다니는 마음

여러분은 어떤 마음이 강한가?

부자의 마음을 키우고 가난의 마음을 제거하기 바란다.

돈 되는 생각 27

도전하려 하지 말고 경험하자

도전에 대한 많은 말들을 들어왔고 또 도전의 필요성도 절대적으로 강조되어 왔다. 이렇게 중요성이 강조되고 절대적인 것인 도전이 왜 어려운가? 그 이유는 도전에 따르는 과정 중의 희생과 어려움, 그리고 그 결과로 오는 실패의 두려움 때문일 것이다.

그래서 많은 좋은 말들이 생겨났다. 실패 때문에 주저하는 사람들에게 '실패를 두려워하지 말고 도전하라.'고 한다.

말은 맞는 것 같은데 이 또한 말의 힘이 약하고 결과에 책임을 지지 않는다. 그래서 말로 그치게 된다.

그러면 어떻게 해야 하는가?

기왕 해야 하는 일이면 '도전하려고 하지 말고 경험하라.'이다.

이 말이 우리의 행동을 도전보다는 쉽게 일어서게 한다.

우리는 살면서 많은 좋은 일, 슬픈 일, 힘든 일 등 다양하게 마주치게 된다.

이럴 때마다 최선을 다하지만 그 과정과 어떤 결과가 나타나도 실망하지 않고 받아드리면 그것은 또 다른 인생의 경험이고 그 경험들이 쌓여 연륜이 되고 나중에는 지혜가 되는 것이다.

인생은 지식으로 사는 것이 아니라 지혜로 사는 것이다.

우리가 하는 일과 사업도 지혜로운 자가 성공할 수 있다.

시장에서 장사하는 할머니는 수학을 몰라도 장사를 잘한다. 어떻게 해야 장사가 되는지 많은 경험을 통해 지혜를 터득한 것이다.

돈 되는 생각 28

물건 위치 정하기

우리는 살면서 먹고, 마시고, 놀고, 여행 가고, 공부하고, 운동하며 여러 가지 일상의 삶을 살고 있다.

이러한 모든 행위에는 사전에 물건이 필요하고 사후에 쓰레기라는 결과물이 발생하기도 한다. 음식물, 장난감, 게임기, 여행용품, 등산용품, 각종 책과 문구류 또한 집집마다 한 가지 정도는 운동용품이 있으며 우리의 주변에는 이런 물건들로 둘러싸여 있다.

그런데 주변은 깨끗하게 정리·정돈되어 있는가?

주변의 정리·정돈 여부는 바로 당신의 정신 상태를 나타낸다. 정신이 깨끗한 만큼 주변이 깨끗해지고, 복잡하고 나태해진 만큼 당신의 주변은 어지럽게 된다.

이렇듯 정리·정돈되지 않는 삶은 돈을 밀어내고 있으며 많은 실패와 실수 등 위험을 불러온다.

정리·정돈은 돈을 부른다는 것을 명심하기 바란다.

정리·정돈을 잘하는 방법은 모든 물건을 제자리에 정해 두는 것으로 시작된다. 제자리를 벗어나는 순간 어지럽혀진다.

책가방 놓는 자리, 열쇠 놓는 자리, 외투 놓는 자리, 신발 놓는 자리 등등 자신은 물론 동료들, 가족과 위치를 정하고 실행하면 된다. 물건을 사용한 후 반드시 원래 있던 자리에 두면 자동 정리·정돈된다.

우리 집에서도 예전에 열쇠를 몇 개씩 가지고 있어도 필요할 때 찾지 못해 시끄러워지는 경우가 있었지만 단순히 열쇠 위치를 정해두고 항상 한 자리에 두기로 약속한 이후는 그 문제는 완전히 해결되었다.

돈 되는 생각 29

돈이 새는 것을 막는 것이 급선무

부자가 되기 위해 돈을 많이 버는 것이 중요하지만 동시에 돈이 새는 것을 막는 것이 급선무이다. 마이너스를 마이너스하면 플러스가 되듯 절약이 아니라 돈을 벌게 되는 것이다.

챙겨야 할 돈이 누수되고 있는 곳

① 소비생활(누수자금 20% 제거 목표)

- 충동구매, 과소비를 하지 않으면 돈이 생김.
- 계획하고 즐겁게 쓰기.
- 가계부 쓰기.

② 보험료(20% 누수 제거 목표)

- 보험은 꼭 필요하지만 과도한 보험료 제거하면 돈이 생김. 특히 보험료는 장기적으

로 돈이 새기 때문에 빨리 잡지 않으면 큰돈이 날아가게 됨. 상담하는 전문가마다 반드시 여러 전문가의 상담을 통해 객관적 비교 필요함.

③ 투자 상품(현재 수익률 대비 10% 증대 목표)

- 펀드나 변액보험이나 각종 투자 상품은 전문가에 따라 상대적인 손실을 발생시킨다. 한마디로 전문가가 누구냐에 따라 더 벌 수 있는데 벌지를 못하고 손해를 볼 수 있다.
- 항상 나의 수익률을 시장 평균 수익률을 기준으로 판단해야 한다.

④ 대출이자(현재 대출 이자 대비 10% 줄여보기)

- 꼼꼼히 살피고 발품을 팔더라도 저리의 대출을 받아야 한다.
- 대충해서 현재 대출을 받았다면 재점검이 필요하다.
- 신용이 좋을 때 저리로 전환하면 돈이 생기는 효과를 본다.

⑤ 세금(과태료. 연체 등 각종 절세로 20% 줄이기, 연말정산 더 받기 20%)

- 각종 세금 꼼꼼히 챙겨 제때 납부하기.
- 연말정산 최대한 받아 내기.
- 상속 증여 등에 있어 절세하기.
- 준법정신을 지켜 각종 범칙금 과태료 안 물기

돈 되는 생각 30

지혜로 살면 부자가 된다

지금까지 우리 앞에 다가왔던 많은 경험 속에서 깨달음을 얻고, 앞으로 다가오는 많은 일들에 대한 경험을 설레는 마음으로 기대해 보는 긍정심을 가져보는 게 좋겠다.

실패도 성공도 하나의 경험일 뿐이다.

맛있는 비빔밥은 여러 가지 맛이 섞여야 되듯이 우리의 인생도 때로는 쓴 맛도 보고 단 맛도 보고 신 맛도 보고 다양한 맛들이 섞일 때 풍요로운 인생이 된다.

편하고 무탈하고 늘 행복하기만을 기대하는 유아적인 발상보다 적극적으로 새로운 경험을 수용하는 성숙한 사람이 되는 게 성공의 지름길임을 알아야 한다.

돈 되는 생각 31

복을 받으려면 복 받는 자리에 있어야 복을 받는다

비를 맞으려면 어디로 가야 하는가?

이 질문에 '밖으로 나간다.'라는 답을 하는 사람들이 많다.

정답은 '비 오는 곳으로 간다.'이다. 비가 오지 않는데 밖으로 나가본들 비를 맞을 리가 없다.

이같이 복을 받으려면 복 받는 자리에 있어야 한다.

그럼 복을 받는 자리는 어디일까? 어디를 가나 제일 앞자리 가운데가 복 받는 자리이다.

학생들은 이 자리에 있을 때 교수들로부터 좋은 점수를 받고 교회나 각종 종교 집회에 가서도 윗자리에 앉아야 주목받고 복을 받는다.

의도적으로 이 자리를 차지하자. 성격 운운할 필요 없다. 진정 복 받기를 원한다면 말이다.

자기의 존재를 나타내고 알려야 한다. 숨지 말고 뒤로 가지 말고.

필자는 대학에서 매 학기 초에 새로운 학생들을 만난다.

첫수업의 장면은 매년 똑같다.

강의실 문을 열면 가운데 줄은 비어 있고, 좌우측 줄, 그리고 뒤에서부터 채워 앉는 학생들을 본다.

그럴 때 나는 학생들에게 얘기한다.

“여러분들은 다 ‘주변인’들인가요? 학점을 잘 받으려면 앞쪽으로 그리고 가운데 앉으세요. 그리고 항상 ‘중심인’이 되고 자신이 ‘주인공’이 되세요.”

이렇듯 많은 사람들이 주목받기를 주저하는 동안 다른 사람이 주인공이 되고 나는 항상 조연의 인생을 살게 된다.

주인공이 될 수 있다면 굳이 조연이 될 이유는 없을 것이다.

우리 모두는 내 인생의 주인공이 되어야만 한다.

그럼 돈을 벌려면 어떻게 해야 하는가?

돈 되는 생각을 하고, 돈 되는 행동을 하고, 돈 되는 곳에서 돈 되는 일을 해야 한다.

점검해보자 .

자신이 돈 되는 생각을 하고 있는지, 돈 되는 행동을 하고 있는지, 돈 되는 곳에 있는지, 아니면 돈 되는 일을 하고 있는지?

의외로 많은 사람들은 돈이 되지 않는 생각과 행동을 하고, 돈이 안 되는 곳에서, 돈 안 되는 일을 하면서 돈이 안 된다고 불평한다.

돈 되는 생각 32

E1, E2, E3, E4를 생각하면서

지금 돈 되는 일(E1, E2) / 나중 돈 되는 일(E3, E4) / 돈 안 되는 일(Ex)!

오늘도 우리는 각자의 일터로 나간다.

일터는 나의 수입이 창출되는 곳이다.

그럼 오늘 하루 내가 어떤 일을 하고 있는지 한번 생각해보자.

지금 하고 있는 일이 이 달에 소득을 창출시키는 일인지, 다음 달에 소득을 발생시키는 일인지, 아니면 두 달 후 소득을 발생시키는 일인지, 또는 장기적으로 소득창출에 도움이 되는 일인지 혹은 소득창출과 전혀 관계없는 일인지?

그냥 열심히 많은 일을 이것저것 한다고 다 돈이 되는 것은 아니다.

소득 창출의 일들이 우선순위와 균형 있게 돌아가야 한다.

우선 내가 매일 하는 일들에 코드를 부여하여 점검해 보면 나의 수입이 크고 작은 이유를 스스로 알게 될 것이다.

이번 달에 수입이 창출 되는 일에: 코드 E1(즉 전체 일의 50% 비중을 두고)

다음 달에 수입이 창출 되는 일에: 코드 E2(전체 일의 30% 비중을 두어 다음 달을 준비하고)

두 달 이후 수입이 창출되는 일에: 코드 E3(전체 일의 15% 비중을 둔다)

장기적인 미래 수입을 위한 준비하는 일에: 코드 E4(전체 일의 나머지 5%)를 배분한다.

일의 우선순위와 비중이 균형감 있게 배분되어 있을 때 수입의 안정성과 극대화가 일어난다.

어떤 사람은 먼 미래의 수입 활동의 일만 하고 있으므로 현재 수입이 없다. 그저 준비만 하는 것이다.

어떤 사람은 이번 달만 사는 것처럼 현재 일만 집중한다. 그러다 보면 다음 달 먹을거리가 없고 자기개발 등이 없어 한계에 봉착한다.

어떤 사람은 하는 일들이 수입 창출과는 전혀 상관없는 잡다한 일 즉 일만 하고 있어 오히려 시간 낭비만 하고 있다.

이러한 코드 분류는 개인이나 기업의 영업활동이나 매출관리 및 증대에 아주 효과적이다.

지금 돈 되는 일에 집중하고 미래를 위해 시간을 할애하여 안정적이고 많은 수입이 창출되는 개인과 사업장이 되기를 기원한다.

돈 되는 생각 33

공짜 심리는 가난의 심리

'세상에 공짜 없다.'라는 말이 있다.

이 말은 공짜라고 해서 뭔가를 했는데 대가를 치렀다는 이야기이다.

이와 유사하게 싼 게 비지 떡이다, 돈 값어치 한다 등의 말이 있다.

이 같은 말들은 다 경험에서 얻은 옛날부터 내려오는 살아 있는 교훈이다.

그런데 왜 사람들은 공짜를 바라는 것인가?

그것은 그 사람의 심리상태가 알면서도 당하는 가난의 심리를 가졌기 때문이다.

"나, 오늘 공짜 얻었어, 아주 싸게 득템했어, 너무 좋아!"

이런 말들을 누가 할까? 부자는 아닐것이다.

공짜를 찾고 싼 것을 찾아야만 하는 자신의 상태를 벗어나려는 의지와 노력 그런 마음을 품는 것이 보다 나은 삶을 가져오는 건강한 태도임을 한번쯤 생각해볼 필요가 있을 것이다.

오늘도 공짜 미끼 상품에 현혹되어 원치 않는 그 이상의 대가를 치르고 있지 않은지…….

세상에는 공짜는 절대 없고 싼 게 비지 떡이라는 것은 불변의 진리로 받아들이고 생활에 적용시키는 순간 돈은 선순환으로 돌아가기 시작한다.

특히 금융 분야의 경우 컨설팅 비용을 당당하게 요구하는 전문가를 그냥 무료 상담해 주겠다는 전문가보다 더 신뢰하고 따라야 한다.

왜 자신의 소중한 시간과 노력을 당신에게 그냥 쓰겠는가?

그들도 수입이 있어야 살아 갈 수 있으니까 상품을 팔기 위한 무료 상담일 수밖에 없다.

그러다 보니 더 많은 수수료를 주는 상품을 권유하는 유혹에 빠지고 또한 공짜 상담하는 고객은 더 큰 손해를 보게 되는 것이다. 이러한 현상의 책임은 공짜를 좋아하는 고객들의 책임도 있지 않을까?

이제 부자가 되기 위해서는 정당한 대가를 치르는 마음으로 바뀌어야 한다.

그래야 문화가 바뀌고 세상이 바뀐다.

불변의 진리는 공짜는 없고, 쉽게 빨리 큰돈 벌 수 있는 것도 없다는 것임을 알고 이런 유혹에서 벗어나 건강한 마음과 행동을 하여 자신과 가정을 재무 위험에서 벗어나게 해야 한다.

돈 되는 생각 34

마음 있는 곳에 돈이 간다

30년간 열심히 일하고 최근 퇴직한 대기업 상무 출신의 질문이다.

같은 월급을 받고 살았는데 다른 동료는 상가를 마련하여 노후가 걱정 없는데 자신을 그렇지 못하다며, 그 친구는 투자해서 벌었다고 소문이 났다는 것이다.

바로 그것이 차이이다.

그 사람의 친구는 투자심리인 곱하기 심리가 강하고, 그 사람은 그게 약해서 30년 뒤의 차이를 만든 것이다.

곱하기(×)를 해야만 부자가 된다.

그럼 곱하기를 알아보자.

5+5=10이다.

이것은 더하기의 효과를 말한다. 그런데 5×5=25이다. 이것은 곱하기의 효과이다.

같은 5와 5 사이에 +가 들어갔을 때와 ×가 들어갔을 때 차이가 많이 난다.

이렇듯 우리의 돈을 어떻게 처리하느냐에 따라 시간이 지나면 엄청난 부의 차이가 난다.

저금리 시대에 물가 상승률도 커버하지 못하는 저축상품에 가입하는 것은 건강한 재무심리가 아니다.

반드시 불려야 한다는 재무심리가 작용해야 한다.

그런데 자신의 재무심리에 따라 부동산에 투자하는 사람과 주식 투자하는 사람과 투기하는 사람, 최근에는 유사수신 행위 논란이 되는 가상화폐에 투자 하는 사람 등 다양한 형태의 곱하기 행동을 한다.

돈이 없어 투자를 하지 못한다고 하지 말고 항상 관심 분야의 시장 동향과 지식을 쌓고 기회를 봐야 한다.

마음이 있는 곳에 돈이 가게 되어 있다.

부동산 부자도 처음부터 큰돈으로 시작하지는 않는다.

남들은 귀찮다고 하지 않았던 청약 통장이며 이리저리 다니며 발품 팔아 분양받아 프리미엄 받고, 넘기고 또 굴려 더 큰 아파트로 키우고 또 굴려 나중에 빌딩도 가지게 된 것이다. 이것이 부동산투자의 원리이다.

월급 받아 집 못 산다는 말이 맞는 말 같지만 투자 전문가들은 다들 웃으며 틀렸다고 한다.

부동산은 더하기 계산으로는 안 되는 곱하기 방법을 택해야 한다.

그럼 부자가 되기 위해서 해야 할 일을 알아보자.

① 돈이 없어도 일단 곱하기에 관심가지는 게 급선무이다.

② 관심 시장을 공부하고 정보를 수집한다.

③ 작은 돈으로 시작한다.(예를 들어 주식 한 주부터 / 부동산 원룸 투자 부터….)

④ 반드시 복수의 전문가 조언을 받자.(투자는 예측불가하고 위험이 따르므로 한사람의 조언보다는 여러 전문가의 의견을 듣고 판단하는 게 필요하다.)

⑤ 투자는 인내와 기다림이 필요하다.(투자 후 바로 한 몫 챙기려 하다 보면 기다리지 못하여 큰 수익을 놓치고 손해 보거나 기다리지 못해 섣불리 투자하여 큰 손해를 보기도 한다.)

⑥ 로스컷loss cut을 설정하고 지켜야 한다.(손 절매와 이익을 봤을 때 빠져 나오는 기준을 정하고 반드시 지켜야 한다.)

⑦ 생존에 필요한 돈에는 손대지 말아야 한다.(미래에 다가오는, 반드시 준비하지 않으면 가족이 고통받는 이벤트 준비자금은 손대지 말아야 한다.)

같은 월급을 받아도 나중에 누구는 상가를 소유하게 되는 이유를 투자에서 발견하는 하루가 되기를 바란다.

돈 되는 생각 35

부자를 선포하면 이루어진다

우리는 살면서 드러내기를 본성적으로 꺼리고, 드러내기보다 속에 품고 있는 것이 겸손하고 절제되고 미덕인 것으로 여기는 경향이 많다. 하지만 실생활에서는 드러내지 않으면 알 수도 없고 남들이 애써 찾아 알아주지도 않는다.

자신이 할 수 있는 일, 잘하는 일, 또 도움이 필요한 일, 부족한 점을 들을 때로는 알릴 필요가 있다.

밖으로 알린다는 것, 공표나 선포한다는 것은 반드시 하겠다는 의지의 표명이고 선포를 하게 되면 실천의 책임이 따른다.

부자가 되기를 원하는가?

그렇다면 '나는 이런 부자가 될 것이다.'라고 많은 사람들에게 선포하자.

선포하는 순간 당신은 스스로 당신이 말한 것을 실천하려는 자기 동기 부여를 통해 마침내 그것을 이루게 될 것이다.

오늘 당당하게 선포할 수 있는 당신은 건강한 부자가 될 수 있다.

만약 눈치보고 주저한다면 당신은 부자 될 마음이 부족하고 아직 준비가 안 되어 있는 것이다.

먼저 선포하기 바란다.

특히 자존심과 경쟁심이 강하다면 반드시 이루게 될 것이다.

왜냐하면 당신은 자신의 자존심과 지는 것을 싫어하고 실없는 사람 되는 것을 견디지 못하기 때문이다.

말에 책임지는 당신은 선포하는 순간 부자의 길을 가게 된다.

주저 말고 던져 보자. 당신의 말이 당신을 끌고 갈 것이다.

"나는 반드시 부자가 될 거야! 나는 100억대 빌딩을 가지고 통장에 20억 정도 지니며 사는 멋진 부자가 될 거야!"라고 선포해보자.

자신이 선포한 말을 100번 외우고 선포하면 반드시 삶이 바뀐다.

돈 되는 생각 36

영수증을 모으면 돈이 된다

우리는 매일 살면서 필요 지출, 불필요한, 계획 구매, 충동구매, 과소비 등등 많은 마이너스를 발생시킨다.

눈을 감고 생각해보자.

집에서 나오면서부터 일터까지 많은 마이너스들이 유혹했고 또 마이너스를 발생시켰을 것이다.

교통비, 커피, 밥값, 기타 등 택시는 자기를 이용해달라고 부탁하고, 자가용은 자기를 왜 버리고 가냐고 앙탈을 부려도 뿌리치고 대중교통을 선택한 당신은 마이너스를 마이너스하여 새로운 플러스를 창출했고, 건강도 얻은 훌륭한 하루를 시작했다.

우리의 본성은 끊임없이 편해지려 한다.

본성을 좇아가면 돈이 무한정이고 건강도 안 좋아진다.

서 있으면 앉고 싶고, 또 눕고 싶고, 또 자고 싶은 것이 본능이다.

당신이 얼마나 본능에 충실했는지 아닌지를 나타내 주는 증거가 바로 영수증이다.

영수증을 꼭 받고 영수증통을 만들어 넣어 보자. 아마도 깜짝 놀랄 것이다. 내가 이렇게 많이 쓰고 있구나 하고 말이다.

똑같은 행동을 하는데도 그동안 하지 않던 영수증을 한 곳에 모아두는 행동을 하는 순간 부지불식간에 발생시켰던 작은 마이너스들이 뭉쳐 큰 덩어리로 변했기 때문이다.

이제부터는 스스로 불필요한 것을 하지 않으려고 하고 충동적으로 물건을 사던 행동도 줄어들게 된다.

무조건 쓰지 않는 자린고비는 삶을 척박하게 만든다.

돈을 골고루 균형 있게 써야 잘 쓰는 것이다.

돈을 무조건 안 쓰고 모으는 자린고비야말로 스튜핏stupid!

영수증을 모아 스스로 균형 있게 소비를 하는 당신이 바로 그레잇great이다.

오늘부터 영수증을 모아 통에 넣어보자.

돈이 생긴다.

둑이 무너지는 것은 작은 구멍부터이다.

보이지 않는 작은 마이너스를 마이너스하여 새로운 플러스를 만들자.

돈 되는 생각 37

가난의 맹세

우리는 살면서 한 번쯤은 맹세를 한 경험이 있을 것이다.

어떤 일을 잘못했거나 아니면 반드시 이루고 말겠다는 확고한 의지의 표시로 말이다.

이와 같이 공개적으로 맹세를 하기도 하지만 자기 자신에게 맹세하는 경우도 있다.

이런 맹세는 자신이 스스로 알고 하지만 자신도 모르게 맹세를 하고 그 맹세를 성실히 행하는 경우가 있다.

이런 것들은 자신이 가지고 있는 가치관 등이 여기에 해당된다.

자신의 내면에서는 가치관이 자기맹세를 하여 행동으로 연결되게 한다.

돈에 대한 가치관도 이 경우에 속한다.

재무심리에서는 가난의 맹세라는 것이 있다. 일종의 장애로 분류된다. 이것은 돈에 대해 너무 정의롭고 결백하고 도덕적인 잣대의 엄격한 가치관의 소유자들에게 많이 나타나고 돈의 선한 면보다는 악하고 추한 부분에 대해 경멸하고 멀리한다.

그래서 돈이 많으면 나눠줘야 하고, 돈을 의롭게 벌어야 하고,돈에 욕심을 내는 것을 금기시한다.

이런 가난의 맹세는 돈을 부르기보다는 내치고 외면하는 역할을 하므로 부자가 되는 데는 장애가 된다.

가난의 맹세는 성직자들과 공무원들에게 나타나야 하는 특성이다.

부자가 되기 위해서는 부자의 맹세를 해야 한다.

부자가 되기를 원하는가?

그러면 자신의 내면에 가난의 맹세가 있는지 한번 생각해 보는 것도 의미가 있다.

돈 되는 생각 38

왜 공부하지 않고 왜 돈을 벌지 않는가

이 질문에 답은 한마디로 공부해야 할 이유가 없기 때문이고 돈을 벌어야 할 이유가 없기 때문이다.

부모는 학생들에게 공부 잘하라고 하고 나름의 이유를 설명해준다.

그런데 왜 부모가 원하는 만큼 노력하지 않을까?

부모 수준에서 말한 공부의 이유가 와 닿지 않기 때문이다.

예를 들어 공부 잘해서 좋은 대학 가서 훌륭한 사람이 되어 잘살고 남을 도와주는 사람이 되라고 아주 좋은 공부의 이유를 설명했지만 아이는 잘사는 것이 어떤 것인지, 훌륭한 게 어떤 것인지의 의미를 진정으로 느끼지 못한다면 이 또한 이유가 되지 못한다.

그러면 공부하지 않으면 안 되는 이유는 무엇일까?

공부를 많이 하지 않으면 나중에 상대적으로 수입이 적고 어렵게 살 가능성이 크다는 것은 부인할 수 없는 사실이다.

이것을 알려주고 부모가 다해줘서 아쉬운 것이 없고 평생 부모가 다 해줄 것 같은데 굳이 열심히 공부할 이유가 많지 않는 아이들에게 반드시 알려줘야 한다.

이 치열한 돈의 세상을!

그리고 고백해야 한다.

부모가 슈퍼맨이 아니고 만능도 아니며 아이들이 독립할 수 있도록 돕는 사람이지, 평생 책임지는 사람이 아니라는 것을…….

설령 능력이 되더라도, 나중에 해줄지라도 자식과 후손이 건강한 부의 대물림을 원한다면 말이다.

또 한 가지 독립해서 돈을 벌어야 하는데 왜 돈을 벌려고 적극적이지 못할까?

당장 자기 스스로 벌지 않으면 굶는다면 어떨까?

급하면 달라진다.

다음 달에 얼마만큼의 수입이 없으면 큰일이 난다면?

정상적인 사람들은 다급해지고 돈 만드는 행위를 하게 될 것이다.

쉽고 편한 일, 안정적인 일, 남들에게 보여 줄 수 있는 번듯한 직장을 얻으려고 당연히 노력해야 하지만 좀 더 현실적으로 돈 벌 시기가 되면 돈을 벌어 자신의 삶을 살아가야 한다.

우리는 돈이 지배하는 세상에 있다.

돈 없이 하루도 살 수 없는 세상이다!

따라서 자신에게 다가오는 돈 문제는 스스로 해결해야 한다. 자신이 하지 않으면 다른 사람에게 피해를 주게 된다.

부모의 돈을 다 쓰게 하여 부모도 힘들어지고 나아가 사회가 책임져야 한다.

어릴 때부터 돈을 가르쳐줘야 한다.

그래야 공부의 이유와 직업에 대한 이유가 명확해지고 진로 취업에 적극적으로 임하게 된다.

오늘 하루 돈을 벌어야 하는 이유와 공부하여 자기개발을 해야 하는 이유를 발견하는 하루가 되기를 기원한다.

돈 되는 생각 39

인생의 성적표

필자는 퇴직자를 대상으로 하는 강의에 반드시 하는 것이 있다. 스스로 다음 과목에 대하여 자신의 상태에 대한 만족 정도에 따라 학점을 줘보자. (A: 아주 양호 / B: 양호 / C: 보통 / D: 부족 / F: 아주 부족)

① 가정의 경제

② 명예

③ 가정

세 과목 다 'A, A, A'이면 아주 성공한 성적표이다.

당신의 성적은 어떤가?

많은 사람들이 돈도 부족하고 명예도 부족하고 가족으로부터도 후한 점수를 못 받고 있는 것이 사실이다.

열심히 일하고 죽기 살기로 살았는데 말이다.

그러나 정해져 있는 사실은 직장 생활을 하다가 정년이 되면 자신의 능력 때문이 아니라 정년제도 때문에 퇴직하게 된다는 것이다.

그런데 많은 사람들은 이 정년의 때가 다가온다는 사실을 잊어버리고 현재 일에 최선을 다하고 인정받고, 높은 자리로 올라가려고 노력한다.

그러다가 정년이 임박해지면 그때서야 '그만두면 뭘 하지?' 하며 고민하기 시작한다.

그러나 좀 늦었다!

좀 더 일찍 퇴직 후를 생각하고 무엇을 할 것인지 체계적으로 제2의 직업을 준비해야 한다.

퇴직 후에 정해진 코스가 있다.

많은 사람이 등산을 간다. 전국의 산을 다닌다. 그러다가 뭔가 하지 않으면 안 될 것 같고, 통장잔고가 줄어드는 속도가 빨라지면 그제야 무언가 일을 시작한다.

하지만 찾아봐도 마땅히 할 일은 많지 않고 세상은 냉정하다. 그러다 사람을 잘못 만나 알지도 못하는 사업에 손을 댔다가 퇴직금을 날리는 경우도 허다하다.

현재 직장을 다니는 40대는 반드시 지금부터 퇴직 후의 직업을 준비해야 한다.

어떤 분야의 전문가가 되기 위해서는 최소한 10년은 걸리기 때문이다. 미리 준비하게 되면 두 번째 인생만큼은 당신의 취미를 돈을 만드는 직업으로 바꿀 수 있다.

* 대기업 회계부서에 30년 근무한 단순한 회계통의 경력보다는 열심히 노력해서 회계사 자격을 따고 퇴직하는 사람은 미래가 있다.
* 매주 등산을 하더라도 등산 후 내려와 막걸리 먹는 재미를 즐기는 것도 좋지만, 어떤 이는 같은 등산을 하면서도 사시사철 야생화와 자연을 사진에 담아 기록하고, 그것을 전문적으로 더 공부하고 이야기하는 '야생화전문가'로서 제2의 인생을 사는 사람도 있다.

아직도 직장에 몸담고 있는 사람들은 인생의 성적표에 전 과목 'A, A, A'를 받아 돈도 있고, 명예도 얻고, 가정에서도 인정받는 멋진 제2의 인생을 준비하기 바란다.

제2의 인생을 맞는 사람들은 다시 한 번 보강 수업을 듣고 재시험을 쳐서 학점을 바꿔야 한다.

돈 되는 생각 40

말은 힘이 있고 운동력이 있어 생각과 행동을 바꾸게 한다

우리가 매일 하는 말처럼 무심결에 하는 말이 어떤 사람에게는 인생을 바꾸기도 한다.

그래서 우리는 어떤 말을 하느냐에 따라 인생이 달라진다.

말을 듣는 순간 그 말은 우리 머릿속에 자리를 잡고 뿌리를 내린다. 그 말들이 쓴 뿌리를 내리면 인생은 힘들어진다.

돈에 대해서도 마찬가지다.

어떤 말이 내 머리 속에 뿌리를 내리고 있는가에 따라 현재 내 재정 상태가 결정된다.

돈은 선한 것인가? 돈은 악한 것인가?

어떤 것이 당신의 생각인가?

돈이 선한 것이라고 하면 돈을 좇을 것이고, 돈이 악한 것이라고 하면 돈을 멀리하게 된다.

돈은 쓰는 것이다? 돈은 저축하는 것이다?

어떤 생각이 자리 잡고 있는가에 따라 소비로 가고, 저축으로 가게 되는 것이다.

재무 테라피는 개인의 돈에 대한 건강한 생각을 가지도록 심리 상담을 하고, 재무 행동을 건강하게 교정시키고, 습관화시켜 부자의 체질로 바꿔준다.

심각한 충동구매, 과소비, 의존성에 빠진 사람에게 머릿속에 들어 있는 잘못된 생각을 빼내고, 건강한 생각을 넣어주며, 생각이 바뀌면 행동 또한 바뀌도록 코칭하여 건강하게 만든 사례가 빈번하게 일어난다.

당신의 내면에 돈에 대한 어떤 생각이 자리 잡고 있는지, 잘못된 재무행동이 있는지 생각해보는 시간을 가져보자.

돈에 대한 생각을 바꾸면 행동이 바뀌고, 행동이 바뀌면 습관이 바뀌고, 습관이 바뀌면 부자로 바뀐다.

돈 되는 생각 41

Angry List를 교환하자

우리는 무슨 일을 하든지 좋은 결과에 기대를 걸고 매진한다.

좋은 결과란 성공, 행복, 부자, 명예 등이 대다수일 것이다.

하지만 우리의 노력과 상관없이 정반대의 결과를 맞게 되는 경우가 허다하다.

즉 실패, 불행, 가난, 불명예의 결과와 만나게 된다.

진정으로 성공, 부자, 행복을 얻으려면 무작정 좇지 말고, 숨겨진 위험에 주의하고 위험을 제거하면 원하는 결과는 따라오게 되어 있다.

이것이 "뉴플러스"의 원리이다!

"(-), (-)= +" 마이너스를 마이너스하면 플러스가 따라 온다.

그러면 "뉴플러스"를 적용을 해보자.

결혼하기 전 예비부부는 예외 없이 서로 행복하고 잘살자고 약속을 하고 행복을 꿈꾸며 결혼한다.

그러나 살면서 서로가 생각했던 행복을 얻기보다는 갈등과 불화가 생기는 경우가 많다.

그 이유는 자기가 생각했던 삶이 아니고, 서로 생각이 다르다는 것이다.

결혼 전에 이야기했던 행복하고 잘살자고 한 말은 같은 단어이지만 내용과 기대치에 대해서 달랐던 것이다.

그 해결책은 "Angry List"를 교환하는 것이다.

결혼하기 전 행복하고 잘살자고, 말하는 것으로만 끝내지 말고, 불행의 리스트인 'Angry List'를 작성해 교환하는 것이다.

이 리스트는 서로가 앞으로 살면서 이러이러한 일들이 일어나면 자신이 너무 힘들고 불행질 것이라는 목록들이다.

그 안에는 경제적인 부분뿐만 아니라 가족관계, 취미, 종교, 사회생활, 직업, 육아 등등의 필요조건을 서로 교환하고, 하나씩 공감하면서 사전에 조율하게 되면 그만큼 갈등하고 싸울 일이 줄어들게 된다.

그러면 그만큼 행복은 더 따라오게 되는 것이다.

결혼을 앞둔 사람들은 지금 당장 상대방과 'Angry 리스트'를 만들어 교환해서 행복한 가정의 토대를 만들고, 사업이나 조직이나 인간관계에서도 사전에 불행의 리스트 즉, Angry 리스트를 먼저 교환하여 공감과 소통의 시간을 나누고, 성공과 행복을 누리기를 기도한다!

돈 되는 생각 42

미래를 준비한다는 것의 의미

우리는 미래를 준비하라는 이야기를 하기도 하고 많이 들어왔다.

그런데 그 의미에 대해 구체적이지 못하고 명확하지 못해 실천이 어렵다.

미래를 준비한다는 것의 의미는 나의 인생 시간표를 걸어가는 자신을 보면 쉽게 이해된다.

지금 나이의 당신이 현재의 당신이라면 이전의 수많은 당신들이 있었고 앞으로 서 있는 수많은 당신이 보일 것이다.

미래를 준비한다는 것은 미래의 수많은 내가 있다는 사실을 알고 현재의 나에게 주어진 모든 것을 그들에게 나누는 것을 말한다.

시간, 돈, 행복, 사랑, 힘, 건강 등을 현재 나에게만 쓰지 말고, 미래의 나 자신에게 나눠줘야 한다.

지금의 나에게 다 쓴다면 미래의 나는 가난하고 불행하고 병들게 될 것이다.

오늘부터 미래의 나를 위하여 먹을 것을 나누고, 입을 것을 나누고, 행복도 나누고, 집도 준비하고 시간도 비축해보는 것은 어떨까?

내일이 어디 있느냐며 오늘을 즐기자는 욜로족은 미래의 자신이 불행해질 것이고 돈을 안 쓰려고 현재 몸부림치는 김생민의 영수증은 돈이 목적이 되어 현재의 삶이 척박하고 습관이 되어 미래의 삶도 척박하게 될 것이다.

이렇게 안 쓰는 삶은 인간관계를 망치고 돈이 주인이 되는 무서운

결과를 가져 오게 될 것이다.

가장 바람직한 것은 현재와 미래를 균형 있게 나누고 삶의 질을 위하여 먹고, 마시고, 놀고, 타고, 꾸미고, 공부하고 기타 등등의 필요한 삶의 분야에 골고루 쓰며 사는 것이 바람직하다.

이런 삶이 돈을 이기고 누리는 삶이다.

돈 되는 생각 43

돈을 어떻게 써야 잘 쓰는 것인가

욜로족과 극도의 절약 사이에 진정한 좋은 소비 패턴은 어떤 것인가? 한마디로 개인마다 돈에 대한 생각이 다르고 생각의 차이로 인해 소비행태도 정해진다.

욜로족은 미래보다는 현재를 중요시하고 '돈은 즐기면서 쓰는 것이야.'라는 말이 머리에 박혀 있어 돈을 그렇게 쓰는 것이고, 김생민의 영수증은 '돈은 쓰지 않는 것'이라고 머리에 심어진 사람들이 쓰지 않으려고 몸부림치는 것이다.

둘 다 큰 문제이다!

'돈은 저금하고 필요할 때 쓰고 즐기는 것이다.'

이 머니 스크립트를 가진 사람들은 우선 계획하고 저금부터 먼저하고, 필요한 것을 소비하고 계획한 것을 쓰며 누리고 산다.

이것이 건강한 것이다!

욜로족은 재무심리 유형으로 보면 '유아형'이 많이 나오고 충동구매,

과소비, 퍼주기, 의존증 등의 재무장애가 나타난다.

욜로족의 미래는 돈으로부터 고통과 갈등이 초래할 가능성이 크다.

반대로 극도의 절약형은 '자린고비형'과 '숭배형'이 강하고 재무장애로는 저소비, 일 중독 등이 나타난다.

이러한 극도의 절약형은 현실의 삶이 척박하고 자신뿐만 아니라 남에게 돈을 쓰지 않기 때문에 인간관계에 문제가 나타난다.

결론적으로 돈은 쓸 때 쓰고, 안 쓸 때는 안 쓰는 것이다.

재무 테라피에서는 먼저 계획하고, 계획한 대로 마음껏 쓰는 것을 권장한다.

먹고, 마시고, 놀고, 타고, 꾸미고, 공부하고 기타 등등의 항목을 정해 놓고 매월 이 항목들로 균형적으로 쓰게 도와준다.

홈쇼핑과 충동구매도 계획 속에 미리 넣어두면 이 또한 계획 지출이 된다. 계획한 것을 쓰지 못하면 안 된다. 반드시 계획한 것은 소비해야지 남기면 안 된다.

쓰지 않는다고 혼나는 것이다. 다른 곳에서는 쓴다고 혼나지만 재무 테라피에서는 쓰지 않는다고 혼난다.

안 먹고 다이어트를 할 것인가? 먹으면서 살을 뺄 것인가?

한쪽은 고통이지만 한쪽은 누림이다.

돈은 우리의 삶을 윤택하고 누리게 해주는 도구이지 그 자체가 목적이 되어 돈에 끌려 다니면 안 된다.

그렇다고 현재만 보고 마구 쓰면 미래는 돈이 그 사람의 인생을 처절하게 끌고 다니게 된다.

우리 인생 전체를 관통하는 소비 계획을 세우는 것이 필요하다.

사람은 태어나는 순간 돈이 지배하는 세상에 놓이게 되고 때가 되면 반드시 해결해야 할 돈 문제 즉 이벤트가 다가온다.

이벤트를 미리 준비하면 꿈이 실현되는 것이고, 준비하지 못하면 사고가 터진다. 즉 Accident가 발생한다.

크게 인생의 이벤트를 준비하면서 소비를 누려야 한다.

돈 되는 생각 44

부를 창출하는 Hidden Competency – 숨겨진 역량

큰 회사나 작은 회사나 회사의 가장 큰 자산은 인적자원이다

조직의 구성원의 능력에 따라 조직이 성장하기도 하고 망하기도 한다. 그래서 급변하는 기업환경 속에서 살아남기 위해 경영혁신운동과 새로운 먹거리 창출을 위해 매진함과 동시에 끊임없이 직원 역량강화를 위해 교육 훈련을 강화하고 있다.

기업의 존재 목적은 이윤창출이다. 결국 역량개발이 생산성으로 연결이 되어야 한다.

지금까지 역량개발은 빙산 모델Iceberg Model을 바탕으로 이루어지고 있다.

최초 업무관련 지식 교육Knowledge에서부터 기술Skill교육을 통해 이루어지다가 최종적으로 보이지 않는 부분의 태도 가치관Attitude부분까

지 다루고 있다.

하지만 이렇게 체계적인 역량 개발도 한계에 봉착하게 된다. 성격도 아주 진취적이고 친화력도 좋고 업무지식이나 스킬도 좋은데 성과를 내지 못하는 직원이 나타난다. 왜 그럴까? 그것은 심리의 최저 단계에 머무르고 있는 머니 스크립트가 자기 일과 맞지 않는 것이다.

돈을 버는 가치관이나 기준이 너무 엄격하고 프로페셔널하지 않기 때문이다.

기업에서는 법의 테두리에서 합법적이면 문제가 없다. 하지만 개인의 기준이 정의와 도덕으로 무장되어 있기 때문에 많은 기회를 잃게 되고 때로는 상사나 경영층과의 충돌까지 일으킨다.

정의와 도덕으로 무장된 개인도 옳고 법의 테두리에서 악착같이 돈을 벌려는 경영진도 옳다.

그럼 어떨 때 가장 큰 시너지를 낼까?

자신의 일과 머니 스크립트가 일치할 경우이다.

돈을 벌어야 하는 영업이나 마케팅 쪽은 돈 버는 머니 스크립트를 가진 사람이 적격이고, 돈을 관리하는 부서는 관리하는 머니 스크립트를 가진 사람이 배치되었을 때 기업의 생산성 확대와 위험관리가 균형을 잡을 수 있다.

반대로 배치되면 어떨까?

생산성은 저하되고 위험은 증대되게 된다.

재무심리검사를 통하면 직원의 채용에서부터 배치까지 효율적 인적관리가 가능하다. 그리고 해당 직무에 배치되어 있는 사람들은 그 직무에 맞게 머니 스크립트를 재무 테라피를 통해 개발할 수 있다.

돈 버는 머니스크리트가 뜨거우면 뜨거울수록 강한 영업력을 발휘한다. 강한 영업력이 필요한 사람은 재무 테라피를 받으면 그만큼 강해진다.

당신의 조직원들은 자신의 일에 적합한 머니 스크립트를 가지고 있는지 한번 점검 하는 것이 필요하다.

건강한 머니 스크립트로 큰 성공을 이루기를 기원한다.

돈 되는 생각 45

당신의 돈 복은 우선순위에 달려 있고 선택의 문제가 아니라 순서의 문제다

우리는 살다 보면 무수한 선택의 기로에 서게 된다. 그럴 때마다 고민이다.

어떤 선택을 해야 성공하고 좋은 결과가 나올 수 있는지…….

선택 하나가 인생을 바꾸기도 하기 때문에 여러 가지 선택 중에서 하나를 선택하고 나머지를 포기해야 한다는 All or Nothing의 극단의 생각이 우리 안에 통념으로 자리 잡고 있다.

이것은 흑백의 논리로 발전하게 되고, "이것 아니면 안돼."라는 적대적 관계까지도 만들어진다. 그러나 실상 안을 들여다보면 취사선택의 문제가 아니라 순서의 문제인 것이 많다.

어릴 때부터 남을 이롭게 하는 이타주의利他主義를 좋은 것으로, 자기 중심적인 이기주의利己主義를 나쁜 것으로 들어왔다.

이타利他가 옳은 것인가, 이기利己가 옳은 것인가는 선택의 문제가 아니다. 단지 순서의 문제이다.

올바른 순서는 이기 후 필 이타利己後 必 利他이다.

이 말은 자기 자신과 가정을 먼저 살핀 후 반드시 남을 도우라는 것이다. 남을 먼저 돌보다 자신과 가정이 문제가 생기면 이것은 진정한 이타가 아니다. 왜냐하면 내 가정의 문제는 남을 이롭게 하기보다 피해를 주기 때문이다.

이타 후 필 이기가 되면 얼마나 좋은 세상일까? 이 질문에 종교적이거나 머나먼 미래의 복을 이야기하기보다 현실적인 대안인 나도 살고 남도 살리는 행동과 가치의 순서를 제대로 잡으면 된다.

이타에 집착하면 현실적이지 못하고 퍼주기 장애가 발생하며 이기에 빠지면 편협해지고 인간관계의 문제가 발생한다.

부자가 되려면 돈을 버는 것이 먼저인가, 쓰는 것이 먼저인가, 아니면 불리는 것이 먼저인가, 그도 아니면 나누는 것이 먼저인가?

답은 순서의 문제이다.

첫째, 돈을 최대한 많이 벌어야 한다.

둘째, 돈을 잘 쓰고 남겨야 한다,

셋째: 돈을 잠재우지 말고 최대한 불리고 키워야 한다.

넷째: 적은 돈이라도 반드시 남을 위해 나누어야 한다.

이 순서대로 계속 순환하면 반드시 아름다운 부자가 된다.

아주 쉬운 이것을 순서를 달리 해서 문제가 일어나는 것이다.

당신은 이 순서를 잘 지키고 있는가? 하나라도 부족한 것이 있으면 그것을 개선하고 순서가 바뀌어 있으면 올바른 순서대로 행동하기 바란다.

당신이 결정해야 하는 많은 일들이 선택의 문제인지 순서의 문제인지 한번 살펴보고 당신 삶의 우선순위를 어디에 두어야 하는지 곰곰이 생각해서 순서를 정해 실천하면 성공과 돈 복이 크게 들어올 것이다.

돈 되는 생각 46

'52.195Km 의미'

마라톤은 42.195km인데 52.195km는 무엇일까?

마라톤은 경주이니 순위가 매겨지고 기록이 남는다.

인생은 마라톤이라고들 한다.

인생의 마라톤은 52.195km이다

100세 시대로 인한 수명연장 때문에 길이가 10km 늘어났다.

그럼 길어진 인생의 마라톤을 어떻게 해야 돈으로 부터 안전하게 끝마칠 수 있을까?

돈으로 본 인생은 마라톤이 경주가 아니라 완주이다

초반 스퍼트를 과도하게 내면 페이스를 유지하지 못해 중도 포기하거나 앰뷸런스에 실려 간다.

돈이 없어 인생을 포기하거나 스스로 해결하지 못해 실려 가는 재정적 삶을 맞이하게 된다.

인생 전체에 걸쳐 있는 돈을 보지 못하고 미래를 준비하지 않고 현재의 삶에 재정을 소진해 버린다면 말이다.

현재 당신은 인생의 마라톤에 있어 얼마나 뛰었는가?

10km? 20km? 30km? 40km?

남은 거리를 완주할 힘이 비축되어 있는가?

무리한 것은 아닌가?

이제 당신의 페이스를 점검하고 조정할 때이다

당신에게 맡겨진 돈의 인생, 중도 포기하거나 남의 도움 없이 스스로의 힘으로 완주할 수 있기를 기대한다.

돈 되는 생각 47

돈 길들이기

사람들은 말한다.

"돈의 힘이 너무 강하다.", "사람들이 이기기 힘들다."

현대의 삶을 볼 때 지극히 맞는 말이다.

개인, 가정, 회사, 국가 어느 곳 하나 돈으로부터 자유로울 수 없다.

돈이 많으면 곧 힘이고 권력이다.

전쟁도 돈으로 치러진다. 미사일 한 방 쏘는 데도 엄청난 돈이 들어간다.

미국이 왜 세계 최강국인가 ?

세계의 기준인 달러와 국부의 힘이다.

그러면 이러한 돈에 일방적으로 끌려가는 게 맞는 것인가?

그렇지 않다. 개인의 삶 속에서 돈을 이기는 방법이 있다.

돈은 살아 있는 내 인생에 떼려야 뗄 수 없는 동반자이다. 동반자를 너무 몰라 배신당하고 고통에 빠진다. 반면에 돈은 우리를 너무 잘 안다. 그래서 어떤 경우라도 자신이 우리를 이긴다고 생각한다.

없으면 평생 끌려 다니게 하고 많으면 썩게 하여 인간들을 망하게 한다.

이러한 돈을 이기는 방법은 '돈이 우리에게 기대하는 것을 하지 않으면 된다.'

돈은 기대한다

"술 한잔 먹으러 가자."라고 하면 3차나 4차까지 가서 필름이 끊어지게 마신다.

"당구 한게임 치자."라고 하면 시간 가는 줄 모르고 몇 시간 아니면 하루 종일 할 거라는 것을 우리는 잘 알고 있다.

우리 삶에 많은 것들이 이렇다.

계획적이지 못하고 무절제하기 때문에 돈을 이길 수 없는 것이다.

그럼 어떻게 하면 돈을 이길까?

간단하다.

말한 대로 하면 된다.

술 한잔 마시러 간다고 하면 한 잔만 마시고 일어나면 된다.

만약 한 잔만 마시고 일어나면 돈이 깜짝 놀랄 것이다.

오늘도 큰 술통을 들고 채우려 했는데 한 잔밖에 안 주면 돈은 더 마셔 달라고 애원하게 된다.

그러나 돈을 순한 애완견처럼 먹이로 길들이면 된다.

게임도 정해진 시간만 하고 끝내면 이기는 것이고, 사고 싶은 것도 계획한 것만 사고 끝나면 이긴 것이다.

노는 것도 마찬가지다. 약속한 시간만큼 놀고 끝내면 이긴다.

여러분도 그대로 실천해서 돈을 당황하게 만들고 순한 양처럼 길들이기를 바란다.

그동안 우리를 참으로 많이 물고 뜯은 성난 사자였던 돈!

이제 우리가 길들일 차례이다.

통쾌한 복수의 시작이다.

돈 되는 생각 48

돈 쓸 시간이 없다

이런 말을 들어본 적이 있거나 경험한 적이 있는가?

눈코 뜰 새 없이 돈을 벌다 보니 시간이 없어 돈을 못 쓰는 사람들이 주위에 있다.

새벽부터 일어나 밤늦게까지 일하는, 성공한 자영업자나 사업하는 사람들이 해당된다.

이런 사람들의 공통점은 자신의 일에 최선을 다하고 책임감이 투철하고 항상 최고가 되기 위해 노력한다는 것이다.

이런 사람들은 자신의 전문성과 책임감, 프로정신 때문에 남에게 특히 고객들에게 인정받기 때문에 돈은 많이 번다. 하지만 정작 자신은 돈을 쓸 시간이 없다.

그럼 번 돈을 누가 쓸까?

버는 사람 따로, 쓰는 사람 따로이다.

부모는 죽기 살기로 돈을 벌면 정작 자신은 돈을 못 쓰고 자식들이 그 돈을 쓴다.

이렇게 돈만 벌고 자신의 삶이 없는 것도 그렇게 좋은 삶은 아니다.

우리는 일과 자신과 가정을 위해 시간을 균형 있게 나눠 써야 한다.

일에만 다 쓰면 일 중독이 되고 가정이 문제가 생기고 자신의 건강까지도 해친다. 일하는 시간을 얼마나 쓰는가에 따라 놀고 즐기는 소비의 양은 반비례한다.

일은 돈을 가져오고 놀면 돈이 들어간다.

일의 시간을 늘리면 돈은 더 들어오고 노는 비용이 줄어드니 이중으로 돈을 버는 꼴이 된다.

반대로 일을 줄이고 노는 시간을 늘리면 수입은 줄어들고 노는 데 들어가는 비용은 더 늘어나게 된다. 그래서 놀고먹는 사람이 있으면 가정이 어렵게 되는 것이다.

지혜로운 사람은 이 원리를 아는 것이다.

바람직한 것은 일과 노는 시간의 적절한 균형이다.

미래를 준비하거나 경제적으로 부족한 사람들은 현재 자신의 일과 자기개발의 시간을 좀 더 늘려 수입을 늘려야 하고, 돈이 많고 경제적 여유가 있는 사람은 노는 시간을 더 늘려 삶의 질을 높이는 것이 필요할 것이다.

이것은 건강한 경제의 원리이고 돈을 선순한시키는 것이다

써야 될 사람은 쓰고 벌어야 될 사람은 벌어야 한다.

정작 써야 될 사람은 안 쓰고 모아야 할 사람은 막 쓰고 있다.

당신은 어떤 시간을 늘려야 할까?

돈 되는 생각 49

은퇴는 없다

이제 100세 시대의 인생에 60세의 은퇴라는 말은 어울리지 않는다.

60은 단지 인생의 두 번째 라운드로 들어설 뿐이다. 바뀌는 것은 없다. 단지 시간의 흐름의 연속이다.

지금부터 우리 인생에 은퇴라는 말을 지워버리고 늘 현역으로 살아가자.

돈을 모아 죽을 때까지 곶감 빼먹듯 먹다 안락하게 죽어가는 노후가 아니라 건강하게 활동하며 지식과 경험을 사회에 재능 기부하는 삶이 건강한 삶이다.

퇴직하여 등산이나 다니는 인생보다 의미 있는 일을 찾아 활동하며 작은 일이라도 하여 돈을 버는 건강한 삶이 필요하다.

(예 1)

전직 대기업 임원 출신 75세 경비대장 할아버지.

언제나 젊은 친구들에게 인사를 잘하고 건강하게 사는 모습이 부럽고 진정 존경하는 분이다

종로 3가 지하철역 노인들과 비교해 볼 때 아주 건강하게 인생을 사

는 긍정적인 분이다.

이런 생각을 가지고 살면 비록 은퇴자금이 부족하더라도 상관없다. 계속 일을 하며 채우면 되니까.

우리는 죽음을 기다리며 안락하게 살기보다는 죽을 때까지 건강하고 즐겁게 사회 활동을 하며 사는 것이 필요하다.

(예 2)

우연히 본 TV 프로그램을 통해 본 일본의 89세 노인의 생활을 보면서 많은 것을 느꼈다.

그 나이에도 젊은 사람처럼 건강해 보이고 일을 열심히 하고 있다. 자신의 달력을 보여주면서 달력의 일정이 하루라도 비어 있지 않고 해야 할 일로 가득히 차 있었다. 얼마나 힘찬 인생인가.

인생에 은퇴란 없다.

돈 되는 생각 50

코끼리 만지기

앞이 보이지 않는 세 사람이 코끼리를 만지고 있었다.

한 사람은 코를 만지고 다른 사람은 발을 만지고 있다. 그리고 나머지 한 사람은 배를 만지고 있다. 그런 다음 서로 코끼리에 대해 이야기하고 있었다. 서로가 자신이 만진 코끼리를 설명하다가 심지어는 언성을 높였다.

만약 당신이 이 광경을 지켜보고 있다면 그들에게 어떻게 이야기하겠는가?

분명 그들이 만진 부분은 코끼리임에 틀림없다. 단지 부분일 뿐이다. 실제로는 그들의 말처럼 틀린 것이라고 하면 안 되고 '맞습니다, 하지만 그것은 부분이고 다른 부분도 있습니다.'라는 전체의 균형을 찾아주는 것이 필요하다.

우리의 현실 속에서 남들과 다투고 이해가 안 된다고 등을 돌리는 것을 볼 때 우리는 전체를 못 보고 부분만 보고 마치 그것이 전체인 양 이야기하고 있다는 생각이 든다.

우리 인간은 완전한 존재가 아니다. 항상 나만 옳다는 생각에서 벗어나 내 생각이 부분일 수 있다는 생각을 하는 사람이 되면 그 자체가 겸손인 것이다.

항상 가정이나 조직에서 이런 생각과 행동을 실천한다면 당신은 성공자가 될 것이다.

돈 되는 생각 51

빨간 대추

빨간 대추 안에 무엇이 들었을까?

많은 사람들이 씨가 들었다고 이야기한다. 좀 더 생각해보라고 하면 하얀 속살이라고 한다.

맞다.

하지만 우리의 성공과 행복을 위해서는 또 다른 눈이 필요하다. 빨간 대추 안에는 뙤약볕과 땀과, 비바람, 이슬, 시간 등이 들어 있다.

항상 보이는 것 이면을 볼 수 있는 눈이 있어야 한다.

웃음 짓는 얼굴 뒤에 가려진 그 사람의 눈물을 보고 닦아 주는 사람이 되어야 한다.

부자와 성공을 원한다면 그 달콤한 열매 뒤에 감춰진 희생, 땀, 노력, 좌절, 실패, 인내 등 그 사람이 겪은 수많은 역경을 보고 부자와 성공자를 인정해야 당신도 부자와 성공자가 될 수 있다.

돈 되는 생각 52

호수에 있는 백조

호수에 유유히 떠 있는 백조를 보면 평안해 보이다.

하지만 백조의 물밑에 보이지 않는 발은 끊임없이 움직이고 있다.

부자들이 골프를 치며 매일 놀면서도 돈을 버는 것 같아 배 아파 하고 부자를 멸시하는 사람이 많다.

그들에게 물어보자.

그들은 백조처럼 당신들이 보지 못해서 그렇지 죽을 각오로 노력하여 지금까지 왔다고 이야기할 것이며 오히려 우리 평범한 사람들의 나태함을 비난할 것이다.

우리가 편안하게 돈을 벌고 싶지만 그것도 편안하게 돈을 벌 수 있는 시스템이나 환경을 만들 때까지 남들보다 몇 배 더 노력하고 땀 흘

렸다는 사실을 알아야 한다.

남의 성공을 시샘하기보다 그 사람의 보이지 않는 노력과 고통을 인정해 줄 때 당신은 부자와·성공자가 될 수 있다.

재무 테라피

아름다운 부자로 가는 길

재무 테라피

Financial Therapy

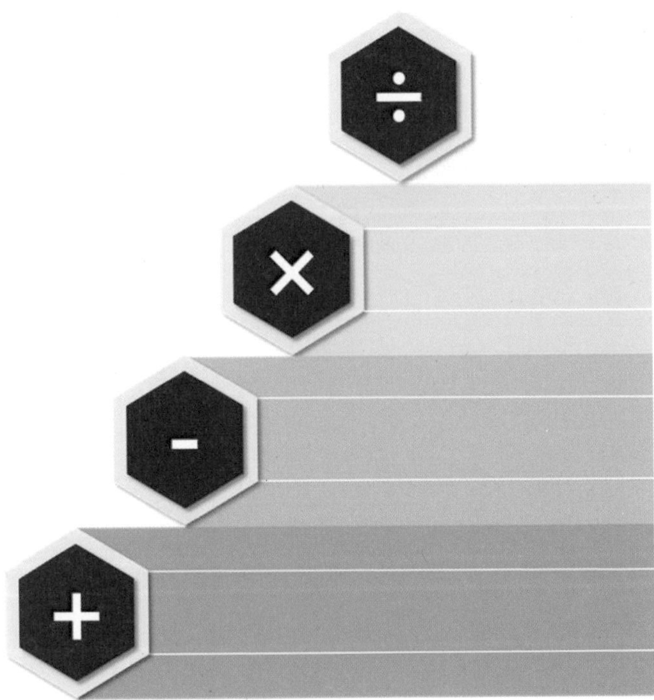

재무 테라피 (1)

재무 테라피 서비스Financial Therapy Service는 무엇인가.

- 건강한 재무심리를 가질 수 있도록 훈련 및 지도를 한다.
- 건강한 재무행동을 할 수 있도록 행동 교정 및 코칭을 한다.
- 지속적인 훈련과 교정을 통하여 부자의 체질로 바꾸어준다.
- 복잡하고 어려운 돈을 정리·정돈하여 부가 소득을 만들어준다.
- 체계적인 가정경제 시스템구축을 통해 인생의 재무위험을 제거한다.
- 실제적인 부의 증대를 가져온다.

재무 테라피 (2)

부자체질 개선과 현상개선을 동시에 진행한다.

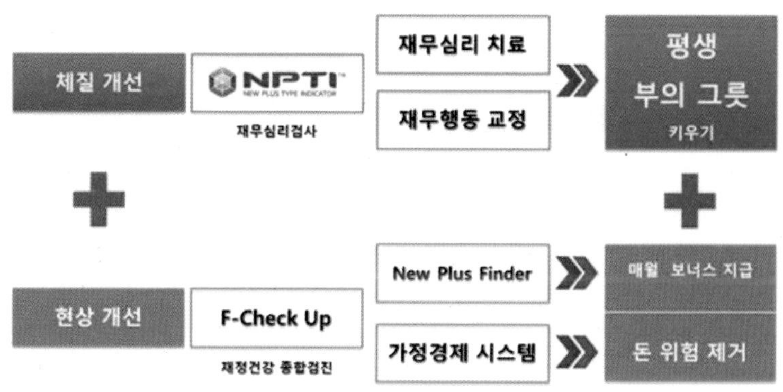

NPTI 검사 소개

NPTI란 New Plus Type Indicator의 약자이며 한국재무심리센터 정우식 박사 연구팀이 10년간 연구 개발한 개인 재무심리 검사로써 개인의 돈에 대한 성격 즉 경제적 기질에 대한 유형 지표이다.

NPTI 검사는 인간의 심리 중에 특별히 돈에 대한 심리를 검사하고 여기에는 돈에 대한 사고 체계Money Thinking System와 행동체계Money Behavior System가 얼마나 균형적이고 안정적으로 이루어지고 있는지에 대한 정도를 테스트하여 개인의 부의 창출 크기, 미래에 발생할 재무위험의 종류와 크기, 재무행동 장애 유형, 심리적 스트레스, 4가지의 잠재 능력, 즉 돈을 버는 능력Money making potential, 돈을 쓰는 능력Management potential, 돈을 불리는 능력Investment potential, 돈을 나누는 능력Sharing potential 등의 결과값을 도출해 준다.

NPTI 검사는 심리적 이론 배경뿐만 아니라 인생과 돈이라는 가장 근원적인 문제 해결을 위해 종교와 철학적인 영역이 융합되어 있는 종합 검사이다.

NPTI 검사를 통한 결과를 토대로 개인의 실생활에 적용을 통해 개인의 재정적인 삶의 질을 높이고 돈에 대한 각종 문제와 갈등의 원인과 치료를 하는 데 사용된다.

또한 직업과 진로 상담에 적용 가능하고 조직에서는 인재 채용 및 배치에 활용된다. 그리고 부부의 경제 기질 적합성 검사를 통해 살면서 발생하는 경제적 갈등요인 예방 및 치료에 적용된다.

● NPTI 검사를 상담에 전문적으로 활용 하는 전문가 집단

— 심리상담사

— 심리치료사

— 라이프코치

— 진로상담사

— 재무 코치

— 재무상담사

— 교사/교수/목사

— 강사

— 인성지도사

● 개인 상담분야의 NPTI

— 내담자의 재무심리 상담 및 치료

— 내담자의 재무 행동 장애 상담 및 치료

— 내담자의 재무적 심리 스트레스 상담 및 치료

— 내담자의 재무 상담 및 설계

— 내담자의 적성 및 진로 상담 및 코치

— 내담자의 가족 간 재무 갈등 상담 및 치료(부부/자녀)

— 내담자의 생애설계 상담

— 예비부부의 재무 적합성 상담

● 조직에서의 NPTI

— 인사 채용 및 배치 시 직능별 재무적합성 상담

- 개인별 경제 특질의 차이 이해를 통한 재무 리스크 관리
- 조직원 간 갈등관리 및 해소(개인차 이해)
- 조직 생산성 향상을 위한 역량으로써 관리 및 개발
- 조직원의 복지차원에서의 경제문제 사전예방

● **교육 및 연구 분야에서의 NPTI**

- 학생의 재무적성 및 진로 지도
- 재무인성 개발
- 강의 및 세미나
- 연구주제 및 논문 연구
- 교육 과정 개발

〈NPTI 상표〉

체계적이고 이상적인 재무관리를 통해 풍요롭고 안정적인 삶을 누림을 어필하여 Blue는 전문성과 체계성을 상징, Green은 안전성과 치료/개선을 상징합니다.

주요색상 #00468b #6d6e71 #0072bc #01b4eb #56a645 #dfe364

◆ 진단영역

1) 마음상태Mind Set 테스트(6개 영역)
2) 유형Type 테스트(8가지 유형)
3) 장애Disorder 테스트(9개 영역)
4) 종합재무심리 건강도
5) Money Script 테스트(25개 문장)

1) 마음상태Mind Set 테스트(6개 영역)

① 내면에 있는 돈에 대한 생각과 믿음 태도를 측정하고 그에 따라 발생할 수 있는 인생의 돈에 대한 위험노출도 측정이 주된 분야.

② 측정영역: 꿈, 삶의 활력, 돈 버는 능력, 치밀성, 위험노출도, 사행일치.

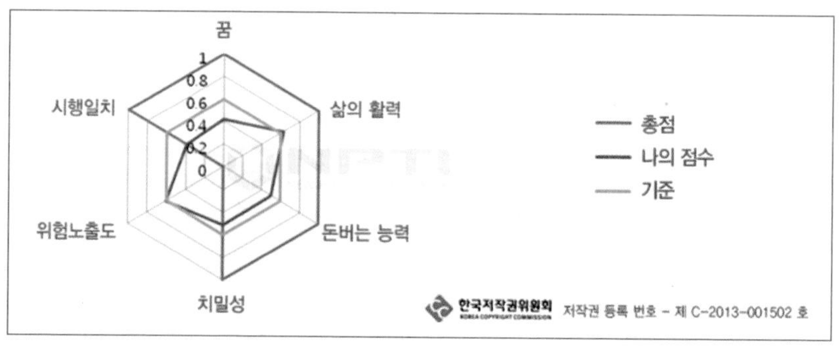

2) 유형Type 테스트(8가지 유형)

① 개인이 가진 본능적인 돈에 대한 반응 형태가 현재 생활과 재무활동으로 어떻게 나타나는지를 측정하여 8가지 유형으로 분류한다.

② 유아형, 모험가형, 자린고비형, 패자형, 사냥꾼형, 일확천금형, 베짱이형, 숭배형.

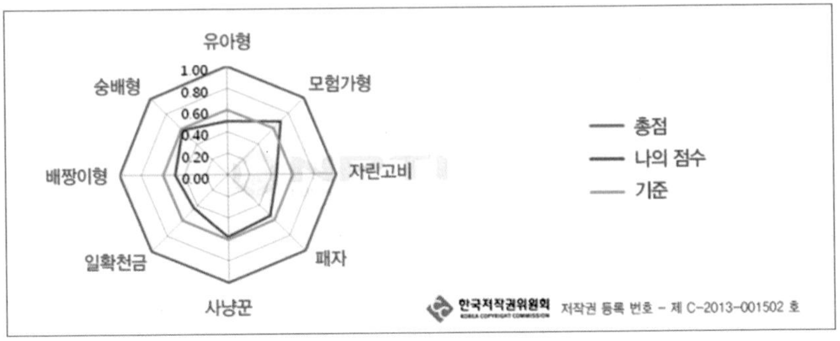

3) 장애Disorder 테스트(9개 영역)

① 현재 재무활동 중 재무건전성에 가장 큰 악영향을 미치는 9개 항목에 대해 집중적으로 진단한다.

② 충동구매, 과소비, 저소비, 의존성, 퍼주기, 도박, 저장증, 가난의 맹세, 일 중독.

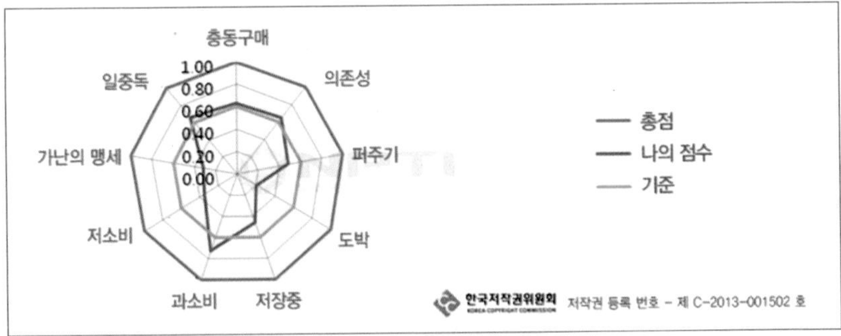

4) 재무심리 종합건강도

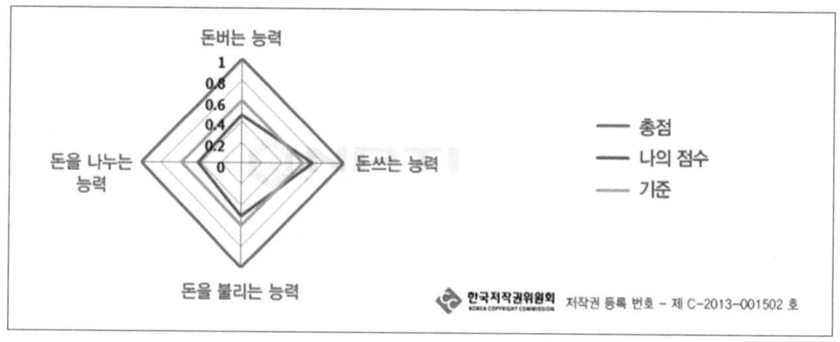

5) Money Script 테스트(25개 문장)

① 개인별 돈에 대한 고정관념을 문장으로 알아보는 진단.

② 25개의 머니 스크립트를 사용한다.

구분	머니 스크립트
1	돈은 돌고 도는 것이다.
2	돈은 많으면 많을수록 좋다.
3	돈은 쓰기 위해 버는 것이다.
4	어떤 이유라도 빚을 져서는 안 된다.
5	어떤 이유라도 돈을 남에게 맡겨서는 안 된다.
6	돈보다 사람이 중요하다.
7	돈을 벌기 위해서는 열심히 일해야 한다.

유형별 뇌 구조

재무심리 종합건강도를 통해 돈 버는 능력, 돈을 나누는 능력, 돈 쓰는 능력, 돈을 불리는 능력을 토대로 자신이 어떠한 뇌 구조의 유형인지를 파악할 수 있는 유형별 뇌 구조이다.

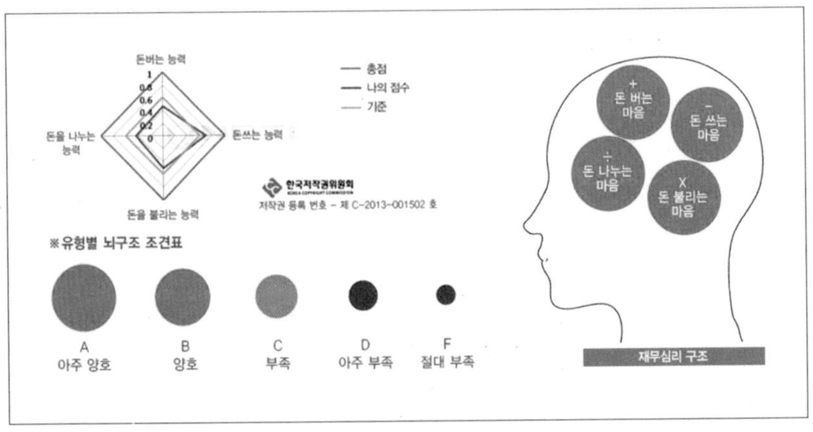

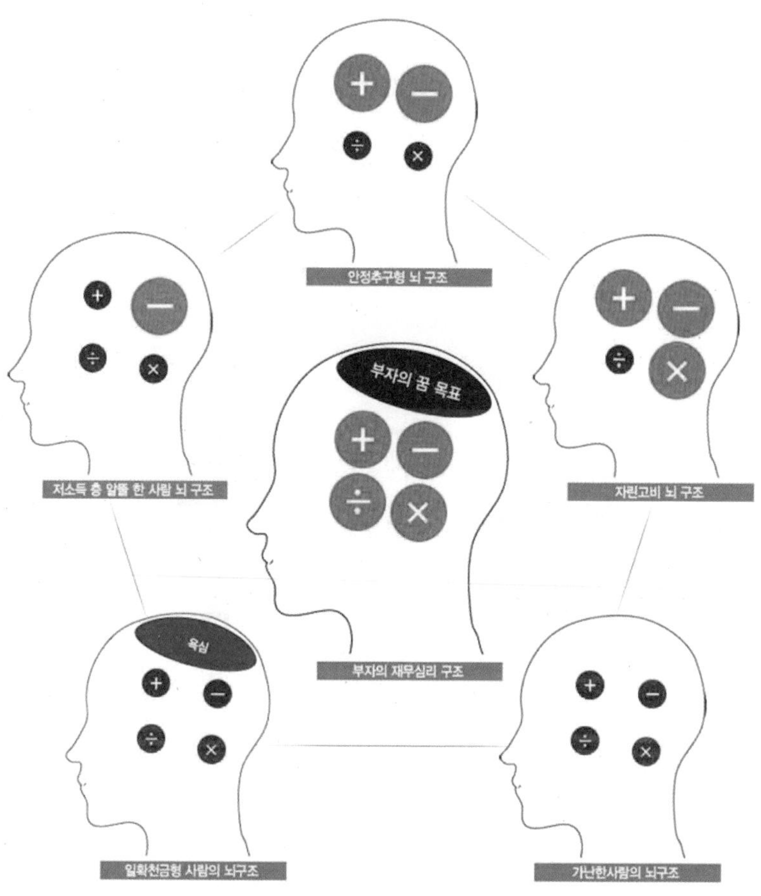
안정추구형 뇌 구조
저소득 층 알뜰 한 사람 뇌 구조
부자의 꿈 목표
자린고비 뇌 구조
부자의 재무심리 구조
욕심
일확천금형 사람의 뇌구조
가난한사람의 뇌구조

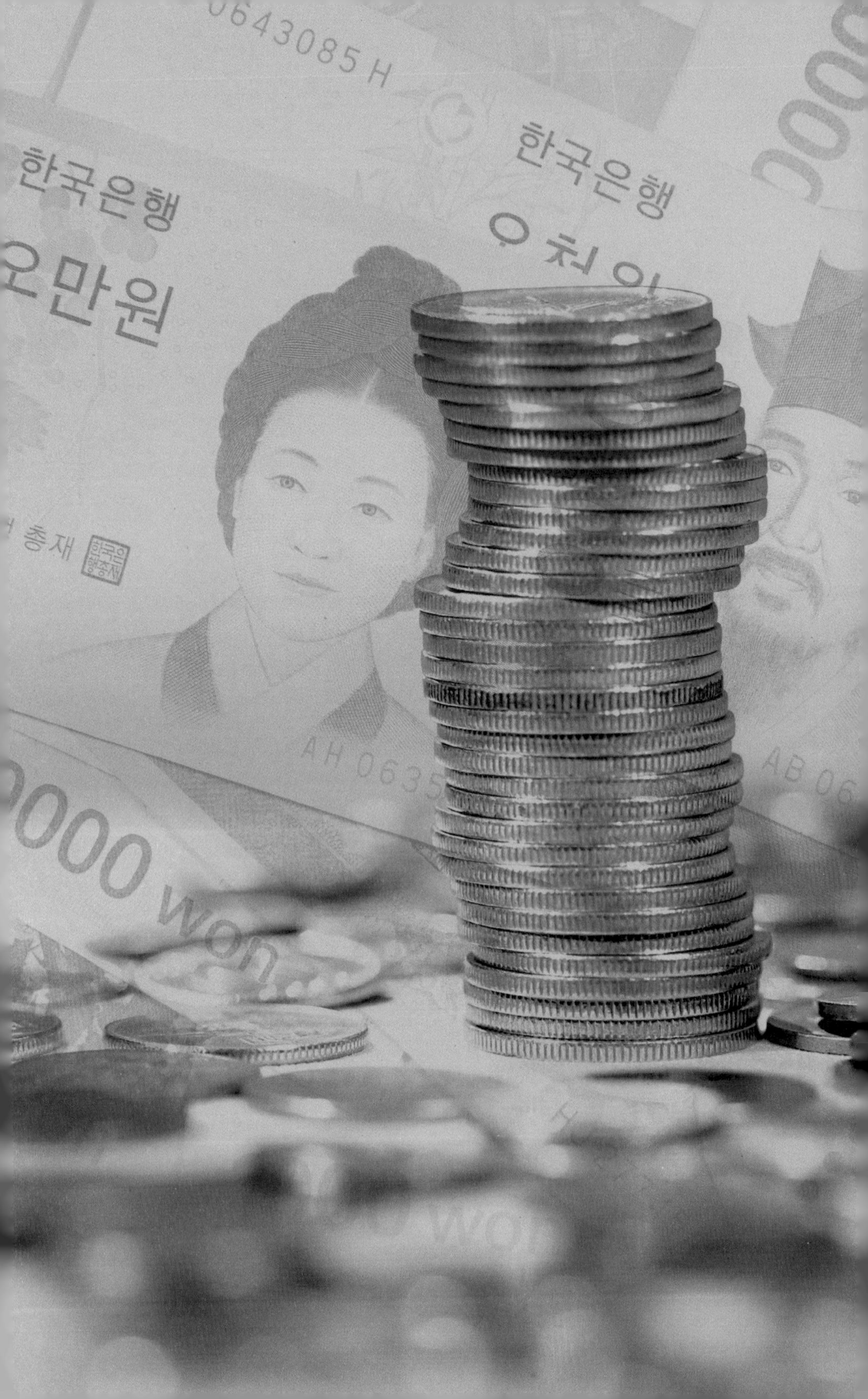
0643085 H
한국은행
오만원
한국은행
총재
0000 won